DISSERTATION

SUR

FAILLIR et FALLOIR

PAR

GUILLAUME BACKE

DOCTEUR EN PHILOSOPHIE.

STRALSUND CHEZ A. DUEHR, LIBRAIRE.

1869.

PRÉFACE.

Il a été notre intention de donner une monographie tant qu'il se peut complète des verbes *faillir* et *falloir*. Il a donc fallu traiter ces deux mots aussi bien que leurs dérivés et leurs composés. Pour ce qui regarde la manière de les traiter, nous avons en général adopté celle de M. Littré.

Ce grand lexicographe donne [1] le nom d'**historique** à une collection de phrases appartenant à l'ancienne langue, à la langue d'oïl. Mais là le principe de succession prévaut sur le principe logique de l'ordre des significations; ce qui importe, c'est de connaître comment les emplois se succèdent les uns aux autres et s'enchaînent. D'un coup d'oeil on saisit toute cette filiation; et allant de siècle en siècle, on voit le mot tantôt varier d'usage, de signification et d'orthographe, tantôt se présenter dès les plus hauts temps à peu près tel qu'il est aujourd'hui. Quand la série est complète, c'est-à-dire, quand on a des exemples jusqu'au onzième ou même jusqu'au neuvième siècle, une même vue montre d'âge en âge comment le mot s'est comporté, et quelles modifications graduelles l'ont fait ce qu'il est aujourd'hui. En ceci le classement par significations troublerait tout; le classement par ordre de temps éclaircit tout. Au seizième siècle se termine la partie archaïque de la langue; on ne le quitte que pour entrer dans l'âge classique.

L'**étymologie** a pour office de résoudre un mot en ses radicaux ou parties composantes, et reconnaissant le sens de chacune de ces parties, elle nous permet de concevoir comment l'esprit humain a procédé pour passer des significations simples et primitives aux significations dérivées et complexes. L'étymologie est primaire ou secondaire: primaire, quand il s'agit d'une langue à laquelle, historiquement, on ne connaît point de mère; secondaire, quand il s'agit d'une langue historiquement dérivée d'une autre. Ainsi l'étymologie romane, et, en particulier, française, est secondaire, remontant pour la plupart des mots au latin, à l'allemand, au grec etc. — L'ancien tâtonnement dans les recherches étymologiques a disparu. L'étude comparative a établi un certain nombre de conditions qu'il faut remplir; le mot que l'on considère est soumis à l'épreuve de ces conditions; s'il la subit, l'étymologie est bonne; s'il la subit incomplétement, elle est douteuse; s'il ne peut la subir, elle est mauvaise et à rejeter. De la sorte, tout arbitraire est éliminé; ce sont les conditions qui décident de la valeur d'une étymologie, ce n'est plus la conjecture ni l'imagination. Voici, pour

---

[1] V. Littré, préf.

1

II

l'étymologie française, l'énumération de ces conditions; ce sont: le sens, la forme, les règles de mutation[1]) propres à chaque langue, l'historique[2]), la filière[3]) et l'accent latin.

Le travail de M. Littré est constitué, comme il le dit lui-même[4]), de deux parties distinctes, mais connexes. L'une comprend les diverses significations des mots rangées suivant leur ordre logique, les exemples classiques ou autres où les emplois du mot sont consignés, la prononciation discutée, quand il est nécessaire, et les remarques de grammaire et de critique que l'article comporte. L'autre comprend l'historique, les rapports du mot avec les patois et les langues romanes, et, finalement, l'étymologie. Ces deux parties, comme il dit, se complètent l'une l'autre; car la première, celle de l'usage présent, dépend de la seconde, celle de l'histoire et de l'origine. Les séparer peut se faire et s'est fait jusqu'à présent[5]), mais la première partie sans la seconde est un arbre sans ses racines, la seconde sans la première est un arbre sans ses branches et ses feuilles; les avoir vraiment réunies est l'originalité du dictionnaire de Littré.

Nous avons pris exemple sur lui; mais en faisant prévaloir l'histoire des formes et en rangeant par siècles[6]) les exemples prouvant l'existence de chaque forme, nous avons renvoyé l'étymologie et l'histoire à la première partie, puisque faillir et falloir forment primitivement un même verbe, et que ce n'est qu'au seizième siècle qu'ils commencent[7]) à se séparer pour toujours l'un de l'autre, et dans leurs formes et dans leurs significations. Cependant c'est aussi la deuxième partie qui, s'occupant des emplois et des significations des deux verbes, contribue à leur histoire[8]), comme de même dans cette partie nous avons rangé les exemples pour chaque signification et pour chaque emploi en ordre chronologique, du moins par siècles, ce que prouvera la série des auteurs cités. — D'abord nous nous étions proposé de subordonner les significations de faillir à ses emplois; mais nous quittâmes bientôt cette intention, pour ne pas manquer à la symétrie de la disposition, puisque, à l'égard de falloir, les emplois dépendent évidemment des significations, tandisque faillir, tout en conservant la même signification est souvent employé d'une manière très-différente.

Dans la troisième partie nous aurions volontiers non-seulement fait distinction entre composés, dérivés, décomposés et, qu'on nous passe ces mots, dédérivés ou sousdérivés, mais aussi rangé tous ces mots selon l'affinité de leurs significations. Mais voyant bientôt que l'un était très-hasardeux par plus d'une raison[9]) et que l'autre nous ferait naître bien des difficultés formelles; nous n'avons qu'en général tenu compte de la différence entre les composés et les dérivés de faillir et de falloir, et nous avons traité les deux composés entrefaillir et défaillir avant les mots dérivés, mettant ceux-ci en ordre alphabétique.

[1]) On entend par règles de permutation le mode uniforme selon lequel chacune des langues romanes modifie un même mot latin. Supprimer les consonnes médianes des mots latins est un des caractères spécifiques du français, par rapport aux autres langues romanes, et ce qui l'écarte le plus, en apparence, non au fond, du latin.

[2]) L'historique, en regard des formes diverses données par les langues romanes, fournit les formes et les significations primitives.

[3]) La filière est, par comparaison avec l'instrument de ce nom, une suite de pertuis par lesquels le mot doit passer; ces pertuis sont les formes qui lui appartiennent dans les langues romanes.

[4]) Dans sa préface.

[5]) Quoiqu'il y ait déjà deux cents ans, que l'auteur de la préface du dictionnaire de Furetière conseilla d'insérer au dictionnaire l'histoire des mots, l'étymologie, la comparaison avec les autres langues romanes, surtout avec le provençal, et avec les patois.

[6]) Cependant nous n'avons pas fait distinction entre les exemples du XIIe et XIIIe siècle aussi peu qu'entre ceux du XIVe et XVe. Ce qui nous y a déterminé, ce fut parce que ceux-là dans leur ensemble constituent la première période classique, ceux-ci la période de transition de la littérature et de la langue française. Puis, au XVIe siècle, la langue moderne commence à se former, pour gagner une solide configuration au XVIIIe siècle.

[7]) V. pourtant plus bas.

[8]) Quelquefois c'est aussi pour les significations et les emplois que nous avons allégué des passages tirés d'auteurs des siècles précédents.

[9]) Pour ne donner qu'un exemple: il ne pourrait guère être décidé, s'il faut regarder „défaut“ comme dérivé du mot composé „défaillir“, ou s'il vient directement du substantif latin „defectus“.

C'est pour ne pas manquer de symétrie que nous avons, également dans cette partie, mis l'étymologie et l'histoire devant les significations et les emplois. Cependant il nous a fallu souvent être très-laconique à leur égard, p. e. à l'adjectif „faux“.

Aussi nous étions-nous encore proposé de faire une quatrième partie qui aurait traité des synonymes. Mais pour ne pas être trop long, qu'il suffise d'en avoir quelquefois fait mention partie dans le texte, partie dans les observations. Par la même raison nous devions laisser de côté la grande quantité d'endroits recueillis concernant les mots synonymes, les locutions semblables et les constructions analogues, aussi bien que beaucoup d'exemples pris de quelques autres langues, comme du grec, du latin, de l'anglais. De même à l'égard des autres exemples nous n'avons pas cité tous les endroits que nous avions recueillis, mais seulement ceux où se trouvent des formes, des constructions, des significations moins usitées; quant aux phrases plus ordinaires, nous en avons fait un choix.

Enfin nous avons consacré un appendice particulier aux mots provençaux, parce que, parmi toutes les langues romanes, la provençale est celle qui a le plus d'affinité avec la française.[1]

[1] V. l'introduction.

Table
des principaux auteurs cités dans la dissertation suivante.

Amyot, Les amours pastorales de Daphnis et Chloé, Amsterdam, 1734. (Am. D. et Chl.)

Atzler, Felix, Die germanischen elemente in d. franz. sprache, Coethen 1867. (Atzler.)

Barthe, Histoire de la langue française, Paris 1853. (Barthe.)

Barthélemy, J. J., Voyage du jeune Anacharsis en Grèce. Firmin Didot 1839. (Barthél.)

Bartsch, Karl, Chrestomathie provençale, Elberfeld 1868. (Bartsch, chr. pr.)

Bartsch, Karl, Chrestomathie de l'ancien français, Leipzig 1866. (Bartsch, chr. fr.)

Béranger, P.-J. de, Oeuvres complètes; Paris, Perrotin, 1857. (Bér.)

Boileau Despréaux, Oeuvres, tome I., Paris 1813. (Boil.)

Boiste, P.-C.-V., Dictionnaire universel; Paris, Lefèvre 1812. (Boiste.)

Bossuet, J.-B., Chefs-d'oeuvre de; Paris, Gennequin 1847. (Boss.)

Burguy, G.-F., Grammaire de la langue d'oïl, tome 1—3; Berlin, Schneider et Comp. 1853, 54, 56. (Burg. gr.)

Castoiement, le, ou Instruction d'un père à son fils; Paris, B. Warée oncle 1808. (Cast.)

Clément XIV., Lettres du Pape etc. tome 1. 2. Paris 1776, 3e édit. (Clém. XIV.)

Corneille, P. et Th., Théâtre; Paris, Firmin Didot Frères, Fils et Comp. 1858. Tome 1. 2. (Corn. et Th. Corn.)

Cottin, Mme., Élisabeth ou Les Exilés de Sibérie, nouvelle édit. Stuttgart, Charles Erhard, 1840. (Cottin.)

Coutelle, Carlo, Dizionario Italiano-Tedesco e Tedesco-Italiano; Leipzig 1759. (Coutelle.)

Dacier, Mme., Les comédies de Térence traduites nouv. éd. procurée par J.-J. Schatz, Jène, Jean Félix Bielecke, 1734. (Dacier.)

Delavigne, Casimir, Messéniennes et Poésies diverses; Stuttgart 1834. (Delav.)

Delius, Dr., Nicolaus, Ungedruckte Provenzalische lieder; Bonn 1853. (Delius.)

Démogeot, J., Histoire de la littérature française; Paris, L. Hachette et Comp. 1860. (Dem. litt. fr.)

Dictionnaire de l'Académie française; Paris, Firmin Didot 1854. (Acad.)

Diez, Friedrich, Etymologisches woerterbuch der Romanischen sprachen, t. 1. 2. Bonn 1862. (Diez, dict.)

IV

Diez, Friedrich, Grammatik der Romanischen sprachen, t. 1. 2. 3 Bonn 1856. (Diez, gr.)

Dufresne, Charles, Dominus Du Cange, Glossarium ad scriptores mediae et infimae latinitatis, A—Z; Basel 1762. (Du Cange.)

Fick, F. C. August, Woerterbuch der Indogermanischen grundsprache; Goettingen 1868. (Fick.)

Florian, M. de, Théâtre complet; Leipzig, bei Gerhard Fleischer dem juengeren, 1814. (Flor. th.)

Florian, M. de, Numa Pompilius, Leipzig, Gerhard Fleischer 1829. (Flor. N.-P.)

Geruzez, Eugène, Histoire de la littérature française; Paris, Didier et Comp. 1863. Tome 1. 2. (Ger. litt. fr.)

Girard, Mr. L'Abbé, Synonymes françois; Leide, Wetstein 1762. (Gir. syn.)

Gleim, Dr., Elementargrammatik der Franzoesischen sprache; Breslau, 1859. (Gleim, gr.)

Graeser, Charles, Anthologie dédiée à la jeunesse, 2e éd. Marienwerder 1854. (Graeser, anthol.)

Grammaire des Grammaires. 18e édit. tome 1. 2. Paris, Cotelle 1863. (Cr. d. Gr.)

Guizot, M., Cours d'histoire moderne, tome 1. 2. Bruxelles, Louis Hauman et Comp. 1835. (Guiz., hist. mod.)

Happel, Jakob, Die sprachlaute des menschen; Antwerpen, Max Kornicker 1866. (Happel.)

Hecker, A. J., Neues franzoesisches lesebuch fuer mittlere classen, 2ter th., 4te aufl., Berlin, Realschulbuchhandlung 1809. (Hecker.)

Herrig, Ludwig, Archiv fuer das studium der neueren sprachen und litteraturen; Braunschweig, George Westermann. (H. A.)

Herrig, L. et G. F. Burguy, La France littéraire ,5e éd. Brunsvic, George Westermann 1861. (H. et B.)

Honnorat, S.-J., Vocabulaire français-provençal; Digne, Repos 1848. (Honnor.)

Ideler, L. et H. Nolte, Handbuch der franzoesischen sprache und litteratur, 5te aufl., th. 1. 2. Berlin, G. C. Nauck 1818. (Id. et N.)

Klotz, Dr., Reinhold, Handwoerterbuch der lateinischen sprache, 4te aufl. Braunschweig, George Westermann 1866. (Klotz.)

Krueger, K. W., Griechische sprachlehre; Berlin 1842. 1843. (Krueger, gr. gr.)

La Bruyère, caractères de, Nouvelle Bibliothèque des classiques français, tome 1. 2., Paris, A. Pougin 1839. (de la Bruy.)

Lafaye, M., Dictionnaire des synonymes de la langue française, 2e éd. Paris, L. Hachette et Comp. 1861. (Lafaye.)

La Fontaine, Fables de, Nouvelle Bibliothèque des classiques français, tome 1. 2. Paris A. Pougin 1837. (La Font. fab.)

La Fontaine, Théâtre de, éd. stéréot. Paris, P. Didot l'Aîné et Firmin Didot 1812. (La Font., th.)

Lamartine, M. Alphonse de, Souvenirs, impressions, pensées et paysages pendant un voyage en Orient (1832—1833; Lemgo, Meyer'sche Hofbuchhandl. 1837. (Lamart.)

La Sainte Bible; Paris, de l'imprimerie de la rue de l'échiquier, n. 18, 1805. (L. S. B.)

Lenfant, Jaques, Histoire du Concile de Pise, tome 1. 2. Amsterdam, Pierre Humbert, 1724. (Lenfant, C. d. P.)

Littré, É., Dictionnaire de la langue française; Paris, L. Hachette et Comp. (Littré.)

Livi, Titi, ab urbe condita libri, recognovit W. Weissenborn. Lipsiae, Teubner 1858. (T.-Live.)

Luedecking, Dr., Heinrich, Franzoesisches lesebuch, 8te aufl. Mainz, Kunze 1864. (Luedecking.)

Madvig, Dr., J. N., Syntax der griechischen sprache; Braunschweig, Friedr. Vieweg und Sohn 1847. (Madvig, synt. gr.)

Maetzner, Eduard, Altfranzoesische Lieder berichtigt und erläutert etc. nebst glossar; Berlin, Ferd. Duemmler 1853. (Maetzn., Altfr. L.)

Maetzner, Eduard, Franzoesische grammatik mit besonderer beruecksichtigung des lateinischen; Berlin, Waidmann'sche Buchhandlung 1856. (Maetzn. gr.)

Maetzner, Eduard, Syntax der neufranzoesischen sprache, th. 1. 2. Berlin, Ferd. Duemmler 1843. (Maetzn. synt.)

Mager, Dr., Tableau anthologique de la littérature française (1789—1837), tome 1. 2. Berlin, Charles Heymann 1837/1838. (Mager, anth.)

Mager, Dr. Karl W. E., Geschichte der franzoesischen National-litteratur neuerer und neuester zeit (1789—1837). 2 Bde. Berlin, Karl Heymann 1839. (Mager.)

Magnin, J.-P., Chrestomathie du Vieux Français; Berlin, Herbig, 1863. (Magn., chr.)

Mahn, Dr. C. A. F., Die Biographieen der Troubadours; Berlin, Duemmler und Paris, Friedr. Klincksieck 1853. (Mahn.)

Malherbe, Les Oeuvres de François de, Paris, les Frères Barbon, 1723. (Malb.)

Massillon, Sermons de M., Paris, Jean Th. Herissant et Frères Estienne, 1753. (Mass.)

Mémoires et avantures d'un[1] homme de qualité, qui s'est retiré du monde, tome 1. 2. 3. Paris, J. Rod. Thurneisen 1744. (Mém.)

Meneval, M. le baron de, Napoléon et Marie-Louise, t. 1. 2. Clèves, Cohen, 1843. (Men.)

Molière, Oeuvres de, avec des notes de tous les commentateurs, tome 1. 2. Paris, Firmin Didot Frères, Fils et Comp. 1863. (Mol.)

Montaigne, Essais de Michel Seigneur de, éd. stér. P. Didot l'aîné et Firmin Didot, Paris 1816, (Mont. Ess.)

Montesquieu, Oeuvres de Monsieur de, nouv. éd., Amsterdam et Leipsick, Arkstée et Merkus. 1764. (Montq.)

Mozin-Peschier, Dictionnaire complet des langues française et allemande, 4 vol. Stuttgart, Cotta 1863, 4e édit. (M.-P.)

Mueller, Dr. Max, Vorlesungen ueber die wissenschaft der sprache. Leipzig, Gustav Mayer 1866. (M. Mueller.)

Nouveau Testament, Bruxelles, au dépôt de la société biblique britannique et étrangère, 1861. (Nouv. Test.)

Ollendorff's neue Methode etc. von Gands, 15te aufl. Frankfurt a. M., Carl Zuegel 1867. (Oll.)

Orelli, Conrad von, Praktische franzoesische grammatik von Caspar Hirzel, 17te ausg. Aarau, H. R. Sauerlaender, 1864. (Orelli.)

Ploetz, C., Manuel de la littérature française, des XVIIe, XVIIIe et XIXe siècles, 2e éd. Berlin, F.-A. Herbig, 1867. (Ploetz, man.)

---

[1] L'abbé Prévost, 1697—1763.

Ploetz, C., Cours gradué de la langue française et grammaire méthodique, 14e édit. Berlin, F.-A. Herbig, 1861. Ploetz, gr.)

Ploetz, C., Nouvelle grammaire française etc., Berlin, F.-A. Herbig, 1866. (Ploetz, synt.)

Psalmen, hebraeischer text mit commentar, 2te ausg., Berlin, Rudolph Gaertner 1855. (Ps.)

Rabelais, Docteur en Médecine, Les Oeuvres de M. François, 1659. (Rab.)

Racine, J., Théâtre complet de, Paris, Firmin Didot Frères 1863. (Rac.)

Revue Chrétienne, recueil mensuel, huitième année; Paris, Ch. Meyrueis et Comp. 1861. (Rev. Chrét.)

Richelet, Pierre, Dictionnaire de la langue françoise, ancienne et moderne, 2 vol. Amsterdam 1732. (Rich.)

Rollin, Histoire romaine depuis la fondation de Rome jusqu'à la bataille d'Actium; c'est-à-dire jusqu'à la fin de la République. Par M. Crevier, Professeur de Rhétorique au Collége de Beauvais, pour servir de continuation à l'ouvrage de M. Rollin. Amsterdam, J. Wettstein 1747. (Roll., hist. rom.)

Rousseau, J.-J., Oeuvres complètes avec des notes historiques, tome 1. 2. (J.-J. Rouss.)

Rousseau, J.-J., citoyen de Genève, Oeuvres complettes; Deux-Ponts, Sanson et Comp. 1782. (Rouss.)

Scheler, A., Dictionnaire d'étymologie française. (Scheler.)

Schleicher, August, Compendium der vergleichenden grammatik der Indogermanischen sprachen, 2te aufl. Weimar, Hermann Rochlau 1866. (Schleicher.)

Schmitz, Bernhard, Die neuesten fortschritte der franzoesisch-englischen philologie. heft I. Greifswald, akademische Buchhandlung 1866. (Schmitz.)

Ségur, Comte de, Histoire de Napoléon et de la grande armée pendant l'année 1812. 2e éd. Leipsic. (Ség. Nap.)

Sévigné, Lettres de Madame Rabutin-Chantal, Marquise de, à Madame la Comtesse de Grignan, sa fille, t. 1. 2. La Haye, P. Gosse, J. Neaulme et Comp. 1726. (Sév.)

Style épistolaire, Encyclopédie-Roret; Paris. (St. ép.)

Terentii (P.) Afri comoediae, curante C. H. Weise, nova editio stereotypa. Lipsiae, Tauchnitz 1841. (Ter.)

Tetraglotton, Novum Testamentum; Theile et Stier; 2e éd. Bielefeld, Velhagen et Klasing 1858. (Tetragl.)

Traité de la Satire. Paris, Jean Anisson 1695. (Tr. d. l. S.)

Vaugelas, remarques sur la langue française. Paris. (Vaug.)

Victor Hugo, Oeuvres de; Berlin, Natorff et Comp. 1837. (V.-H.)

Victor Hugo, Notre-Dame de Paris, t. 1. 2. Francfort s./M., Bechhold. (Notre-Dame.)

Victor Hugo, Odes et Ballades, t. 1. 2. Francfort s./M. Bechhold. (O. et Ball.)

Victor Hugo, Ruy Blas; Berlin, Schlesinger. (Ruy Blas.)

Voltaire, Oeuvres de Mr. de, nouv. éd. etc. Dresde, G. C. Walther, 1750. (Volt.)

Wailly, M. de, Principes généraux et particuliers de la langue françoise; Paris, chez la Veuve Barbon, 1808. 12e éd. (Wailly.)

Zumpt, C. G., Lateinische grammatik, 11te aufl. Berlin, Duemmler 1860. (Zumpt, gr. lat.) [1]

----

[1] D'autres livres dont nous aurions aimé à faire usage n'étaient pas à nos ordres, tels que ceux de M. M. Fauriel, Baron, Whyte-Bruce, ainsi que les Anciens Poètes de la France publiés par M. Guessard etc.

INTRODUCTION.

S'il était dans notre intention de poursuivre les verbes **faillir** et **falloir** jusqu'à leur première origine, il nous faudrait expliquer ce que l'esprit spéculatif des Allemands, ce que l'assiduité et l'intelligence de nos hommes de lettres ont produit sur le terrain jusque-là presque inconnu, nous voulons dire dans la sphère des recherches sur l'origine, la filiation, les rapports mutuels des langues; il nous faudrait donner une idée complète des livres que de Humboldt, J. Grimm, Bopp, Pott, Benfey, H. Curtius, Steinthal, M. Mueller ont écrits sur l'origine de la langue, sur la manière de parler et d'écrire en général, sur la transition de la langue primitivement seule et unique dans une multiplicité de langues, sur la classification de cette pluralité, sur les plus importantes familles de langues, enfin sur les générations des familles indo-européenne et sémite; alors nous aurions gagné la transition naturelle à la langue latine qui est un membre de la famille indo-européenne, une soeur du sanscrit, du zend, du grec, du germanique, du slave et du celtique, et en même temps la mère des langues romanes [1]) [2]), de l'italien, de l'espagnol, du portugais, du provençal, du français, du rhétoromanique et du valaque.

[1]) La première mention de la „lingua Romana“ que l'histoire nous a conservée remonte au milieu du septième siècle. En 659 Mummolin est élu évêque de Noyon, et son hagiographe nous dit qu'il connaissait parfaitement „la langue romane et la tudesque“ (cf. H. et B. p. 3, rem. 2).

[2]) Ce fut déjà M. Fauriel qui, dans la naissance des langues romanes du latin ne vit que la loi de la successive décrépitude des langues, procès auquel les dialectes néo-ariens des Indes, le néo-perse, le grec moderne, l'allemand d'aujourd'hui doivent aussi leur existence. En Allemagne M. Fuchs a disputé pour cette opinion. Mais il y a des savants qui disent au contraire que le roman n'est que le développement naturel et nécessaire du latin, une conséquence de la vie organique de cette langue, une époque qu'il fallait entrer selon la loi générale. Tous ces philologues soutiennent donc que le roman est du latin; mais ceux-là l'appellent du latin barbarisé, ceux-ci du latin organiquement développé. Guill. de Humboldt contredit l'un et l'autre parti, il dit: „le roman n'est pas du latin, mais une nouvelle construction faite d'éléments latins selon un nouveau principe qui, de sa part, trouve ses conditions sans doute dans les matériaux anciens.“ Voilà l'affaire: les langues romanes sont des enfants d'une nouvelle génération. Leur principe vital n'est plus le latin, mais un principe moderne, c'est-à-dire le roman. Cependant il est évident que leur formation de même s'est comportée d'après une loi certaine et suivant la raison; et il serait ridicule de nommer mortes des langues qui ont de si belles littératures que les langues romanes; elles manifestent une vie pleine de vigueur. Les langues romanes sont le développement d'une langue encore vive et vivante. Quelquefois, il est vrai, des formations du langage ancien se perdent; mais les troncs anciens produisent de nouveaux germes. Et en effet, les langues modernes sont très-fécondes, quant à la lexicographie, mais leurs mots ont perdu la base matérielle, la perspicuité; leur signification est devenue creuse, leur accent contraint. Ils expriment de vagues généralités et, par conséquent, ils se développent en prenant une direction abstraitement logique. Cette perte de matérialité, de connexion avec le concret, c'est le caractère de langues filiales, de formations secondaires; il prouve une origine inorganique, une rupture dans le développement, une séparation du terrain national et le déplacement dans un étranger. C'est naturel; car le Roman parle une langue qui ne lui appartient pas entièrement, qui ne lui est pas innée; pour cela ce n'est que son entendement qui vit dans elle; le sentiment, le coeur n'y entre pas. Le Roman a un mot pour chaque sentiment; mais son mot est froid et ne reçoit pas de sentiment. Il a des termes pour toutes les perceptions; mais son mot est sans perceptibilité. (Cf. H. A. 36e année, cahier 2.)

Cependant il faut que nous nous restreignions à un abrégé de l'histoire de la langue française et à quelques remarques sur le provençal.

La France, c'est-à-dire le pays qui aujourd'hui est nommé La France, était habitée par deux races distinctes, la gauloise et celle des Ibères. Cette dernière race habitait entre la Garonne et les Pyrénées; c'étaient d'abord des Aquitains, puis des Ligures, plus tard encore des Grecs qui y cherchèrent un asyle pour ne pas être subjugués par les Perses. — Lorsque César parut dans la Gaule, il y trouva trois peuples différents: les Aquitains, les Belges, les Gaulois proprement dits ou les Celtes. L'idiome des premiers a disparu presque complètement, celui des deux autres forme deux dialectes du celtique, d'où se développa plus tard la langue d'oïl, vraie source du français. C'est la langue des Druides. En 154 avant Jésus-Christ les Grecs[1]) demandent le secours des Romains contre les Ligures. C'était alors que ceux-là s'emparèrent de la province romaine transalpine. Un siècle après, Jules César soumet la Gaule entière à la domination romaine.

Avant la fin du quatrième siècle le latin était la langue usuelle des hautes classes de la société, et au sixième siècle nous ne retrouvons le celtique que dans les contrées montagneuses et écartées des centres de population; dans la seconde moitié du septième siècle on ne fait plus mention du celtique. — C'est alors que la Gaule fut envahie au sud par les Wisigoths[2]), à l'est par les Burgondes, au nord par les Francs; ces derniers absorbèrent peu à peu toutes les autres nationalités. Les Francs ostrasiens se grossissaient sans cesse de nouvelles bandes germaniques; ainsi le tudesque succéda au latin et se trouve encore maintenant dans les patois allemands de la rive gauche du Rhin. Les Francs de la Neustrie conservèrent long-temps leur langue, les autres adoptèrent bientôt celle des vaincus.

Au huitième siècle le latin obtint la prépondérance aussi en Neustrie, malgré Charlemagne et son fils, Louis le Débonnaire, qui parlaient avec prédilection le francique. Mais ce latin est, bien entendu, le latin vulgaire[3]), corrompu déjà par les dialectes des peuples vaincus; le latin savant devient une langue morte.

Au neuvième siècle les dialectes étaient parvenus à l'état de langue propre et distincte; dès lors ils prennent le nom de langues romanes et de dialectes romans. Dès la fin du neuvième siècle nous trouvons deux langues fort distinctes dans les Gaules: le provençal[4]) ou la langue romane ou la langue occitanienne, et le roman ou la langue d'oïl ou le français proprement dit.[5])[6])

Il y avait donc deux langues romanes dans le territoire des Gaulois, la provençale et la française, qui prenaient leur croissance presque dans les mêmes matières. Aussi est-il possible que, dans tout ce pays, il ne fût parlé d'abord qu'une même langue. Cette langue se conserva plus

---

1) Cf. Maetzn. gr. p. 2, 2.   2) Cf. Maetzn. gr. p. 2, 4, 5.
3) Cf. Maetzn. gr. p. 2, 3; Du Cange, préface; Gor. litt. fr. I, p. 22.
4) Ou proensalese, lemozi, romans — cf. Maetzn., gr. p. 3.   5) Cf. H. et B., Introduction.
6) Diez (gr. I p. 72) dit: „Die Roemer nannten ihre sprache latina; romana kommt nur einmal in einem gedichte bei Plinius hist. nat. 31, 2 und auch im mittelalter nur selten vor (vgl. A. W. Schlegel's Observ. not. 24). Romanische sprachen ist erst in neuerer zeit und zwar in Deutschland zum generellen ausdrucke fuer alle aus dem lateinischen abstammenden erhoben worden. In aelterer zeit nahm jede derselben diese bezeichnung fuer sich in anspruch, wie z. B. der alte troubadour J. Rudel vom provenzalischen sagt: Tramet lo vers en chantan en plana lengua romana. Chx. III. 100; oder Bercer p. 1 vom spanischen: Quiero fer una prosa en roman paladino. Aber weit ueblicher (s. die beispiele bei Raynouard Chx. VI. 371) fuer lingua romana war das substantiv pr. altfr. romans, sp. romance, it. romanzo, entstanden aus dem adv. romanice, wiewohl lingua romana nicht ueblich war, latinisiert romancium, vb. pr. romanzar romanisieren (remarque). Raynouard, welchem langue romane nur die provenzalische war, bediente sich fuer das gesammtgebiet des steifen und umstaendlichen langues de l'Europe latine, spaeter des zsgs. néolatines, welches mehr zustimmung gefunden hat, ital. lingue neolatine, kaum lingue romanze. Auch auf den lateinischen namen machten diese sprachen fortwaehrend anspruch, zumal die italiaenische, ja eine derselben fuehrt diesen namen (ladin) bis heute. Darum wird auch im Poema del Cid v. 2676 ein des spanischen kundiger Maure un Moro latinado genannt. Allgemein hiessen diese sprachen auch volksmaessige, vulgares. Im altdeutschen ward romanisch mit waelsch (wahalise) ausgedrueckt, vermuthlich von Gallus, s. J. Grimm in Schmidt's zeitschrift fuer geschichte III. 257.

pure au provençal qu'au français qui, depuis le neuvième siècle à peu près, s'en sépara peu à peu en aplatissant ses formes. Mais le vrai siége de l'idiome provençal c'est la France méridionale. La ligne de démarcation entre les deux idiomes passe, comme dit M. Sauvages, à travers le Dauphiné, le Lyonnais, l'Auvergne, le Limousin, le Périgord et la Saintonge. Hors de la France cette ligne se continue aussi au travers de l'Espagne orientale, savoir de la Catalonie, de la Valence et des Baléares. Dante à qui le castilien était encore inconnu, dit que le siége principal de la langue d'oc est même en Espagne. Aussi la Savoie et une petite partie de la Suisse y appartiennent encore. [1]

Le territoire de la langue française comprend le reste de la France romane, les îles normandes et une partie de la Belgique et de la Suisse. [2]

Quant aux monuments et aux différents dialectes du provençal nous citons Diez gr. I. p. 105 et suivv.: ce ne sont que ceux de la langue d'oïl [3] que nous pouvons traiter plus à fond. [4]

Les monuments de l'ancien français remontent très-haut. [5] Dans le neuvième siècle nous avons 1) les serments de Strasbourg de 842, 2) la cantilène de Sainte Eulalie, 3) un fragment d'une homélie sur le prophète Jonas; dans le dixième siècle 1) la passion du Christ, 2) la Vie de Saint Léger; dans le onzième siècle 1) la Vie de Saint Alexis, 2) un fragment de l'Alexandre d'Albéric de Besançon, 3) la chanson de Roland, 4) les lois de Guillaume le Conquérant, 5) une ancienne traduction des psaumes. Dans le douzième et le treizième siècle il naît une littérature florissante; il ne faut que citer des noms tels que Saint Bernard, Marie de France, Rutebeuf, Thibaut, Villehardouin, Joinville etc. [6]

Le premier qui essaya de débrouiller le chaos des formes dialecticales de la langue d'oïl, ce fut G. Fallot et non M. de Castres de Fersal, dont les recherches sur la vieille langue ne sont qu'une traduction très-fidèle de celles de Fallot, publiées par Paul Ackermann, Paris 1839. L'ouvrage de Fallot resta imparfait, parce que la mort vint le surprendre au milieu de ses travaux. Mais M. Burguy, dont l'introduction dans la grammaire de la langue d'oïl est ici notre guide [7], s'est fondé sur les principes de celui-là, et son ouvrage est, comme celui de M. Orelli (altfranzoesische grammatik. 2te aufl. Zuerich 1848) le plus important pour ceux qui vont étudier le vieux français, étude dont M. Diez, dans sa grammaire des langues romanes (Bonn 1836 et suiv.) [8], a posé les plus amples fondements.

Ayant donné cette règle générale: „tous les dialectes de la langue d'oïl étaient régis par la même grammaire“, Fallot divise le vieux langage français en trois dialectes principaux, qu'il nomme non point du nom d'une province dans laquelle ils fussent exclusivement parlés, mais du nom de celle dans le langage de laquelle leurs caractères se trouvent le plus saillants, le mieux réunis et le plus complétement en relief: normand, picard, bourguignon. Il y a, bien entendu, des nuances de langage de village à village; mais semblables à des couleurs qui se confondent, ces nuances ne sont pas tranchées, elles sont à peine sensibles; et l'on passe ainsi sans s'en apercevoir d'un dialecte à l'autre. Aussi est-ce pour cela que M. Burguy se range à sa manière de voir, en ajoutant avec lui que les limites de ces trois dialectes ne correspondaient point avec exactitude aux limites politiques des provinces dans lesquelles on les parlait. Il résume [9] alors ce qu'il vient de dire des territoires de ces trois dialectes dans le tableau suivant:

---

[1] Cf. Diez, gr. 1, p. 103 et suivv.   [2] Cf. Diez gr. I, p. 118 et suivv.

[3] La particule affirmative oui était au provençal oc, dans la langue du Nord oïl, d'où viennent les noms. — Cf. Maetzn. gr. p. 4 et ailleurs.

[4] Cf. Maetzn., gr. p. 4 et suivv.; Burg., gr. I, p. 14 et suivv.   [5] Cf. Diez, gr. I, p. 119 et suivv.; Bartsch, chr. fr.

[6] Cf. Ger., litt. fr. 1.   [7] V. cette page note 4.   [8] Diez, gr. I, p. 121 et suivv.   [9] I, p. 17.

<table>
<tr><td>Normandie.</td><td>Picardie.</td><td>Bourgogne.</td></tr>
<tr><td>Maine.</td><td>Artois.</td><td>Nivernais.</td></tr>
<tr><td>Bretagne.</td><td>Flandre.</td><td>Berry.</td></tr>
<tr><td>Perche.</td><td>Bas-Maine.</td><td>Orléanais.</td></tr>
<tr><td>Poitou.</td><td>Champagne.</td><td>Touraine.</td></tr>
<tr><td>Anjou.</td><td>Lorraine.</td><td>Bas-Bourbonnais.</td></tr>
<tr><td></td><td>Hainaut.</td><td>Anjou.</td></tr>
<tr><td></td><td>Namur.</td><td>Ile-de-France.</td></tr>
<tr><td></td><td>Liège.</td><td>Champagne.</td></tr>
<tr><td></td><td>Brabant mérid.</td><td>Lorraine.</td></tr>
<tr><td></td><td></td><td>Franche-Comté.</td></tr>
<tr><td></td><td></td><td>Vaud.</td></tr>
<tr><td></td><td></td><td>Neufchâtel.</td></tr>
<tr><td></td><td></td><td>Berne.</td></tr>
</table>

Il nous donne ensuite les caractères fondamentaux des trois dialectes dans la table que voici:

Normandie.	Picardie.	Bourgogne.
e	oi, ai, ie	oi, ai, ei, ie
ei	oi, ai	oi, ei, ai
u	o, ou, eu	o
ui	i, oi, oui	ui, oi, eui, oui

et il parle enfin des différences principales qui séparent ces trois dialectes de la langue moderne.

C'était d'abord le dialecte bourguignon ou plus exactement celui de l'Ile de France qui, étant opposé aux autres, fut nommé „français“. Déjà vers la fin du douzième siècle il avait obtenu une singulière importance. Les possessions de la couronne s'étendant au treizième, le règne des Capétiens étant d'une grande autorité au quatorzième siècle, l'administration se concentrant peu à peu à Paris et les éléments littéraires de l'État croissant se réunissant dans cette capitale, c'était aussi l'autorité de ce dialecte, qui croissait au quinzième, et, dont l'usage exclusif fut établi, par des ordonnances légales, pour tous les actes et tous les documents publics et privés au seizième siècle.

Ce dialecte devenu le langage des écrivains, la langue du seizième siècle nous montre la tendance de fixer des règles sévères avec une exactitude outrée; elle jette un regard sur l'étymologie et le rapprochement aux racines latines, mais en négligeant le son vivant; elle cherche à s'assimiler inorganiquement des éléments latins, grecs, italiens.

Au dix-septième siècle, il est vrai, la langue se purifie de nouveau en rejetant une partie de cette richesse douteuse; mais en même temps elle retranche beaucoup de vieux mots, beaucoup de vieilles tournures qui seraient encore de bon usage; et la correction formelle qui d'une part était exagérée à la vérité, mais qui de l'autre n'était pas encore devenue une tendance générale au seizième siècle, elle est alors établie par les grands auteurs du temps de Louis XIV. C'est depuis le règne de ce monarque que la langue se forme de plus en plus sous l'influence des mouvements spirituels et intellectuels que la France et l'Europe ont désormais éprouvés. Avec le dix-septième siècle nous sommes arrivés en pleine littérature moderne. Il y eut un assez long intervalle où la France fut sans ascendant littéraire sur le reste de l'Europe; mais il sépare deux époques où cet ascendant, le plus légitime de tous [1]), puisque ceux qui le subissent veulent le subir, fut très-puissant: l'époque qui comprend le douzième et le treizième siècle, et celle qui commence avec le siècle de Louis XIV. Ainsi, par une fortune singulière, la faveur européenne qui avait accueilli les

---

[1]) Littré, préface.

débuts renaquit après tant d'années et d'événements. Et pourtant, quoi de plus dissemblable que les causes et les mérites qui produisirent cette faveur? A l'âge primitif, ce fut l'originalité des créations et le parfait accord des conceptions avec les croyances et avec les moeurs qui recommandèrent à l'Europe la littérature française; à l'âge de maturité, ce fut la correction soutenue, l'élégance parfaite, la haute raison et, bientôt après, la hardiesse philosophique qui firent prendre les livres français à tant de mains étrangères.

I.
Étymologie et histoire de faillir et de falloir.

Après que J. Grimm eut divisé les verbes allemands en deux grandes classes, les forts ou primitifs et les faibles ou dérivés, MM. Struve et Diez ont cherché à appliquer cette théorie à différentes langues. Ils ont démontré que la troisième conjugaison latine était la primitive ou forte, celles en āre, ēre, īre, au contraire, dérivées ou faibles. Quant aux langues romanes, M. Diez[1] range parmi les forts les verbes connus sous le nom d'irréguliers, et il appelle faibles ceux qu'on avait considérés jusque-là comme réguliers. Mais la raison pour cette division est une autre en latin qu'en allemand, en sanscrit etc. Dans ces langues les verbes sont nommés forts, qui forment leurs temps par eux-mêmes, faibles, qui ont recours à des moyens externes de formation; la marque caractéristique de la conjugaison forte est ici le changement de la voyelle du radical, tandisqu'en latin, elle ne consiste, pour l'ordinaire, qu'à joindre les terminaisons à la racine sans son intermédiaire. En latin on compte donc parmi les faibles tous les verbes qui se terminent par une consonne, auxquels on a joint a, e ou i comme moyens de dérivation; parmi les forts, ceux dont le radical se termine par u ou une simple consonne. C'est en ce sens que M. Diez a conservé la dénomination de verbes forts dans les langues romanes. J. Grimm avait cependant fait observer que les langues romanes devaient avoir une conjugaison forte basée sur le changement de la voyelle radicale, et M. Burguy dit aussi: renforcement de la voyelle radicale telle est la caractéristique de la conjugaison forte.

La langue française actuelle ne dérive pas immédiatement du latin; elle s'est dégagée avec violence de tous les dialectes des provinces.[2] Ce mélange des formes et les moyens (contraction, syncope, addition de lettres etc.) qu'on employa pour lui donner de l'unité et la rendre harmonieuse, l'ont tellement éloignée de son état primitif, qu'on ne peut s'attendre à y trouver une conjugaison forte bien marquée. Mais si l'on remonte aux anciens dialectes, si l'on prend surtout celui de Bourgogne pour point de départ, on retrouve la conjugaison forte basée sur le changement des voyelles radicales a, e, o.

Les philologues modernes ont cherché à réduire le nombre des conjugaisons établies par les vieux grammairiens; les uns n'en veulent admettre que trois:

---

[1] Diez, gr. II, p. 112 et suiv. [2] V. plus haut p. 2 et 4.

1. er   2. re avec la forme collatérale oir   3. ir

lat. āre   ĕre   ēre   īre,

les autres que deux: er et ir.

M. Orelli[1]) a réfuté l'opinion de ces derniers.

La première classification compte M. Diez[2]) parmi ses défenseurs; mais il divise les verbes qui se terminent par ir en deux grandes classes:

1. verbes simples.   2. verbes inchoatifs.

(p. e. partir)   (p. e. fleurir)[3])

Les derniers, dit-il, intercalent au présent[4]) la syllabe iss, is (isc) entre le radical et la terminaison, p. e. ital. fior-isc-o, et avec syncope de la voyelle, prov. fior-isc, franç. fleur-is.

Il en résulte la division suivante:

verbes faibles:

1. er   2. re   3a. ir   3b. ir (isc).

verbes forts:

4. oir

comme forme collatérale de la terminaison re.[5])

Un vacillement entre l'e long et l'e court peut être facilement observé dans les langues anciennes, mais ce qui est plut fort, c'est le penchant à la troisième conjugaison.

Comme des verbes, dont l'infinitif est terminé par re, dérivent aussi des verbes latins avec la terminaison ĕre, p. e. mordre (mordēre), répondre (respondēre), tondre (tondēre), tordre (torquēre), semondre (semonēre) de même que plaire, taire, rire; ainsi les verbes en oir dérivent non-seulement des verbes latins en ēre, mais aussi de ceux en ĕre, p. e, choir (cadere), recevoir (recipere), savoir (sapere). Il se trouve aussi les deux formes pour un même verbe, cf. p. e. le vfr. ardoir et ardre (ardēre), aussi arder et arsir, manoir et maindre (manēre), cremoir et craindre (tremēre), aussi cremir etc.[6])

Faillir est aussi de ces verbes. Il tire son origine du verbe latin „fallere“ ou plutôt de la forme qui était usitée dans le latin vulgaire, dans celui du moyen-âge ou dans le bas-latin[7]), „fallire“.[8])[9])[10])[11])

A la fin du troisième siècle, du moins M. M. Burguy[12]), Maetzner[13]) et Diez[14]) nous le disent, on trouve l'infinitif „faldre“, „faudre“, formé sur le futur avec d intercalaire, et plus tard cette forme infinitive change en „falloir“.[15])

---

[1]) Cf. Orelli, gr. p. 178. 179.   [2]) Diez, gr. II, p. 113 et suivv.   [3]) Diez les nomme „gemischte verba“.
[4]) Aussi aux temps qui en dérivent, bien entendu. [5]) Cf. aussi Ploetz, synt. p. 1 et suiv. [6]) Cf. Maetzn. gr. p. 202.
[7]) C'est la langue des auteurs latins qui ont écrit depuis environ le temps de Sévère jusque vers la décadence de l'Empire.
[8]) du lat. fallere, bas-lat. fallire, fellere (cf. Du Cange), falescere (cf. Du Cange); vprov. falhir, failir; v. esp. port. fallir, falir (mainte: aut fallecer, falecer — cf. Scheler, Diez, dict. I, 172); ital. fallire; angl. to fail; all. fehlen; holl. feylen; dan. feile; suôd. fela (Maetzu., Altfrz. L. gloss.)
[9]) du lat. fallere, qui, comme on sait, signifiait manquer à, ne pas répondre à. On sait aussi que le lat. fallere, comme le grec σφάλλω signifient étymologiquement tomber ou faire tomber et sont congénères avec l'all. fallen, tomber, et peut-être (!) avec fehlen, manquer (Scheler) (cf. le verbe falliare dans Du Cange).
[10]) Les ll mouillées ne proviennent régulièrement que devant ou après un i du lat. ll. (Diez, dict. I, 272.)
[11]) Fick (woerterb. d. indogerm. grundspr. Goettingen 1868) allègue un mot spal, spalati caus. spalaya stuerzen, wanken, caus. faellen, sskr. sphal sphul sphalati, wauken, caus. sphalaya zu fall bringen. — σφάλλω fuer σφαλ-jω caus. bringe zu fall. — lit. pŭlu, pŭlti fallen. — as fallan fêll, ahd. fallan, fallen, caus. felljan faellen (p. 194.).
[12]) Burg., gr. III, p. 155.   [13]) Maetzn., Altfrz. L. gloss.
[14]) Il dit (dict. I, p. 172): „aus den starken formen des fr. faillir, das ehedem im perf. und im part. praet. doppelfoermig war (v. plus bas) gestaltete sich ein zweites, unpersoenliches verbum mit der bed. noethig sein, praes. faut, pf. fallut, part. fallu, inf. falloir, altfr. faldre, faudre NFC I, 26: il me faut = lat. me fallit es entgeht mir, ist mir noethig.“
[15]) V. plus bas.

2*

Si nous pouvions alléguer le passage où nous avons lu le futur „faillerai“ — et nous avons trouvé cette forme, mais malheureusement nous ne la retrouvons pas —, il y aurait aussi une forme infinitive „failler“, et nous aurions constaté que ce verbe se conjugue d'après toutes les quatre conjugaisons, même aussi selon la deuxième conjugaison inchoative [1]) — en répondant au verbe du moyen-âge „falescere“ [2]) qui signifiait aussi: carere, cessare, finire, faillir, manquer (cf. Du Cange) —; car non-seulement au treizième siècle nous lisons déjà la forme „faillirai“ [3]), mais aussi de nos jours il se conjugue dans la signification de „faire banqueroute“ déjà presque régulièrement sur „punir“, et il y a déjà des grammairiens qui autorisent cet usage. [4])

Mais, ce qui est la chose la plus remarquable, c'est que les formes se séparant sont aussi d'un emploi et d'une signification différents. [5]) Celles qui ont les ll mouillées, ne sont dans la suite usitées qu'au sens personnel, les autres s'emploient impersonnellement. [6]) Au seizième siècle nous trouvons encore, il est vrai, des formes avec les ll mouillées, qui sont employées au sens impersonnel, p. e. peu s'en faillit [7]), et, au contraire, les autres formes employées personnellement [8]), sans faire attention au futur qui se conjugue encore maintenant quelquefois faudrai etc. [9]), quoique la grammaire des grammaires rejette cette formation. [10]) Ce que dit M. Vaugelas [11]) sur „peu s'en est fallu“ nous semble prouver seulement ce que nous venons de dire, que les formes du verbe „falloir“ ne s'appliquent que dans le sens impersonnel, excepté, il est vrai, dans des phrases telles que „peu [12]), tant, beaucoup s'en est fallu“; et que, dans le temps de M. Vaugelas la séparation des formes personnelles et impersonnelles s'est déjà accomplie. C'est autre chose, quand nous lisons dans Vaugelas [13]), qu'on dit en Normandie „il faillira“, „il failliroit“ pour dire „il faudra“, „il faudroit“. C'est une exception de la règle, de même que, dans la signification de „presque“, „beinahe“, faillir se trouve quelquefois employé impersonnellement. [14])

---

[1]) v. plus haut p. 6.　[2]) v. plus haut p. 6 rem. 8.　[3]) v. plus bas.

[4]) Littré (art. faillir) dit: „faillir (fa-llir, ll mouillées, et non fa-yir), je faux, tu faux, il faut, nous faillons, vous faillez, ils faillent; je faillais, nous faillions; je faillis, nous faillîmes; je faudrai, nous faudrons; je faudrais, nous faudrions; que je faillisse, que nous faillissions; faillant; failli, faillie (les trois personnes du présent au singulier, le futur et le conditionel vieillissent, et c'est dommage; les personnes qui ont besoin du futur ou du conditionnel et qui en ignorent la véritable forme, les composent suivant la règle des verbes en ir, et disent: je faillirai, je faillirais; c'est un barbarisme, mais qui a chance de s'introduire et de devenir correct; déjà quelques grammairiens disent que ce verbe, dans le sens de faire faillite, se conjugue régulièrement sur finir: Quand un négociant faillit, les créanciers, etc., s'il faillissait“ (v. plus bas), „vous seriez ruiné; si la baisse continue, il faillira: c'est un usage tout moderne qui cherche à s'introduire) v. n.“

[5]) Dans la préface de son dictionnaire étymologique des langues romanes (p. XXIII. et suiv.) M. Diez a expliqué que la langue en formant ses mots quitte quelquefois ses propres lois et se laisse mener par l'euphonie ou par l'utilité, et parmi ces „petites marques de sentiment de la langue“, il allègue aussi les soi-disant „scheideformen“. Il arrive souvent qu'un mot se sépare peu à peu en deux, en prenant aussi deux significations différentes, tels que it. manco mangelhaft, monco verstuemmelt, du lat. mancus; rifutare widerlegen, rifiutare verschmaehen (lat. refutare); esp. calar niederlassen, callar schweigen (du χαλᾷν); fr. désigner anzeigen, dessiner zeichnen (designare).

[6]) Scheler (dict. étym.): „Outre la forme en ir le lat. fallere a donné au français une forme en re et oir falloir vfr. faldre, faudre, employé impersonnellement, dans le sens de „faire défaut“, delà: „être nécessaire“, cp. en latin „fallit me“, cela m'échappe, me fait défaut.

[7]) v. plus bas.　[8]) v. plus bas.　[9]) v. cette page, rem. 4.　[10]) cf. Gr. d. Gr. p. 531.

[11]) Vaugelas, dans ses „remarques sur la langue françoise“, dit p. 217: „Peu s'en est fallu. — C'est ainsi que l'Usage veut que l'on parle, mais la raison ne le voudroit pas, elle voudroit que l'on dist „peu s'en est failli“; car il est certain qu'en ce terme „peu s'en est fallu“, „fallu“ ne veut dire autre chose que „manqué“, tout de mesme que si l'on disoit, „peu s'en est manqué“, comme „faillir“ à l'infinitif veut dire, „manquer“. Or est-il que „faillir“ ne fait point au preterit parfait, „il a fallu“, mais „il a failli“, comme „il a failli à me blesser“, et „fallu“ est le preterit de l'infinitif „falloir“, qui n'est pas en usage, et qui signifie en Latin „oportere“. „Il a fallu“, dit-on, „ceder à la force“, „il a fallu faire cela“: mais il est arrivé en ce mot toute la mesme chose qu'à „recouvert“, pour „recouvré“, et je ne doute point que lorsque l'on commença à dire: „peu s'en est fallu“ pour „peu s'en est failli“, les Grammairiens de ce temps-là ne fissent les mesmes exclamations et le mesme bruit qu'ont fait ceux de nôstre temps, quand on a dit „recouvert“ pour „recouvré“: mais on a eu beau invoquer Priscien, et toutes les puissances Grammaticales, la Raison a succombé, et l'Usage est demeuré le maistre, „communis error facit jus“, disent les Jurisconsultes. Quand deux verbes se ressemblent, il est aisé de confondre les conjugaisons, si l'on n'a appris à les démesler; et pour en donner un exemple dans le mesme verbe de „faillir“, on dit en Normandie „il faillira“, „il faillirait“, pour dire: „il faudra“, „il faudroit“, qui est une faute toute contraire à celle-cy „peu s'en est fallu“.

[12]) v. plus bas.　[13]) v. cette page, observ. 11.　[14]) v. plus bas.

L'histoire[1]) donc de „faillir“, que nous allons donner, nous apprend qu'il n'y a eu qu'un seul mot „faillir“, jusqu'au seizième siècle[2]), qui était usité tantôt personnellement tantôt impersonnellement, dans toutes les significations qu'ont partagées plus tard les deux verbes „faillir“ et „falloir“.[3])

Mais ce verbe unique était presque complet ou, nous pouvons le dire, tout complet; car une fois nous avons aussi trouvé l'impératif.[4])

Voici les formes infinitives que nous avons trouvées dans les anciens auteurs français:

falir, fallir, dans la Bourgogne proprement dite, la Normandie, la plus grande partie de la Picardie;

faillir, vers 1250, dans l'Ile-de-France et les provinces avoisinantes au nord et au sud.[5])

XIIᵉ, XIIIᵉ siècles. [6])

Car nus ne doit *falir* son creatour.
(Maetzn. Altfr. L. p. 8, v. 10, Quenes de Bietune.)

Car de tous biens a en li tant
Que ne puis a joie *falir*
Se jon sai a son gre servir.
(Maetzn. Alftr. L. p. 25, Gaidifer v. 15.)

En si haut lieu fait amour demourer
Mon cuer que riens ne sait en li *falir*,
Biaute, valours plus que ne sai noumer.
(Maetzn. Altfrz. L. p. 48, v. 9—11.)

. . . . pour cou que de *falir*
Ne puist mes cuers desloiaument amer
Et que ni soit trop hastieus de merir.
(Maetzn. Altfrz. L. p. 48, ibidem v. 26.)

De sens li muet, si com je croi,
Kas siens ne puet ele *falir*.
(Maetzn. Altfrz. L. p. 64, Crestiens de Troies v. 13.)

Cant li corages est extenduz de granz questions, si lasset perturbce la foiz alsi com ele doeit *falir*.
(Moralités sur Job. p. 504.)[7])

Se m'en vient miz asses tenir
Que *falir* et à mort venir.
(Roman de la Manckine par Phil. de Reimes v. 1731.)[8])

So muir, vostre ame en peechie
En sera, ce ne puet *fallir*.
(Li Roumans don Chastelain de Coucy et de la Dame de Fayel v. 528. 9.)[9])

Quar je ne doi *faillir* mon Créatour.
(Bartsch, chr. fr. p. 184; Maetzn. Altfrz. L. p. 87, v. 10. p. 90, v. 10; Quesne de Betune.)

Ma promesse mest tournee a *faillir*,
Esperance sen est de moi alec,
Sensi le pert ne sai que devenir.
(Maetzn. Altfrz. L. p. 6, v. 9, Pierres de Molaines.)

Asses aim mix esperer que *faillir*
(Maetzn. Altfrz. L. p. 38, v. 18, Simons Dantie.)

. . . . . car manant
Sont en vous tout bien sans *faillir*.
(Maetzn. Altfrz. L. p. 32, v. 31, Willaumes Veaus.)

Coument puet amours endurer
Kele voit tous les siens *faillir?*
(Maetzn. Altfr. L. p. 45 v. 35, Jehaus Fremaus.)

Bien i doit *faillir*
Que le requiert par hausage.
(Maetzn. Altfr. L. p. 53, v. 17, Gilebert de Beonvile.)

Qui n'a éur, bien puet *faillir*.
(Cast. p. 160, v. 9.)

Taut com tu i demoreras,
Fai tant que tu puisses venir
El delit qui ne puet *faillir*.
(Cast. p. 178, v. 12.)

On joie avoir qui tost doie *faillir*,
Ou haut espoirs ades sans plus joir?
(Maetzn. Altfr. L. p. 82, v. 7, Maistre Adam de Givenci a Guillaume Li Vinier.)

Où nus Prendons ne puet *faillir*,
Où toz jorz a joie et deduit.
(Cast. p. 183, v. 58.)

Si ne puet *faillir* que ne die
Tel parleresse, tel folie
Dont ele est de plusors blasmée.
(Cast. p. 184, v. 11.)

---

[1]) Cf. préface, p. I.

[2]) Quelques formes, il est vrai, qui plus tard n'appartiennent qu'à falloir, naissent déja dans le quatorzième siècle (v. plus bas); mais les significations et l'usage n'étaient pas encore séparés alors. — En général, c'est jusque dans le quatorzième siècle, que la langue conserve son caractère grammatical primitif; mais alors il entre une décadence remarquable des flexions. C'est pourquoi, au sens philologique, il faudrait conclure ici la période de l'ancien français (Diez gr. I, 119).

[3]) Cf. Maetzn. gr. p. 228. 239.   [4]) v. plus bas.   [5]) Burg., gr. I, 332.

[6]) Dans les monuments de la langue d'oïl, qui nous sont restés du IXᵉ et Xᵉ siècle, nous n'avons trouvé le verbe, „faillir“ ni ses composés ou ses dérivés; dans le XIᵉ nous avons lu les formes: faillenti, defalt, faux (adj.) falt. (v. plus bas ces mots.)

[7]) V. dans Burg., gr. I, p. 332.   [8]) V. dans Burg., gr. I. p. 332.   [9]) v. ibid.

Ja por chose que j'aie a vivre
Ne me deusses par *faillir*.
(Bartsch, chr. fr. p. 279, v. 8. 9.   Bernier, la Houce Partie.)
Ausi est cil de *faillir* près,
Por ce, s'ele ne l'escondit,
Assez tost le prise petit.
(Cast. p. 202, v. 570.)
Li seconz ou li tierz tot pert
Des oirs, ice n'en puet *faillir*.
(Cast. p. 325, p. 554.)
C'est uns ars qui ne puet *faillir*.
(Cast. p. 328, v. 653.)
Il n'i voit nule rien *faillir*
Dont l'on doit bon roi servir.
(Partonopeus de Blois v. 959. 70.) [1]

Mult fait l'amours que vilaine
Qui comence por *faillir*.
(Chansons du Châtelain de Coucy p. 30.) [2]
Jà lor Ordre ne doit *faillir*,
Bien furent assiz et rieglé,
Un petit sont plus ordené.
(Cast. p. 360, v. 1635.)
Ne puet *faillir* qu'il ne se doille.
(Bartsch, chr. fr. p. 340, poëme moral.)
Miex aim a li *faillir*, si me pramete,
Qu'a une autre achiever.
(Bartsch, chr. fr. p. 189, Châtelain de Coucy.)

XIVe, XVe siècles.

. . . . et par especial il pria moult affectueusement le Connestable de France qu'il vint, et qu'il n'y vousist point *faillir*.
(H. et B. p. 61, Froissart.)

Ce sont mes gros canons qui battent sans *faillir*.
Le soif qui est le fort que je veux assaillir.
(H. et B. p. 69, Olivier Basselin.)

XVIe siècle.

. . . . par lequel le bourreau peust *faillir* son coup.
(Magn. chr. p. 176, Brantome, le Comte d'Egmont.)
J'avois ja predit apertement, que tu serois coquu: à cela tu ne pouvois *faillir*.
(Rab., Pant. III., 25.)

Ne pouvant aller à saint Germain, si tost que je desirois, pour une affaire qui m'est survenuö, et cependant ne voulant pas *faillir* à ce que je dois, je m'informe continuellement de vostre santé.
(Malh., le tres I. 3, p. 6.)

La première personne du singulier du présent de l'indicatif faisait:
fal, fail, ou
faill, à la fin du treizième siècle, surtout dans l'Ile de France [3] — ou
faux [4] (faus).

XIIe, XIIIe siècles.

Et li tramist, se jou n'i *fal*, [5]
. J . moult rice horloge d'arkal.
(Chronique rimée de Philippe Mouskes, v. 2560.) [5]
Et, se g'i *fail*, morz sui et mar vos vi.
(Chansons du Châtelain de Coucy. p. 37.) [6]
Et gi *fail* par ma boine foi.
(Maetzn. Altfr. L. p. 64, v. 9, Chrestiens de Troies.)

Amis, jo *fail* à mun desir,
Car en voz braz quidai murrir
En un sarcu enseveiliz.
(Tristan II. p. 77.) [7]
Et si comme vos estes loiaus empereres, tenez li droit, se ge *faill*.
(Roman des Sept Sages de Rome, p. 75.) [8]

XVIe siècle.

Un quidam latinisateur demeurant pres l'hostel Dieu dit une fois, alleguant l'autorité d'un Taponnus, je *faux*, c'estoit Pontanus, Poëte seculier, qu'il desiroit qu'elles fussent de plume, et . . .
(Rab. Garg. I, 19.)

Je *faus*, car il m'est avis qu'il y en avoit deux . . . . .
(Rab. Pant. II, 31, p. 289.)

---

[1] V. dans Burg., gr. I, p. 332.   [2] V. ibidem.   [3] V. Burg., gr. I, p. 332.
[4] L'Académie conjugue encore „je faux, tu faux, il faut“; mais ces formes, excepté „il faut“ dans le sens impersonnel, vieillissent (v. plus haut p. 7, n. 4). La grammaire des grammaires (p. 530) fait mention que dans La Fontaine se trouve encore „je faux“ dans l'acception de „se tromper“. Nous n'avons trouvé cette forme ni dans ses fables ni dans son théâtre.
[5] V. Burg., gr. I, p. 332.   [6] V. ibidem.   [7] V. ibidem.   [8] V. ibidem.

La seconde et la troisième personne du même temps étaient d'abord:
fals, falt, plus tard
faulx, fault, et par suite de l'aplatissement du l:
faus (fauz), faut.[1]

XIe siècle.

Falt li le coer, le helme li embrunchet.
(Bartsch, chr. fr. p. 29, v. 40, chanson de Roland.)

Falt li le coer, si est chaeit avant.
(Bartsch, chr. fr. p. 35, p. 14, chanson de Roland.)

XIIe et XIIIe siècles.

Nenil, mais molt petit en *falt*.
(Bartsch, chr. fr. 149, v. 6, Beneoit de Sainte More.)

Cil fiert, cil *faut*, cil fait, cil cace,
Et cil cesme et cil manace.
(Bartsch, chr. fr. 98, v. 32. 33, Wace, Rou.)

Li cuers li *faut*, li sans li trouble.
(Bartsch, chr. fr. 123, v. 25, Guillaume d'Engleterre.)

Molt est covoitise vilaine,
Car cui ele prent et assaut,
Et il plus a a et plus li *faut*.
(Bartsch, chr. fr. p. 124, v. 12—15 ibid.)

„Sire", fet el, „mostrer vos voil
La merveille dont je me doil
Qe par un poi li cuers de moi,
Tel paor ai et tel esfroi,
Ne me desment et ne me *jaut*.
(Bartsch, chr. fr. p. 158, v 25 et suivv. Beneoit, Roman de Troie.)

. . . . . ans gens que chant,
Quant tes ostels par toi me *faut?*
Et puis que tu ne me fes bien,
Et cil qui ne me seront rien,
Le me feront moult a envis,
Quant tu me *faus* qui es mes fis.
(Bartsch, chr. fr. p. 279, v. 28 et suivv. Bernier, la Houce Partie.)

Or puis filer, qu'il me *faut* traime;
Mult ai a faire.
(Bartsch, chr. fr. p. 329, v. 26 et suiv. Rustebues.)

Quant trestoz li mondes vos *falt*.
(Cast. p. 51, v. 186.)

Si tu lor *fauz*, morz sunt, ço dient.[2]
(Wace, Rou v. 10906.)

C'est sa borce, qui ne li *faut*
Por amende ni por defaut.
(Rutebeuf, test. de l'âne.)

Je sui li ars qui ne *faut*.
(Maetzn. Altfr. L. p. 40; p. 41; p. 42, Jehan Bretel.)

En li ne *faut* nule rien.
(Maetzn. Altfr. L. 100, v. 14.)

Puisque la veritez i *faut*
N'i sai nul bien, si Diex me saut.
(Cast. p. 201, v. 553.)

Et toute lor force lor *faut*.
(Cast. p. 215, v. 973.)

Ne lor *faut* que passer la porte.
(Cast. p. 294, v. 27.)

Ne metre en la bone pasture
Qui ne *faut* et qui toz jors dure.
(Cast. p. 334, v. 819.)

Mès trop en *faut*, hui est li jorz.
(Cast. p. 343, v. 1112.)

Là où pacience lor *faut*.
(Cast. p. 348, v. 1266.)

Je n'aim pas Ordre où pitiez *faut*
Com en en a plus grant besoing.
(Cast. p. 353, v. 1433.)

Nou di pas por aus solement,
Par tout *faut* si plenierement
Charitez, qu'il n'en i a point.
(Cast. p. 366, v. 1825.)

Charitez ne *faut* pas, je ment,
Diex est charitez voirement.
(Cast. p. 366, v. 1828.)

Mès tost *faut* cele doréure.
(Cast. p. 369, v. 1912.)

Je sai bien que la bone vaut,
A celui nule rien ne *faut*.
(Cast. p. 378, v. 2223.)

Falt li vitaille, ne set mais que il face.
(Ogier de Danemarche, par Raimbaut de Paris.)[3]

Cil *faut* que ne fet ce qu'il doit.
(Cast. p. 314, v. 218.

. . . . m'i *faut* atraire
Hal et Grant-Mont tret en Brebant . . .
(Cast p. 305, v. 122.)

Tu m'as doné assez savoir,
Mais d'autre part me *falt* avoir.
(Cast. p. 66, v. 58.)

---

[1]) Cf. Burg., gr. 1, p. 332.   [2]) V. ibidem.   [3]) V. ibidem.

XIVe et XVe siècles.

Ha vielle, faulx cuer desloyal,
Bien m'as traie a ceste foiz,
Quant me *fault* aler par ce boiz
Comme poore fille esgaree.
Et, mere dieu, vierge honnoree,
Confortez moy par vostre grace.
Asseoir me *fault*, tant sui lasse
Du corps et vaine.
(Bartsch, chr. fr., p. 414, v. 24 et suivv. Miracle de Nostre Dame
de Berthe.)

. . . il *fault* que truande soye
Et mes cochons . . .
(E. Deschamps, Bert. de Guescl.)

. . . . car où que je soye
Le bestail *fault* estre indigent.
(ibidem.)

Puis *fault* que raison sou compte oye.
(Charles d'Orléans, ballades.)

Se tu es noble et veulz les armes
Suivir, il *fault* que souvent t'armes
En mainte terre, ou defaillis
On te tendroit et pour faillis.
(Bartsch, chr. fr., p. 418, v. 13 et suivv. Christine de Pisan.)

Penses qu'a dieu *fault* rendre compte.
(Bartsch, chr. fr., p. 419, v. 34 ibid.)

Je sens mal, et *faut* que je rie.
Il est desja si empressé
Qu'il ne scet où il l'a laissé:
Il *faut* que nous luy reboutons.
(Bartsch, chr. fr., p. 450, v. 16 et suivv. Maistre Pathelin.)

„Il te *fault*“ — quoy? „remors de conscience;
Lire sans fin.“ Et en quoy? „En science.
(Bartsch, chr. fr., p. 439, v. 8. 9. François Villon.)

J'ay dormy grande matinee;
Or me *fault* il bien pourpenser . . .
(Bartsch, chr. fr., 443, v. 15. 16, Moralité de maulvais riche.)

Il ne *fault* que voz mains laver
Et vous seoir sans sejourner,
Car la viande vous attent.
(Bartsch, chr. fr., p. 444, v. 27 et suivv. ibid.)
Et *fault* il que ce villain grongne.
(Bartsch, chr. fr., p. 455, v. 20, Mistere de la Passion.)
Il *fault* que lui faces aide
Et portes ceste croix pour soi.
(Bartsch, chr. fr., p. 455, v. 43. 44 ibid.)
Pour vostre mort *fault* que je porte.
(Bartsch, chr. fr., p. 456, v. 34 ibid.)
Sergens, en despit de voz vies
Vous *fault* il present arrester.
(Bartsch, chr. fr., p. 459, v. 33. 34 ibid.)
Et toutes fois les *faut* il croire,
Ils en euvrent comme de cire.
(H. et B., p. 75, Pathelin sc. III.)
Et *faut* il que le prestre rie
Quand il deust chanter sa messe?
(ibid., p. 78, Path.)
Il la (sc. richesse) *faut* gaigner loyaument.
(Barthe, hist., p. 85, Myst. de Pass.)
Ou d'autre? il me le *faut* savoir.
(Barthe, hist., p. 97.)
. . cecy nous enseigne
Qu'il *fault* ses derniers sacremens.
(H. et B., p. 79, Pathelin.)
Quel Bee? il ne *fault* plus dire.
(H. et B., p. 80, ibid.)
Il m'en *fault* l'argent, maistre Pierre.
(H. et B., p. 76, ibid.)
Accomplir *fault* les escriptures.
(Barthe, hist., p. 91, Myst. de la passion.)
— — où *fault* Yonne . . .
(Magn., chr., p. 57, Juvénal.)
. . . mais *fault* revenir à dire . . .
Magn., chr., p. 79, Commines.)

XVIe siècle.[1]

Je croy qu'il *fault* qu'à t'aymer je parvienne.
(Barthe, hist., p. 101, Cl. Marot.)

Vous sçavez tout, il n'y *fault* plus rien mettre.
(Barthe, hist., p. 103, Cl. Marot.)

Il me *fault* adiouster cet aultre exemple aussi remarquable, pour cette consideration, que nul des precedents.
(Mont. Ess. 1, 3.)

Il n'y *faut* autre marne, ny fumier.
(H. et B., p. 122, Rab.)

Principalement quand il *faut* persuader au populaire ignorant et credule.
(H. et B., p. 127, Calvin.)

Or donc, mon père, il *faut*, comme je voy,
Il *faut* mourir.
(H. et B., p. 146, Th. de Bèze: Abrah. sacrif.)

Tu *faux*, de Pré, de nous portraire ce que l'éloquense a d'appas. Quel besoin as-tu de le faire? Qui te voit ne la voit-il pas?
(Malh. IV, 13.)

---

[1] La forme „fault“ prévaut depuis le quatorzième jusqu'au seizième siècle. Montaigne et d'autres écrivent encore régulièrement „fault“.

Les formes du pluriel du présent et celles de l'imparfait de l'indicatif n'offraient d'autres variations que celles indiquées pour le radical de l'infinitif.[1]

XIIe et XIIIe siècles.

Se vous vostre home *fales*
Qui tant vous aime et prise
Et qui sentente i a mise,
Jamais nul nen prenderes,
Si soit a vos volentes.
(Maetzn., Altfr. L. p. 2. v. 32. Gautier de Dargies.)

Porres vos mais vostre signor aidier?
Je me *falles*, je n'ai nul recovrier.
(Ogier de Danemarche, v. 6277. 8.)[2]

Mais les pies penses ne quierent mie cant eles lur *falent*.
(Moralités sur Job p, 473.)[3]

Faillent nus dunc humes forsenez?
(An desunt nobis furiosi . . ?)
(Les Quatre Livres des Rois I, p. 85.)[4]

Tele eure est que cele esperance
De leur desirier les avance,
Et tele eure est pue il i *faillent*
Et en vain lonc tans se travaillent.
(Roman de la Manekine v. 1471 et suivv.)[5]

Mais atant li fu si porpeus
A poi ne li *failloit* le sens.
(Cast., p. 94, v. 37 et suiv.)

Li escuiers as armes cort
Et au cheval, si monte sus,
Que demorei n'i ot plus,
Qu'il n'i *falloit* ne fer ne clous.
(Romwart, p. 450, v. 4—7.)[6]

Quant li dux s'ert de li loigniez,
J'alout cent tanz, n'en *failleit*[7] gaires,
Par li mult mieuz toz li afaires
Que quant li suens cors i esteit.
(Chronique des Ducs de Normandie par Benoit, v.41464 et suivv.)[8]

Tuit li *failleient* si ami.
(ibid. v. 30711)[9]

Cil del Poitou les asailloient
Et li Breton ne lor *failloient*.
(Le Roman de Brut, par Wace, v. 12630—31.)[10]

XIVe et XVe siècles.

. . . qui *faillent* au plus grand besoing.
(Froissart, bataille de Crecy.)

. . . pour savoir quel chose il leur *failloit*.
(Bartsch, chr. fr., p. 404, Jehan Froissart.)

Or quand le Roy d'Angleterre veid qu'il *falloit* combatre . . . il parla bien . . .
(Jean Juvénal des Ursins, bat. d'Azincourt.)

Mais des lors estoyent si approchez, qu'il ne *faloit* plus parler d'ordre nouvelle. (Commines, bataille de Montl'hery.)

XVIe siècle.

. . . pour aller gagner un bois où il *faloit* passer pour entrer sur les terres de Corinthe.
(Malh. III, p. 824, trad. du XXXIIII. de Tite-Live.)

Dieu sçait si après cela il *falloit* douter qu'elles n'eussent des imitateurs.
(Malh. III. p. 158, lettres 11, 18.)

. . . qu'il *falloit* nous desbourber et desbourbonner.
(Magn., chr., p. 143, Satire Ménippée.)

. . . comment il *falloit* accomplir les oeuvres d'amour.
(Am., D. et Chl., p. 128.)

(. . ils) estoyent bien ennuyez et marris quand il *failloit* qu'ils s'entrelaissassent.
(ibid. p. 28.)

. . . car il *falloit* qu'elle eust le soing de chasser les mouches qui fort la molestoyent . . .
(ibid. p. 29.)

Je n'y faudray par Lapathium (acutum) de Dieu: si Mars ne *failloit* en Quaresme.
(Rab., Pant. III, prologue, p. 306.)

Là où il *failloit* que l'esprit fist tout au contraire pour se secourir et ayder, par le moyen du corps sain et vigoureux.
(Magn., chr., p. 119, Etienne de la Boëtie.)

Car il *falloit* que je maçonnasse tout seul, que je destrempasse mon mortier. que je tirasse l'eau pour la destrempe d'iceluy, aussi me *failloit* moi-mesme aller querir la brique sur mon dos . . .
(Magn., chr., p. 154, Bernard Palissy.)

---

[1] v. plus haut p. 8 et cf. Burg., gr. I, p. 333. [2] Burg., gr. I, p. 332. [3] ibidem. [4] ibidem. [5] ibidem.
[6] Burg., gr. I, p. 333.
[7] Burguy dit dans sa grammaire de la langue d'oïl, I, p. 223: „Dans l'Ile-de-France, et à Paris surtout, la prononciation picarde, que représentait l'orthographe oi, fut de bonne heure abandonnée pour la prononciation normande, et néanmoins on y a continué d'écrire par oi ces syllabes qu'on prononçait en ei. Cette anomalie resta dans la langue fixée. Le premier qui proposa de la faire disparaitre en écrivant les imparfaits de l'indicatif en ai ou ei, a été Nicolas Berain (dans son livre intitulé: Nouvelles remarques de la langue française, Rouen, 1675), avocat de Normandie, qui sans doute ne savait pas être défenseur de l'ancienne orthographe de sa province. Ce n'est cependant qu'au commencement du XIXe siècle que la réforme à cet égard a commencé de prévaloir. L'orthographe ai, que nous avons adoptée, est un terme moyen entre l'oi picard-bourguignon et l'ei normand; elle est due en grande partie sans doute à l'influence de la prononciation tourangelle (ai).
[8] Burg., gr. I, p. 333. [9] ibidem. [10] ibidem

Le présent du subjonctif faisait faille.[1]

XIIe et XIIIe siècles.

Otroiiés moi, que jo n'i *faille*.
(Bartsch, chr. fr., p. 93, v. 15, Roman de Rou.)

Granz rois, c'il avient qu'à vos *faille*,
A touz aige failli sanz faille:
Vivres me faut et est failliz.
(Rutebeuf I, p. 3.)[2]

Sire, e se vos le comandez,
G'irai, n'est dreiz que vos en *faille*.
(Chronique des Ducs de Normandie par Benoit, v. 37171.)[3]

Ne set sos cel cum il li *faille*
N'encontre lui aut à bataille.
(Ibid. v. 33356. 7.)[4]

Et cil folement se contient
Qui croit que cil siecles ne *faille*.
(Vers sur la Mort publ. par Méon XXXIII.)[5]

Trestot autresi s'entrasaillent,
E por crieme que il n'i *faillent*
S'esvertuent de lor poeirs.
(Chronique d. D. d. N. par Benoit v. 33582 et suivv.)[6]

S'ainsi n'est que li léus lor *faille*.
(Cast. p. 188, v. 125.)

Qu'il n'est pas droiz que tu me *failles*.
(Rutebeuf, Théophile.)

Se failliz fet huevre qui *faille*,
C'est prueve que failliz fet faille.
(Cast. p. 314, v. 220.)

Jà ne me sera reprové
Qu'en la Bible mente ne *faille*.
(Cast. p. 326, v. 592.)

XIVe et XVe siècles.

. . . affin que . . ja ne vous *faille* ne vous a elle.
(Bartsch, chr. fr., p. 465, Perceforest.)

XVIe siècle.

Ensemble le diable me *faille*, si j'eusse failly . . .
(Rab. Garg. 1, 39, I. p. 109.)

Non qu'il me *faille* gens davantage pour m'ayder à le conquester.
(Rab. I, p. 288. Pant. II, 31.)

Et peur n'ayez que le vin *faille*.
(Rab. I, p. 307. Pant. III, prologue.)

Je ne veux pourtant inferer que jamais ne *faille* devoir, jamais ne *faille* prester.
(Rab. I, p. 326. Pant. III, 5.)

. . . un peuple . . . attaché . . . à des règles . . . desquelles par nécessité il luy *faille* acheter l'interpretation et l'usage.
(Mont. Ess. I, 22.)

Si me semble il, à le dire franchement, qu'il y a grand amour de soy et presumption, d'estimer ses opinions iusques là que, pour les establir, il *faille* renverser une paix publicque . . .
(Mont. Ess. I, 22.)

Les premiers pourront continuer leurs impertinences tout à leur aise, et je n'estime pas qu'il se *faille* beaucoup soucier du mépris de ceux, desquels on doit rejeter l'aprobation·
(Malh. III, discours de M. Godeau p. XXXIV.)

Est-ce une courtoisie qu'il *faille* attendre d'un ennemy . . .
(Malh. III, p. 10, lettres I, 3.)

Ne luy faites pas cette injure, de croire que si nous avons des monstres, il nous *faille* une autre épée que la sienne pour les exterminer.
(Malh. III, p. 31, lettres I, 3.)

Ce n'est point chose qu'il vous *faille* representer avec un long discours, vous estant la vertu si naturelle comme elle est.
(Malh. III, p. 59, lettres I, 11.)

Le futur était primtivement
falrai ou, avec le d intercalaire,
faldrai; puis
faurai, faurrai, faudrai, fauldrai,
formes où l'u provient de l'aplatissement du l. Les Sermons de St. Bernard et quelques autres textes bourguignons donnent
farrai,
qui s'explique par l'assimilation de l à r.[7]
Une fois nous avons aussi trouvé
faillirai.[8]

---

[1] Burg., gr. I, p. 333.   [2] ibidem.   [3] ibidem.   [4] ibidem.   [5] ibidem.   [6] ibidem et p. 334.
[7] Cf. Burg., gr. I, p. 334.   [8] V. plus haut p. 7 et plus bas.

XIIᵉ et XIIIᵉ siècles.

Mult, dist il, te dornai,
Ne jamais jor ne te *falrai*,
Se tu ta parole acomplis
Que li rois soit par toi ocis.
(Wace, Brut. v. 8451 et suiv.) [1]

Certes, ja ne vous en *faurrai*,
Dist Meliatirs, de bataille.
(Roman d. l. Violette ou de Gérard de Nevers p. 258.) [2]

Je ne li *faurai* mais, tant com vive, nul jor.
(Bodel, chanson des Saxons II, p. 184.) [3]

Sor tote joie est cele couronnee
Que j'ai d'amours: Dex! i *faudrai* je donc?
(Chansons du Châtelain de Concy p. 34.) [4]

Or rent le sorplus, puis auras
Les cent besanz, ja n'i *faudras*.
(Chast. XV. v. 71. 2.) [5]

„Or te proi et quier et demant,
Se tu sez, que tu me conselles.
Ou d'aventure ou de mervelles.“
„A cest conseil *faudras* tu bien;
Que d'aventure ne sai rien . . .
(Romvart, p. 526, v. 13 et suivv.) [6]

Par lui dit, que ja ne *faura*,
Che qui est et fut et sera.
(Bartsch, chr. fr., p. 244, v. 43 et suiv.)

Parole te *faudra* et sens.
(Bartsch, chr. fr., p. 296, Guillaume de Lorris, Rom. d. l. Rose.)

Ki li *faurra* a cest besoing daie,
Sachies que il li *faurra* a grenour.
(Maetzn., Altfr. L. p. 8, v. 11.)

Mais jou croi, ja ne *faurra*
En li courtoisie.
(Maetzn., Altfr. L. p. 46, v. 15.)

Sachiez de voir, jà n'i *faurra*.
(Cast., p. 317, v. 297.)

Mais jai à nul jor, si cum nos veons avuertement, ne
farrat li persecutions al cristien nen à Crist assi.
(Choix de Sermons de St. Bernard, p. 555.) [7]

Toz soit honis, Ogier, qui te *falra!*
(Ogier de Danemarche, v. 569.) [8]

Va, si fas cumencer; ja n'en *faldrat* uns.
(Charlemagne p. 28.) [9]

Jameis honneur ne li *faura*.
(Roman du Saint - Graal) [10]

Avoec sa mere seses bien,
Le ne vous *faurra* il ja riens.
(Roman de la Manekine v. 1219. 20.) [11]

Por mort reçoivre, certes, ne vos *falron*.
(Ogier de Danemarche v. 6493.) [12]

Seient certainz
Que tant cum serrom seinz
Ne vus *faldrom*.
(St. Th. ds. Ben. t. 3. p. 476.) [13]

Qar nos li *faudrons* tuit, s'au irons de cest ost.
(Bodel, chansons des Saxons 1, p. 31.) [14]

Car cevaliers eslis seres,
Et sai tres bien, ja n'i *faures*,
Et plus beaus que n'est riens el monde.
(Partonopeus de Blois, v. 1495 et suivv.) [15]

Se il vuelent bataille, mie ne lor *fauron*.
(Bodel, chanson des Saxons II. p. 130.) [16]

Par foi plevie, par itel couvenant
Ne se *falront* dusqu'as menbres perdant.'
(Ogier de Danemarche v. 5423. 4.) [17]

Il l'ament tant ne li *faldrunt* nient.
(Chanson de Roland ou de Roncevaux, p. 16.) [18]

Joseph dist: En la compeignie
Serunt de Dieu, n'i *faurrunt* mie.
(Roman du Saint - Graal v. 2869. 70.) [19]

XIVᵉ et XVᵉ siècles.

Te *fauldra* il ces maulx actendre?
(Bartsch, chr. fr., p. 437, v. 22, Villon.)

Vray dieu, il me *fauldra* mourir
(Bartsch, chr. fr., p. 446, v. 40, Moralité du maulvais riche.)

Quant ceste cy si me *fauldra*.
(ibid. p. 447, v. 6.)

Jeunesse sur moy a puissance;
Mais Vieillesse fait son esfort
De m'avoir en sa gouvernance,
A present *faillira* son sort:
Je suis assez loing de son port.
(H. et B., p. 70, Charles d'Orléans.)

---

[1]) Burg., gr. I, p. 334. [2]) ibidem. [3]) ibidem. [4]) ibidem. [5]) ibidem. [6]) ibidem. [7]) ibidem. [8]) ibidem.
[9]) ibidem. [10]) ibidem. [11]) ibidem. [12]) ibidem. [13]) ibidem. [14]) ibidem. [15]) ibidem. [16]) ibidem. [17]) ibidem, p. 335. [18]) ibidem.
Burguy, dans sa table des abbréviations, dit que la chanson de Roland est du XIIe siècle; Littré allègue le même endroit pour le onzième siècle, aussi que le passage suivant:
Charles, chevauche; tu ne *faldrat* clarté.
(Ch. d. Rol. CLXXV.)
Plus haut (p. 3) nous aussi avons cité la chanson de Roland parmi les monuments du onzième siècle, de même que le fragment de l'Alexandre où se trouve le passage suivant:
Deu seruirei, le rei ki tot guuernet,
Il ne *faldrat*, sil nei que io lui serue.
(H. A. vol. XVII, p. 205.)
[19]) Burg., gr. I, p. 334.

Les formes du conditionnel étaient naturellement semblables.[1]

XIIe et XIIIe siècles.

Amors ne me *faudrait* mie.
(Bartsch, chr. fr., p. 358, v. 21. Descort de Colin Muset.)

Ge ne vos *faudroie* à nul fuer.
(Cast., p. 47, v. 73.)

Qar l'arbaleste espoir *faudroit*.
(Cast., p. 410, v. 516.)

Ne vos falroie, que je sui vos jures.
(Ogier de Danemarche v. 4934)[2]

Et dit Fromons: Mes cuers ne puet mentir,
Ne vous *fauroie*, por les membres tollir.
(Li Romans de Garin de Loherain p. 111.)[3]

Si saches que tu comperreies
Ou tost ou tart, ja n'i *faudroies*.
(Chast. XI, v. 351. 2.)[4]

Jai n'en *farroit* vaillant pois.
(Dolopathos p. 216.)[5]

Quant ales s'en fu, si dist on
Pour le demande et pour raisson,
Que jusques en .VII. oirs durroit
La Rou lignie et dont *fauroit*.
(Chronique rimée de Philippe Mouskes, v. 13973—6)[6]

Ke voz *faudroit* isi, soit recreant.
(Gerars de Viane v. 461.)[7]

Que dotes tu? de quoi t'esmaies?
Ne te *falrions* por nos vies.
(Wace, Brut v. 2432. 3.)[8]

Que puis li seriez garant,
N'en *faudriez* ne tant ne quant.
(Tristan 1, p. 164.)[9]

XIVe et XVe siècles.

S'il te *fauldroit* ses meurs ensuivre.
(Bartsch, chr. fr., p. 418, v. 20, Christine de Pisan.)

Certes, dame, voyez ci votre chevalier qui ne vous
fauldroit pour mourir, si tout le monde vous failloit.
(Froiss. I, I, 14.)

XVIe siècle.

Je vois bien que, s'il avoit besoin d'excuses, ne lui
faudriez d'avocat.
(Marg. Nouv. LXVI.)

Il y *fauldroit* un tiers crieur.
(Mont. Ess. 1, p. 24.)

. . et *faudroit* encore faire tourner le Sas pour avoir
de vos nouvelles.
(Malh. lettres I, 23.)

Le parfait défini et l'imparfait du subjonctif avaient deux formes bien distinctes; l'une régulière, l'autre avec un s intercalaire:[10]
fali, falli, failli, falsi, fausi, fauci;
faillisse, falsisse[11]), fausisse, faulsisse.
Dans le quinzième siècle se trouve déjà
falut, fallut; falût, fallût;
pour la signification impersonnelle.

XIIe et XIIIe siècles.

Primes *fallirent* a lor dons,
Puis perdirent lor livraisons.
(Bartsch, chr. fr., p. 87, v. 21. 22, Wace, Brut.)

Quar petit s'en *fali* que touz li oz ne fu perduz.
(Bartsch, chr. fr., p. 217, l. 36, Jeffroi de Villehardoin.)

Mais bien veill estre peri
Puis que jai a vous *fali*.
(Maetzn. Altfr. L. p. 19, v. 38 et suiv.)

A ses paroles se torna,
Li cuers li *failli*, si pasma.
(Cast., p. 55, v. 88 et suiv.)

L'an mil deux cens quatre vint et huit
Faillirent bois et vergier tuit.
(Cast., p. 232, v. 195 et suiv.)

Et quant la créance *failli*
Et la bone chéance aussi,
Cil puet bien dire, qui ce vi
De si haut si bas sanz respit.
(Cast., p. 408, p. 471 et snivv.)

---

[1] Burg., gr. 1, p. 335.   [2] ibidem.   [3] ibidem.   [4] ibidem.   [5] ibidem.   [6] ibidem.   [7] ibidem.   [8] ibidem.
[9] ibidem.   [10] ibidem.   [11] Diez, gr. II, p. 227.

En ton palais où ere alez por toi,
Com li hom qui sa terre en tenoit;
Là me *faucis*, te faurai ci à toi.
(Li Rom. de Raoul de Cambrai et de Bernier, p. 232.)[1]

Si ala leur afoires bien
Grant tens, et ne leur *failli* rien.
(Roman du Saint-Graal, v. 2371. 2.)[2]

Et vostre fil que vees chi
Si deboinairement nouri
Que onques ne li *fali* riens.
(Roman de la Manekine. v. 6535—7. [3]

Tut le quer li *faillid* de si grant chose penser, e ne se pout asez esmerveiller.
(Les Quatre Livres des Rois III, p. 272.)[4]

Vous me *faillistes* et il me garentit.
(Li Romans de Garin le Loherain I, p. 172.)[5]

Tot voudrent prendre, à tot *fallirent*.
(Chast. XVII, v. 159.)[6]

Cuidiez vos, chier frere, ke li cramme *faillist* el baptisme de Crist?
(Choix de sermons de Saint Bernard p. 563.)[7]

Or voles prendre au Danois aatie:
Se fust uns autres, certes n'i *falsist* mie.
(Ogier de Danemarche v. 4368. 9.)[8]

N'avoie garde ne porpens
Que james *faussist* cel bel tens
(Chast., pr., v. 208. 9.)[9]

Ne me feist si longuement doloir,
S'ele seust con s'amors me justise,
Ja ne *faussist* pitiez ne l'en fust prise.
(Chansons du Châtelain de Coucy p. 65.)[10]

Puis apres unt Londres asise
Par teu maniere e par tel guise
Que l'estoire, li fiers naveiz,
Les unt par l'eve si destreiz
Que je ne quit ja lor *faillissent*
D'icele par nes asaillissent.
(Benoit, chronique des Ducs de Norm. v. 27740—5.)[11]

Dieux recevez em paradis
Aus et lor armes à tous dis,
Quar il vous ont servi de cuer,
Ne vous *fausisent* à nul fuer.
(Chronique rimée de Philippe Mouskes, v. 8138—41.)[12]

XIVᵉ et XVᵉ siècles.

Et ces choses vous ramantevoiz je, pour ce que, se diex ne m'eust aidié, qui onques ne me *failli*, je l'eusse souffert a peinne par si lonc temps, comme par l'espace de six ans que je demourai en la terre sainte.
(Bartsch, chr. fr., p. 366, l. 6 et suivv. Joinville, hist. de St.-Louis.)

Mais se *failly* quelque ung a autre foiz,
Ses heures die en cestuy breviaire.
(Bartsch, chr. fr., p. 423, l. 12. 13, Alain Chartier.)

Au lieu ou il mangea, *falut* oster quatre ou cinq hommes morts pour luy faire place.
(Philippe de Commines, Charles le Téméraire.)

Grace à Dieu d'amour et de paix, qui est vie, voye et verité; Grace à sa glorieuse Vierge Mere; et à sainte Geneviesve qui oncques ne *faillirent* à cette lité.
(Lenfant, C. d. P. II, VII, 26.)

XVIᵉ siècle.

Enfin les Tribuns gagnerent leur cause, et *falut* que les Consuls fissent leur demande chacun à part.
(Malh. III, p. 342, XXXIII. livre de Tite-Live.)

Puis de val en mont le rapportoit, comme Sisyphus fait sa pierre: tant que peu s'en *faillit*, qu'il ne le defonçast.
(Rab., Pant. III, prologue, p. 303.)

Quand nous eusmes travaillé l'espace de six mois, et qu'il falloit cuire la besogne faite, il *fallut* faire un fourneau et donner congé au potier, . . .
(Magn., chr., p. 156, Bernard Palissy.)

Quand i'eus deffait ledit fourneau, il *fallut* eriger l'autre qui ne fut pas sans grand peine.
(ibid.)

Peu s'en *fallut* qu'il ne les adorast au lieu de Bacchus.
(Am., D. et Chl., p. 120.)

Il ne *faillit* pas à demander comme elle avoit peu eschapper des mains de tant d'ennemis.
(ibid. p. 92.)

Le participe passé était
fali, failli (failly), falu[13] (fallu).

---

[1]) Burg., gr. I, p. 335.   [2]) ibidem.   [3]) ibidem.   [4]) Burg., gr. I, p. 336.   [5]) ibidem.   [6]) ibidem.   [7]) ibidem. [8]) ibidem.   [9]) ibidem.   [10]) ibidem.   [11]) ibidem.   [12]) ibidem.

[13]) Le participe passé des verbes de la seconde conjugaison n'était pas invariablement fixé; il flottait entre i et u. Cette incertitude dura, pour quelques verbes, jusqu'à la fin du XVIᵉ siècle, et aujourd'hui même il n'est pas rare d'entendre le peuple de certaines provinces prononcer „sentu, mentu, repentu etc.“, au lieu de „senti, menti, repenti etc.“ Tous nos participes en u de la seconde conjugaison sont des restes de ce double mode de formation. (Burguy, gr. I, p. 320.) Pour faillir, „fallu“ est devenu impersonnel, „failli“ personnel (v. plus bas.)

XIIe et XIIIe siècles.

L'autre panier a assailli,
Son groing i mist, n'a pas *failli*
Qu'il n'en traisist fors des auguiles.
(Bartsch, chr. fr., p. 223, v. 4 et suivv., Roman de Renart.)

Tot res a res li a coupee
Pres de l'anel, n'a pas *failli*.
(Bartsch, chr. fr., p. 234, v. 9. 10 ibidem.)

Par deriere l'a asailli,
Ferir le cuida, si *failli*,
Li cous li cola en travers
Et danz Costanz chai envers
Si que li hateriaus li saine.
(Bartsch, chr. fr., p. 233, v. 28 et suivv. ibid.)

Qui refuse son desirier
Moult est recreans et *faillis*.
(Maetzn. Altfr. L. p. 77, v. 15.)

Biens *faillis* et mors a resovenir.
(Maetzn. Altfr. L. p. 83, v. 48.)

Mais en vous sest endormie
Pities et mercis *faillie*.
(Maetzn. Altfr. L. p. 61, v. 24.)

A assez pis, quand sa joie est *faillie*.
(Maetzn. Altfr. L. p. 94, v. 23; p. 95, v. 23.)

Au meillour prendre, amis, avez *failli*.
(Maetzn. Altfr. L. p. 82, v. 17.)

Se nos sommes bien assailli,
Nos avons au secors *failli*.
(Cast., p. 333, v. 799.)

Puis que l'ame est du cors partie,
La rescousse est du tout *faillie*.
(Cast., p. 395, v. 42.)

Et que vaut donc joie ne vie
Qui en si pou d'eure est *faillie*,
Et qui si pou dure à celi?
(Cast., p. 396, v. 62.)

Covoitise, angoisse et orguiex
Ont si toute joie perie,
Qu'ele est par tout le mont *faillie*.
(Cast., p. 397, v. 92.)

Dont li geu sont si tost *failli*.
(Cast., p. 398, v. 136.)

Mès li plusors sont trop *failli*.
(Cast., p. 404, v. 327.)

Se tu veus ta besoingne amer,
Qu'il t'a *failli*.
(Rutebeuf, Théophile.)

XIVe et XVe siècles.

A trop *fali* doit ou tenir
Celui qui complaindre ne s'ose.
(Bartsch, chr. fr., p. 372, v. 24. 25, Jehan de Conde.)

Vous est li coers *falis* puis que venistes cha?
(Bartsch, chr. fr., p. 377, v. 30, Bauduin de Sebourc.)

Qui dueil n'en fait et qui n'en prie, il erre,
Car du monde est la lumiere *faillie*.
(Bartsch, chr. fr., p. 390, v. 24. 25, Eustache Deschamps.)

Apres le departement du Roy de France, et de son ost, du mont de Sangates, ceux de Calais veirent bien que leur secours estoit *failli*.
(Magn., chr., p. 32, J. Froissart.)

Or est nostre secours *failli*.
(Magn., chr., p. 33, J. Froissart.)

. . . . mais elle ne lui vaudroit tant que la guerre fust *faillie*.
(Jean Juvénal des Ursins, Jeanne d'Arc.)

Alle s'en est, et je demeure
Pauvre de sens et de sçavoir,
Triste, *failly*, plus noir que meure.
(Villon, grand test.)

Auras tu le cueur si *failly*?
(Barthe, p. 86, Myst. de la Passion.)

XVIe siècle.

Il est vrai que je ne vous ay point écrit; mais vous sçavez qu'il eust *falu*, et faudroit encore faire tourner le Sas pour avoir de vos nouvelles. (Malh., lettres I, 23.)[1]

Les autres au contraire malheureux, lesquels ayant *failly* des l'entrée . . . se trouvent tellement engagés qu'ils . . .
(Magn., chr., 179, Pierre Charron.)

. . . qu'il m'a *fallu* ès jours sacrez de mon triomphe ensevelir coup sur coup . .
(Magn., chr., p. 113, Jacques Amyot, triomphe de Paul Émile.)

---

[1] Cf. plus haut p. 15.

Le participe présent était
faillant.

XIIe et XIIIe siècles.

Lor despense lor vait *faillant*,
Quant au seint viurent aprochant.

(Cast., p. 126, v. 19.)

Jai bone amors n'irait por ceu *faillant*,
Ainsois seroit en loiaul cuer doublee
S'ou li faissoit bonteit et biaul samblant.

(Bartsch, chr. fr., p. 319, v. 11 et suivv., Jeu-Parti entre le Duc de
Brabant et Gillebert de Berneville.)

XIVe et XVe siècles.

Et se partirent un samedi, après jour *faillaut*, de Cambray.

(Littré, Froissart I, I, 100.)

Il semble que l'impératif ait été très-rare; nous ne l'avons trouvé qu'une fois dans le seizième siècle.

XVIe siècle.

„Vous sçavez bien telle chose et telle (qui estoyent les tenants et aboutissants des plus secretes pieces de cette menee): ne *faillez* sur vostre vie à me confesser la verité de tout ce desseing.

(Mont. Ess. I, 23.).

Aussi le verbe faillir pouvait-il se conjuguer à la voix passive[1]) et dans tous les temps composés.

Depuis le dix-septième siècle existent deux verbes défectifs ou défectueux, ce qui veut dire des verbes auxquels il manque quelques formes ou temps ou modes[2]), savoir faillir et falloir. Mettons ici leur conjugaison, comme nous avons pu la composer à l'aide des dictionnaires, des grammaires et des auteurs modernes. Les formes mises en parenthèse ne sont que rarement usitées.)

   A. Infinitif: faillir.[3])
      Participe: faillant[4]); failli, e.
      Impératif: nous ne l'avons pas trouvé.
      Présent de l'indicatif: (je faux, tu faux, il faut)[5]);
               nous faillons, vous faillez, ils faillent.
      Présent du subjonctif: n'est pas en usage[6]).
      (Imparfait de l'indicatif: je faillais etc.) je faillissais (cf. plus haut 7, rem. 4.)
      Imparfait du subjonctif: que je faillisse[7]) etc.
      Passé défini: je faillis etc.
      (Futur: je faudrai; faillirai[8]) etc.)
      (Conditionnel: je faudrais; faillirais etc.)
      Tous les temps composés sont usités, excepté ceux du passif. (V. pourtant plus bas.)

---

[1]) Cf. Magn., chr. p. 32, observ. 7.   [2]) Gr. d. Gr p. 517 et suiv.

[3]) Boiste, table des conjugaisons des verbes; Diez, gr. II, p. 238; Gr. d. Gr. p. 530; Acad.; Rich.; Wailly p. 77; Maetzn., gr. p. 228; Diez, dict. I, p. 172; Diez, gr. II, p. 190; Ploetz, synt. p. 19.

[4]) Dans les écrivains modernes nous n'avons trouvé cette forme que dans des phrases telles que „à jour faillant", „à coup faillant".

[5]) L'Académie conjugue encore „je faux, tu faux, il faut"; mais ces formes vieillissent (v. plus haut p. 9 n. 4.) La grammaire des grammaires (p. 530) fait mention que dans La Fontaine se trouve encore „je faux" dans l'acception de „se tromper". Nous n'avons pas trouver cette forme ni dans ses fables ni dans son théâtre; mais outre les deux endroits que nous avons lus dans Rabelais (v. plus haut p. 9), M. Littré allègue un passage dans P.-L. Courier (II, 157): „Si je faux (avec ma flèche), dis qu'ils (les Perses) ont raison, et que je ne sais ce que je fais." — La troisième personne „il faut" nous ne l'avons trouvée que dans la locution proverbiale: „au bout de l'aune faut le drap." (v. plus bas) et deux fois dans La Fontaine (v. plus bas); nous ne parlons que du temps depuis le XVIIe siècle, bien entendu. Aussi dit-on (Acad.) „le coeur me faut", lorsqu'on se sent quelque faiblesse, quelque épuisement, et qu'on a besoin de manger (v. plus bas).

[6]) Pourtant cf. plus bas.   [7]) Cf. Littré.   [8]) Cf. plus haut p. 13 et 17.

B. (Infinitif: falloir[1]) (ou faloir.)
    Participe: (fallant)[2]; fallu[3][4].
    Impératif: ne se trouve pas naturellement.
    Présent de l'indicatif: il faut.
    Présent du subjonctif: qu'il faille.
    Imparfait de l'indicatif: il fallait.
    Imparfait du subjonctif; qu'il fallût.
    Passé défini: il fallut.
    Futur: il faudra.
    Conditionnel: il faudrait.

Tous les temps composés sont en usage, excepté ceux de la voix passive; car tout le passif ne se trouve pas.

II. A.
Significations et emploi de faillir.

La signification primitive de „faillir“ est naturellement celle du verbe latin „fallere“.
1. taeuschen, hintergehen.[5] (tromper.)

Pour li m'en vois souspirant en Surie,
Car je ne doi *faillir* mon creatour.
(Bartsch, chr. fr., p. 184, v. 27, 28, Quesnes de Betune.)

Mais s'or mi veut retenir et cuiter,
Miex aim a li *faillir*, si me pramete,
Qu'a une autre achiever.
(Bartsch, chr. fr., p. 189, v. 15 et suivv., Châtelain de Coucy.)[6]

L'esperance seule m'a appellé. Quand elle m'a *failly*, on n'a point esté en peine de me dire deux fois que je me sois retiré.
(Malh. III, p. 95, lettres I. 30.)

Plus tard nous n'avons trouvé „faillir“ dans cette acception. Cependant il y appartient encore la phrase de l'ancienne langue où l'infinitif est employé substantivement:

„mest tournee a *faillir*, ist zu taeuschung, zum fehl geworden“ (Maetzn., Altfr. L. gloss. p. 332.)
et la locution adverbiale:

„de falir, mit taeuschung, trueglich.“

Ce vient damours ka fait a moi donner
Si douc present, pour cou que de *falir*
Ne puist mes cuers desloiaument amer
Et que ni soit trop hastieus de merir.
(Maetzn., Altfr. L. p. 48, v. 26.)

---

[1] Nous n'avons trouvé cette forme infinitive que dans les dictionnaires et dans les grammaires. Cependant dit Littré (art. falloir): „En ce sens (être de nécessité) il est peu usité, non inusité, à l'infinitif. Il va *falloir* partir Mais sentir dans son sein que le fer veut ouvrir, Une âme ardente à vivre, et puis *falloir* mourir! Al. Dumas, Christine, V, 2. Or, il va *falloir* mettre une armée en campagne; Nous n'avons pas d'argent, et pourtant il le faut, v. Hugo, Ruy Blas III, 5.“

[2] De même nous n'avons lu le participe présent que dans Littré. Il dit (art. falloir, 14): „Molière a employé le participe présent fallant: Mais lui fallant un pic, je sortis hors d'effroi. Les Fâch. II, 2; ce qui pourrait très-bien être imité à l'occasion.“

[3] Cf. Wailly p. 64; Ploetz, synt. p. 24; Gr. d. Gr. p. 543; Burg., gr. I, 320; Diez, gr. II, p. 241.

[4] Le participe passé est invariable, bien entendu. Littré (art. falloir, rem. 2) dit: „Que de travaux il a *fallu* pour l'achever, et non *fallus*! Il a *fallu* des travaux équivaut à: des travaux ont *fallu*, c'est-à-dire on fait besoin. Mais comme *falloir*, en vertu de l'usage, n'est susceptible que de la construction impersonnelle (v. plus haut p. 7 suiv. et plus bas), l'explication est: il (c'est-à-dire les travaux) a *fallu*, c'est-à-dire a fait besoin. Voilà pourquoi, dans la phrase citée, *fallu* reste invariable.“

[5] Cf. Diez, gr. III, p. 101.　　[6] Cf. plus haut p. 9.

2. fehlen, verfehlen. (manquer le but.)

Dans ce sens il est en usage tantôt suivi d'un régime direct[1]), tantôt employé absolument, c'est-à-dire sans régime, mais exigeant un mot complémentaire tel que „but".

Je sui li ars qui ne *faut*.
(Maetzu. Altfr. L. p. 40, v. 10 etc.)

Par lequel le bourreau peust *faillir* son coup.
(Magn., p. 176.)[2])

Et qu'il est plus respectueux et civil de l'attendre pour le recevoir, ne faist que de peur de *faillir* sa route.
(Mont. Ess. 1, 13.)

Son coup (d'épée) par un bonheur coule au long d'une côte. L'esclave avait *failli*. (Desmarets, Mirame V, 8.)[3])

La navire *faillit* la Sicile et fut poulsée contre la coste de Tarante. (Mont. IV, 35 dans Littré.)

L'archer qui oultrepasse le blanc *fault*, comme celuy.
(Mont. I, 224.)

Quand ce vient à combattre, la moitié (des pistolles, pistolets) *faillent* (ratent). (Lanoue 313 dans Littré.)

Tandis que il alloit le pertuis estouper, le pié li *failli*, et cheï (tomba) en l'yane.
(Joinv. 287, dans Littré hist. XIVe s.)

Bren, dit Gymnaste, j'ay *failli*, je vois defaire cettuy saut. (Rab., Garg. 1, 35.)

Si je *faux* (avec ma flèche), dis qu'ils (les Perses) ont raison, et que je ne sais ce que je fais.
(P.-L. Courier II, 157.)[4])

Jouer à coup *faillant*,[5]) à coup *failli*[6]) jouer à la place du premier des joueurs qui manque; se dit au volant, à la paume etc.[7])

3. fehlen, mangeln, ausbleiben, verlassen, im stiche lassen, es woran fehlen lassen, ermangeln, verfehlen. (faire défaut, manquer à, ne pas réussir à.)

Dans cette signification notre verbe s'emploie et absolument[8]) et avec le datif et avec l'infinitif. Cet infinitif se dit sans[9]) préposition ou est précédé de la préposition de ou à. D'ailleurs c'est surtout dans une phrase négative que faillir, dans cette acception, est suivi de l'infinitif.

Mais jou croi, ja ne *faurra*
En li courtoisie.[10])
(Maetzn., Altfr. L. p. 46, v. 15.)

Car chest uns biens qui jamais me *faurra*,
Et se ni puet gesir perte ne frais
Fort grans valours.
(Maetzn., Altfr. L. p. 49, v. 11 et suivv.)

En si haut lieu fait amour demourer
Mon cuer que riens ne saït en li *falir*,
Biaute, valours plus que ne sai noumer.
(Maetzn., Altfr. L. p. 48, v. 10 et suivv.)

. . . Car manaut
Tout en vous tout bien sans *faillir*[11])
(Maetzn., Altfr. L. p. 32, v. 31 et suivv.)

Se vous vostre home *fales*[12])
Qui tant vous aime et prise
Et qui sentente i a mise,
Jamais nul nen prenderes,
Li soit a vos volentes
(Maetzn., Altfr. L. p. 2, v. 32 et suivv.)

---

[1]) Dans la langue d'oïl il est aussi suivi du datif dans cette acception: Mais bien veill estre peri Puis que jai a vous fali. (Maetzu., Altfr. L. p. 19, v. 39.) Car de tons biens a en li tant Que ne puis a joie falir Se jou sai a son gre servir. (Maetzn., Altfr. L. p. 25, v. 15.)
[2]) V. plus haut p. 9. [3]) V. Littré, art. faillir 1. [4]) V. plus haut p. 9. [5]) V. plus haut p. 18 et Gr. d. Gr. p. 531. [6]) V. plus haut p. 17 et Gr. d. Gr. p. 531. [7]) v. Littré (art. faillir 1).
[8]) Ou plutôt comme verbe neutre (v. plus bas), et seulement dans la phrase „sans faillir".
[9]) Mais nous n'avons trouvé cette construction qu'en un endroit (v. plus bas). [10]) V. plus haut p. 14. [11]) V. plus bas.
[12]) Maetzner dans ses „erlaeuterungen zu den Altfranzösischen Liedern" dit p. 109: „Falir steht oft mit dem datif, in dem sinne des mittellat. fallire, fallere alicui, i. e, ei deesse*), eum non adiuvare, wie:
Car nus ne doit *falir* son creatour;
Ki li *faurra* a cest besoing daie,
Sachies que il li *faurra* a grenour. (Maetzn., Altfr. L. p 8, v. 10 et suivv.)
de même que dans la parodie de cet endroit:
Quant Dex verra que ses besoins (de Quesnes) est grans, Il lui *faudra*, car il lui a *failli*.
(Hues d'Oisi p. 103, dans Littré, faillir hist. XIIe s.)
„Die casuspraeposition a fehlt dem datif indess haeufig (cf. XVII, 41; XXV, 17; XL, 51; XXXIII, 37.). — Das verb findet sich aber auch mit dem accusatif (cf. Diez, Altroman. Sprachdenkmaeler p. 55) v. plus haut sign. 1. 2. — p. e. Kas (pourtant dans le glossaire nous lisons „as") siens ne puet ele falir (denn sie, die liebe, kann die ihrigen nicht verlassen, muss ihnen gegen ihre feinde helfen. (Maetzn., Altfr. L. p. 64, v. 13.)

---

*) Du Cange II, p. 176 et suiv. dit; fallesire = debitum servitium non facere, ab aliquo deficere, ei deesse, Gall. Faillir. Et: Fallire vel fallere = deesse alicui rei. Usatici Barcinonenses MSS. c. 28. Qui fallerit hostes vel cavalcadas, seniori suo, cui eas facere debuerit, aut emendet illi eas in duplo, si senior voluerit, aut emendet ei totum damnum et missiones et perdas, quas senior par fallimentum illius fecerit, etc. Id est, qui exercitui non interfuerit, et equitationem, quam debet, non fecerit. Cap. 29. Qui viderit seniorem suum necesse habere, et fallerit si de iuvamine et de servitio, quod ei debuerit facere. etc. Id est, qui non iuverit, vel opem non dederit.

Grâce à sa glorieuse Vierge Mere; et à sainte Geneviesve qui onques ne *faillirent* à cette cité.

(Lenfant, C. d. P. II, VII, 26.)[1]

Certes, dame, voyez ci votre chevalier qui ne vous *fauldroit* pour mourir, si tout le monde vous *failloit*.

(Froiss. I, I, 14.)[2]

Le roy faisoit parler à tous ceulx qu'il povait penser qui lui pourvient ayder, et ne *failloit* pas à promettre.

(Comm. II, 9.)[3]

Ils *faillirent* (ne réussirent pas) à s'entrerencontrer.

(Am., Pyrrhus 14.)[4]

Quand il rencontrait quelqu'un d'entr'eux par la ruë, jamais ne *failloit* de leur faire quelque mal.

(Rab., Pant. II, 16.)

Il advient un iour qu'une troupe de gents de cheval qui avoit charge de le prendre, passa tout ioignant un hallier où il s'estoit tapy, et *faillit* de le descouvrir.

(Mont. Ess. I, p. 138.)

Les corps de ces cercles . . ne peuvent *faillir* de produire une merveilleuse harmonie.

(Mont. Ess. I, 22.)

Quoy que s'en soit, Madame, si j'ay *failly* d'avoir deliberé là dessus, je le repare en me rengeant du costé de la bonne foy.

(Malh., lettres I, 9.)

Et tournant à senestre ne *faillit* onq de rencontrer sa propre assiete sans en rien varier. (Rab., Garg. I, 25.)

Antiochus de son costé pensant que si Ptolemée estoit mort l'Egypte ne pouvoit *faillir* de tomber entre ses mains, donna . . . . (Malh. III, p. 379, livre 33 de Tite-Live.)[5]

J'ay *failly* à entendre. (Rab., Pant. II, 9.)

Ce serait une notable discourtoisie de *faillir* à vous trouver chez vous. (Mont. Ess. I, 13.)

Et vault mieulx *faillir* indecemment à estrener la couche nuptiale pleine d'agitation et de fiebvre, attendant une et une aultre commodité plus privee et moins alarmee, que de tumber en une perpetuelle misere pour s'estre estonné et desesperé du premier refus. (Mont. Ess. I, 20.)

Madame, ne pouvant aller à saint Germain, si tost que je desirois, pour une affaire qui m'est survenuë, et cependant ne voulant pas *faillir* à ce que je dois, je m'informe continuellement de vostre santé. (Malh. III, p. 6, lettres I, 3.)[6]

Ce que l'Evesque luy jura sur sa foy, de l'envoyer tres fidellement à sadite Majesté à quoy il ne *faillit* aussi.

(Magn., p. 175, Brantôme, le Comte d'Egmont.)

Ils y ont maintefois *failly*, estant safrané et endebté.

(Rab., Pant. III, 23.)

J'avois à predit apertement que tu serois coquu: à cela tu ne pouvois *faillir*. (Rab., Pant. III, 25.)[7]

Et pour à ce ne *faillir* estoient certains gentils-hommes ordonnez pour dire es hommes par chacun matin, quelle livrée les dames vouloient en icelle journée porter.

(Rab., Garg. I, 56.)

Ensemble le diable me *faille*, si j'eusse *failly* de coupper les jarrets à Messieurs les Apostres, qui fuirent tant laschement apres qu'ils eurent bien souppé, et laisserent leur bon Maistre au besoin.[8] (Rab., Garg. I, 39.)

Et de nostre costé nous ne vous *faudrons*.

(Rab., Pant. II, 28.)

Nous ne pouvons *faillir* prendre le loup, faisans nos hayes dessus le moulin à vent duquel a esté parlé par partie averse. (Rab., Pant. II, 13.)[9]

Mais si j'en suis une fois averti, j'y donneray bon ordre, ou bastons *faudront* au monde. (Rab., Pant. III, 28.)

Le moyne ne *faillit* ouques à s'éveiller avant la mi-nuit. (Rab., Garg. I, 41.)

Ne *faillez* sur vostre vie à me confesser la verité de tout ce desseing. (Mont. Ess. I, 23.)[10]

Il ne *faillit* pas à demander comme elle avoit peu eschapper des mains de tant d'ennemis.

(Am., D. et Chl., p. 92.)[11]

Moi mesme ai *failli* souvant a les oster et a mettre des comma ou il falloit un poinct.

(Mont. Ess., avis à l'imprimeur IX.)

Supplice qui jamais ne *faut*[12]
Aux desirs qui volent trop haut.

(Malh. V, 18.)[13]

Je vois bien que, s'il avoit besoin d'excuses, ne lui *faudriez* d'avocat. (Marg. Nouv. LXVI.)[14]

Ici fault la regle. (Mont. I, 27.)[15]

Faillant à sa parole. (Mont. I, 30.)[16]

Voyant que ses gens avoient *failly* d'enfoncer le battaillon des ennemis n'avaient pas réussi. (Mont. I, 367.)[17]

Je n'eusse gueres *failly* de faillir plustost que de bien faire à leur mode. (Mont. Ess. III. 260.)

Pas n'y *faudrai*, lui repartit la dame.

(La Font. Coc.)[18]

Deux jours après, la commère ne *faut*
De mettre un fil. (id. Gag.)[19]

M. Jourdain: Il suffit que, si je lui ai prêté de l'argent, il me le rendra bien. Mme. Jourdain: Oui, attendez-vous à cela. — Assurément, ne me l'a-t-il pas dit? — Mme. Jourdain: Oui, oui, il ne manquera pas d'y *faillir*.[20]

(Mol. Bourg. Gent. III, 3.)

---

[1]) V. plus haut p. 16. [2]) V. Littré (art. faillir, hist. XVᵉ s.) [3]) V. ibidem. [4]) V. ibidem (XVIe s.)
[5]) T.-Live 33, 41: Et Antiochus suam fore Aegyptum, si tum occupasset, censebat. [6]) V. plus haut p. 9.
[7]) V. plus haut p. 9. [8]) V. plus haut p. 13. [9]) Cf. plus haut p. 20, observ. 9. [10]) V. plus haut p. 18.
[11]) V. plus haut p. 16. [12]) Cf. Littré, art. faillir 2. [13]) V. plus haut. [14]) Cf. Littré, art. faillir hist. XVIe s.
[15]) V. ibidem. [16]) Ce que nous avons dit plus haut (p. 18, observ. 4) ne peut servir de preuve que pour le temps depuis le XVIIe siècle, bien entendu. [17]) Cf. Littré, art. faillir, hist. XVIe s. [18]) Cf. Littré, art. faillir 2.
[19]) Cf. Littré, art. faillir 2. [20]) Cf. Gr. d. Gr. p. 1014, pléonasme.

J'irai là sans *faillir*, [1]) j'irai sans faute, sans y manquer. [2])

    Tour ni détour, ruse ni stratagème
    Ne vous *faudront*.   (La Font - Cuv.) [3])
    Mais je ne puis *faillir*
    . . . .
    A chérir l'un et l'autre.
        (Corn. Héracl. V, 2.)

Et m'a dit que mon père
Ne *faillit* pas demain d'être son défenseur
Contre l'injuste effort d'un puissant agresseur.
        (La Font., l'eunuque II, 4.)

Il jeûnoit trois fois la semaine, il n'y *faillit* jamais.
        (Lenfant, C. d. P. 1, II, 72.)

    Or la grâce ne peut *faillir*;
    Puisqu'il sème, il doit recueillir.
        (Béranger, Mon curé.) [4])

M. Stahl n'a pas *failli* à cette noble tâche.
        (Rev. Chrét. 1861, p. 499.)

Le bon prélat . . . ne pouvait, sans *faillir* à ses principes, se laisser engager.   (Rev. Chrét. 1861, p. 677.)

Les Anglais aussi n'ont pas *failli* à fournir leur contribution.   (Littré, préface p. LII.)

4. irren, sich irren, einen irrthum begehen. (se tromper, se méprendre en quelque chose.) [5])

Dans cette signification „faillir" est toujours verbe neutre [6]) et s'emploie sans régime indirect. [7])

Ce sculpteur a failli dans les proportions. [8])

Tu *faux*, [9]) de Pré, de nous portraire ce que l'éloquence a d'appas; quel besoin as-tu de le faire? Qui te voit ne la voit-il pas?   (Malh. IV, 13.) [10])

Verd et bleu (dit Epistemon) nous avons *failli*. Nous n'aurons d'elle response aucune.   (Rab., Pant. III, 17.)

Je *faus*, [11]) car il m'est avis qu'il y en avoit deux, et une belle ceinture de pers, et vert, disant que cette livrée lui avenoit bien, veu qu'il avoit esté pervers.
        (Rab., Pant. II, 31.)

Prince, ne cachez plus ce que le ciel découvre, vous devez être las de nous faire *faillir*.
        (Corn., Don Sanche IV, 2.)

Mais je déuie qu'ils *faillent* contre les règles.
        (id. Epître à la Suite du Menteur.) [12])

Pas ne *faillit* dedans sa conjecture.
        (La Font. Mal.) [13])

L'Église, même fidèle et assistée de son divin chef jusqu'à la fin du monde, peut *faillir* et surtout défaillir.
        (Rev. Chrét. 1861, p 465.)

5. fehlen, straucheln, sich vergehen, seiner schuldigkeit, den gesetzen entgegen handeln. (tomber en faute, avoir tort, pécher, faire qc. contre son devoir, contre les lois); fallen.

Dans ce sens „faillir" est le plus usité, et c'est pourquoi l'Académie le met à la tête de l'article. Alors il est toujours verbe neutre intransitif [14]) ou, si l'on veut, verbe actif après lequel il faut suppléer un régime direct tel que raison, devoir, loi [15]).

Je n'eusse guères failly de *faillir* plustost que de bien faire à leur mode,   (Mont. III, 260.) [16])

A ceux qui l'oppressoient, il ostera l'audace;
Et sans distinction de richesse ou de race,
Tous de peur de la peine auront peur de *faillir*.
        (Malh., prière pour le roy Henry le G.)

Puis quand elle commençoit à souffler dedans, il la luy ostoit des mains, pour toucher de la langue et des levres là où elle avoit touché des siennes, et faisoit semblant de luy vouloir enseigner où elle avoit *failly*, pour avoir occasion de la baiser à demy, en baisant la Fluste où elle avoit touché.   (Am., D. et Chl. p. 31.)

---

[1]) Ce sens vieillit, dit l'Académie.   [2]) v. Littré, art. faillir 2.   [3]) ibidem.   [4]) ibidem.

[5]) Du Cange, I, p. 176: „Fallire; Germanis faelen et feylen, est falli, labi, errare. Foloier eadem notione, pro falli, errare usurparunt veteres Galli: p. e. Qui par soit velt ouvrer, Sans conseil demander, Sovent Foloiera. (Les Proverbes MSS.) et: Se li arbitres Foloie à donner se sentence, i. Si arbiter erraverit in sententia dicenda (Des Fontaines in Consil. cap. 18.)"

[6]) Girault-Duvivier (p. 451) dit: „Les verbes neutres sont de deux sortes: les uns dont l'action peut se porter au dehors, et conséquemment qui ont un régime indirect, mais que quelques Grammairiens nomment à cause de cela verbes neutres transitifs, comme venir, nuire, etc.; car il faut nécessairement dire: venir de la campagne, nuire à sa réputation; les autres dont l'action se concentre en eux-mêmes, qui n'ont donc pas de régime, et auxquels, pour cette raison, on a quelquefois donné le nom d'intransitifs; tels sont: dormir, vivre, rire, marcher, etc.

[7]) Ce sens commence à vieillir, dit l'Académie.   [8]) Cf, Littré, art. faillir 3.   [9]) V. plus haut p. 11,
[10]) V. Littré, art. faillir 3.   [11]) V. plus haut p. 9.   [12]) V. Littré, art. faillir 3,   [13]) V. ibidem.
[14]) V. cette page n. 6.   [15]) V. plus haut p. 20.   [16]) V. plus haut p. 20.

Si j'ay *failly* (offencé sa Majesté) que ma mort soit l'expiation de mes fautes.

(Magn. p. 175, Brantôme, le comte d'Egm.)

Si pour suyvre son naturel soit de gré et vólonté; ou que par force et insensiblement il nous entreine, l'on vient à *faillir*, on heurte son debvoir, quel desordre?

(Magn. p. 180, Pierre Charron.)

Ceulx qui ne se veulent laisser tirer hors de cette originelle source (la franchise de la coustume, où ils s'enflent et triumphent à bon compte) *faillent* encore plus . . .

(Mont. Ess. I, 22.)[1]

Si ma femme a *failli* (m'a rendu cocu), qu'elle pleure
bien fort;
Mais pourquoi moi pleurer, puisque je n'ai point tort?

(Mol., Sgan. sc. 17.)

Elle n'a pu *faillir* sans me couvrir de honte.

(Mol., éc. d. f. II, 1.)

Quand on a *failli*, il n'est pas aisé de réparer le manquement et de rétablir ce qu'on a gâté.

(Mol. am. méd. II, 5.)

Il est vrai que j'ai *failli* . . ., mais enfin ce sont des actions que vous devez pardonner à mon âge.

(Mol. G. Dand. III, 8.)

Qu'aucuns monstres par moi domptés jusqu' aujourd'hui
Ne m'ont acquis le droit de *faillir* comme lui!

(Rac., Phèdre I, 1.)

Quand le bras a *failli*, l'on en punit la tête.

(Corn., le Cid II, 8.)

Qu'une âme généreuse a de peine à *faillir*.

(Corn., Cinna III, 3.)

Non pas que je ne *faille*[2]) en cette préférence.

(Corn., Médée II, 6.)[3]

Ai-je *failli* de me payer moi-même?

(La Font. Rich.)[4]

Les mauvais succès sont les seuls maîtres qui peuvent nous reprendre utilement et nous arracher cet aveu d'avoir *failli* qui coûte tant à notre orgueil.

(Boss., Reine d'Anglet.)[5]

Quelque fruit qu'une fille en puisse recueillir,
Ce n'est une vertu que pour qui veut *faillir*.

(Corn., Pol. I, 3.)

Jeune si j'ai *failli* souvent, que ce jour acquitte ma vie.

(Beaumarchais, Mère coup. V, 8.)[6]

Le sot projet qu'a eu Montagne à se peindre, et cela non pas en passant et contre ses Maximes, comme il arrive à tout le monde de *faillir*; mais par ses propres maximes, et par un dessein premier et principal.   (Volt. II, p. 151.)

Il avait sans doute *failli* en se laissant surprendre à Vilna, en ne reconnaissant pas le cours marócageux de la Bérézina pour la véritable frontière.   (Ség. Nap. VII, 4.)

Or, quiconque aura gardé toute la loi, s'il vient à *faillir* en un seul point, il est compable de tous.

(Nouv. Test. Jacques II, 10.)[7]

J'ai *failli* je l'aimais (ta mère), Dieu punit cet amour.

(Vigny, dél.)

Dans l'âge des passions, il est sous la garde de la sagesse, qui le laisse souvent *faillir*, parce que les fautes sont l'éducation des hommes.

(Villem. Fén.)

Hélas! les plus saints peuvent *faillir*.

(V. H., H. d'Isl. I, 12.)

Songez, seigneurs juges, qu'il est encore dans l'âge où l'homme peut *faillir*, et même tomber (straucheln, selbst fallen), sans que Dieu refuse de le soutenir ou de le relever.

(V. H., H. d'Isl. III, 10.)

Le premier couple humain . . a *failli* dans la première épreuve de sa liberté, et les conséquences de sa chute se sont étendues à tous ses descendants.

(Rev. Chrét. 1851, p. 643.)

6. weichen, wauken (céder, manquer).

Cet édifice a failli par le pied.[8])

Le feu estant mis à la mine, les estançons de bois venus à *faillir*, le chasteau feut emporté de fond en comble.

(Mont. Ess. I, 5.)

7. endigen, ausgehen, erloeschen, untergehen, zu ende gehen (finir, être au bout, être au terme.)[9]

---

[1]) V. plus haut p. 13.   [2]) V. plus haut p. 18, n. 6.   [3]) V. Littré, art. faillir 4.   [4]) ibidem.   [5]) ibidem.
[6]) V. Littré, art. faillir 4.
[7]) C'est le seul passage que nous ayons trouvé dans tout le Nouveau Testament, où il y a „faillir". Donnons l'endroit selon le N. T. tetraglotte, publié par MM. Theile et Stier:
Quicunque autem totam legem servaverit, offendat autem in uno, factus est omnium reus.
Ὅστις γὰρ ὅλον τὸν νόμον τηρήσει, πταίσει δὲ ἐν ἑνί, γέγονε πάντων ἔνοχος.
Denn so jemand das ganze gesetz haelt, und suendiget an einem, der ist es ganz schuldig.
For whosoever shall keep she whole law, an yet offend in one point, he is guilty of all.
[8]) V. Acad. et Littré, art. faillir.
[9]) Du Cange (I, p, 176) dit: „Fallere vel fallire, deficere, desinere, Gall. Fallir, cesser, finir. Instrumentum de terris S. Catuodi, apud Lobinellum to. 2. Hist. Britan. p. 252: Et tunc vadit fossa Catuodi quasi ad horam nonam per abrupta loca usque dum pervenit ad unam nodulam. Tunc namque fallit fossa et accipitur nodula per ipsam petram, quae est in ipsa nodula."

Le jour commençait à *faillir*. A jour *faillant*, à la chute du jour. A jour *failli*, après la chute du jour.

Proverbe; Au bout de l'aune *faut* le drap [1]), c'est-à-dire à force d'auner on arrive au bout de la pièce de drap, et fig. toutes choses ont leur fin.[2])

Ce *faut* (finit) li capitres de l'office as baillis.
(Beaum. 44.) [3])

Et se partirent un samedi, après jour *faillant*, de Cambray.
(Froiss. I, 1, 100.) [4])

Et pouvoit estre environ jour *failli*.
(id. ibid.) [5])

Il mourut sans enfants, de sorte que sa race *faillit* en luy.[6])
(Am., Lyc. 67.) [7])

Et commençasme à entrer au mois de Mars nous ayant tout *failly*: car de vin il n'y en avoit une seulle goutte en toute la ville, dés la demy Fevrier.
(Magn. p. 148, Blaise de Montluc.)

Mais sur cela il me survint un autre malheur . . . qui est le bois m'ayant *failli*, je fus contraint brusler les estapes qui . .
(Magn. p. 155, Bernard Palissy.)

C'est chose qui ne peut *faillir*. Le tems adoucira les choses. Ces deux choses, qui sont si près l'un de l'autre ne font pas un bel effet.
(Malh. II, p. 292, observations.)

Et peur n'ayez que le vin *faille*; comme fit és nopces de Cana en Galilée.
(Rab., Pant. III, prologue.

8. schwach werden. [8])

Dans cette signification il se dit des fonctions de la vie qui manquent, qui font défaut; surtout dans la phrase: „Le coeur me faut“, quand on sent quelque faiblesse, quelque épuisement, et qu'on a besoin de manger.[9]) „Le coeur faut“, se dit aussi de l'effet d'impressions morales.[10])

Li cuers lui *faut*, s'a (s'il a) la bouche serrée.
(Ronc. p. 147.) [11])

Mais li cuers lui *failloit*.
(Berte XXXI.) [12])

Ne te donna-t-on pas des avis, quand la cause
Du marcher et du mouvement·
Quand l'esprit, le sentiment,
Quand tout *faillit* en toi? (La Font. Fabl. VIII, 1.)

Je sais l'art d'empêcher les grands coeurs de *faillir*.
(Corn., Sert. IV, 2.)

Le coeur me *faut*.
(Mol., éc. d. f. II, 2.)

Tranquille elle y monta quand, debout sur le faîte,
Elle vit ce bûcher qui l'allait dévorer,
Les bourreaux en suspens, la flamme déjà prête,
Sentant son coeur *faillir*, elle baissa la tête
Et se prit à pleurer.
(Delav., Jeanne d'Arc.)

Qui s'en passe l'envie affronte un tel danger
Que le coeur doit *faillir* seulement d'y songer.
(Delav., Louis XI, II, 7.)

9. falliren, fallit werden, seine zahlungen einstellen, in den zustand der insolvenz, der zahlungsunfaehigkeit gerathen (faire faillite, faire une banqueroute — non frauduleuse [13]), p. e. Ce banquier, ce négociant a failli.

Il lui en prend comme aux poures orphelins qui sont moins avantagez que leurs freres, d'autant que leur pere est [14]) *failli* [15]) trop tost.
(Bèze, Vie de Calvin p. 2.) [16])

Il reste encore une signification, dans laquelle notre verbe est suivi de la préposition à ou de avec l'infinitif ou de l'infinitif sans préposition.[17])

Il y a dans la langue française des verbes qui, suivis de l'infinitif avec ou sans préposition, sont le mieux traduits en allemand par des adverbes, le verbe infinitif changeant en verbe fini, p. e.

---

[1]) V. plus haut p. 18, r. 5.   [2]) Cf. Acad. et Littré, art. faillir.   [3]) v. Littré, art. faillir, hist. XIIIe s.
[4]) ibidem.   [5]) ibidem.
[6]) Ce sens a vieilli, dit l'Académie, et il nous faut ajouter, que nous n'avons trouvé „faillir“ ni dans l'acception de céder ni dans celle de finir dans aucun auteur des XVIIe, XVIIIe et XIXe siècles.
[7]) v. Littré, art. faillir, hist. XVIe siècle.   [8]) Cf. plus bas défaillir.   [9]) Cf. Acad. et Littré, art. faillir.
[10]) Cf. Littré, art. faillir 7.   [11]) v. Littré, art. faillir, hist.   [12]) ibidem.   [13]) Cf. M.-P. et Acad.
[14]) Littré (art. faillir 9) dit: „Faillir se conjugue avec l'auxiliaire avoir; cependant on dira: la mémoire lui a failli ou lui est faillie; cette race a failli ou est faillie; ce négociant a failli ou est failli, suivant qu'on voudra exprimer l'acte ou l'état.“ Cf. Ploetz, synt. p. 36.
[15]) Pour la conjugaison de „faillir“ cf. plus haut p. 18.   [16]) v. Littré, art. faillir, hist. XVIe siècle.
[17]) „On peut supprimer, et aujourd'hui on supprime communément la préposition à. On dit aussi faillir de, p. e. j'ai failli de tomber. — Cette locution, qui s'établit dans le XVIe siècle, s'explique par l'historique, où l'on voit que faillir à signifie proprement „ne pas réussir à“; de là le passage est facile au sens de „être sur le point de se faire“ Cela montre en même temps que la forme la plus correcte, presque exclusivement employée dans le XVIe siècle, est faillir à.“ (Littré, art. faillir 9.)

venir[1], tarder, aimer, finir, commencer, achever, aller. Plusieurs grammairiens nomment ces verbes „galliverbes"; mais Orelli, Ploetz, la grammaire des grammaires, Maetzner etc. ne connaissent pas cette expression; aussi dans le chapitre sur les gallicismes[2] ces verbes ne se trouvent pas. Plutôt donc on pourrait nommer cette manière de traduire un verbe par un adverbe, „germanisme", puisque nous faisons la même chose dans d'autres langues. Nous ne citons que les verbes grecs suivis du participe, tels que διατελεῖν, διαγίγνεσθαι, φθάνειν,[3] λανθάνειν, τυγχάνειν.[4]

Notre verbe „faillir"[5], suivi de l'infinitif avec ou sans préposition est aussi de ces soi-disant galliverbes, et il signifie alors

10. être sur le point de, presque, en se traduisant en allemand par les adverbes beinahe, fast[6], nahe daran sein.

Dans cette signification „faillir" se trouve aussi employé impersonnellement.[7]

D'ailleurs ce n'est que dans le XVIe siècle, que le verbe se trouve dans l'acception de beinahe.[8]

Ce messager *faillit* à estre pendu.
(D'Aub. Hist. I, 241.)[9]

Evalcus se jetta à costé, et luy tira un coup d'espée, duquel il *faillit* à lui couper la main, mais . . . .
(Am., Pyrrhus 70.)[10]

Il leur tint un discours qui *faillit* à les faire tomber de leur haut.
(Balz., 6e disc. sur la cour.)[11]

Quand la vieille P. *faillit* à mourir l'année passée,
(Sév. Bussy à Mme. de Sév., 16 oct. 1677, éd Régnier.)[12]

Je *faillis* à mourir de rier. (Hamilt., Grammaire 3)[13]

J'avalai de l'orpiment, de la chaux; j'en *faillis* mourir.
(J.-J. Rouss., conf. I, 5 p. 221.)

Je *faillis* en commencer un (roman).
(J.-J. Rouss., conf. I, 2, p. 71.)

Elle (l'eau) *faillit* me guérir. (ibid. I, 6, p. 230.)

. . . la mauvaise tête qui a *failli* déshonorer sa famille.
(ibid. II, 7, p. 293.)

Je gagnai une fluxion de poitrine dont je *faillis* mourir,
(ibid. II, 7, p. 293.)

Que celle-ci (la maladie) avait transmise à son amant, qui *faillit* en mourir. (ibid. II, 7, p. 348, remarque.)

Cette proposition *faillit* à reculer les affaires pour un temps, au lieu de les avancer. (Volt., Charles XII, 8, 266.)

Le jeune homme *faillit* à se trouver mal.
(Rouss., Ém. IV.)[14]

Cette pensée *faillit* à m'y faire renoncer entièrement.
(Mém. I, p. 140.)

Elle (l'avanture) *faillit* à me coûter la vie.
(Mém. II, 12.)

Il m'en arriva une (avanture) qui *faillit* à me jetter dans un embarras des plus désagreables. (ibid. II, p. 99.)

Je *faillis* à me brouiller la tête.
(J.-J. Rouss., conf. I, VI, p. 237.)

Cela *faillit* à gâter mes affaires. (ibid. p. 254.)

La tête *faillit* à m'en tourner. (ibid. II, VII, p. 351.)

Je me souviens qu'une fois Saint-Lambert *faillit* à lui jeter son assiette à la tête. (ibid. II, IX, p. 478.)

Olivier avoit une fois sauvé la vie à Félix qui se piquoit d'être grand nageur, et qui avoit *failli* à se noyer.
(Diderot, les deux amis de Bourbonne.)

Cette époque me rappelle le plus grand de mes malheurs, et le crime qui *faillit* en être la suite.
(X. de Maistre, le lépreux.)

Le chevalier Carnioli, qui *faillit* m'écraser hier sur le quai . . . .
(Feuillet, Délila.)

On *faillit* s'étouffer et étouffer Napoléon lui-même.
(Thiers, hist. d. cons. et de l'emp. XIX, 57.)

Penser qu'on avait *failli* pendre les sergents du bailli!
(Notre-Dame IV.)

Cependant la Maison-Carée *faillit* avoir son Elgin.
(Delav. IV, note de la 1e messénienne.)

Le premier (événement) *faillit* priver l'armée de son chef.
(Men.)

Qui *faillit* s'évanouir. (Galland dans Luedecking p. 44.)

Memnon *faillit* renverser tous ses desseins.
(Ség. dans Luedecking, p. 113.)

Plusieurs mulâtres ont *failli* être victimes de la fureur populaire.
(V. H., Bug-Jargal 16.)

Il avait déjà *failli* me tuer. (id. ibid. 35, p. 158.)

Mon père a été roué au Cap, mon frère a été pendu au Rocrou, et j'ai *failli* moi-même être fusillé.
(Id. ibid. 35, p. 159.)

---

[1] Ploetz, synt. p. 210.   [2] Cf. Gr. d, Gr. p. 1021 et suivv., Orelli p. 327.
[3] v. Krueger, gr. gr. synt. § 56, 5, observ. 3 et suivv.   [4] ibidem § 56, 4.   [5] Cf. Maetzn. gr. p. 472.
[6] Des phrases synonymes sont telles que: penser faire qc., manquer faire ou plus souvent de faire qc., beinahe etwas thun, nahe daran sein etwas zu thun. — Cf. Oll. p. 489; Diez, gr. III, p. 225; Orelli p. 327; Ploetz, synt. p. 208.
[7] Cf. Maetzn. gr. p. 472 et plus haut p. 7, r. 14.   [8] v. plus haut p. 24 observ. 17.
[9] Littré, faillir, hist. XVIe s.   [10] ibidem.   [11] v. Littré, art. faillir 9.   [12] ibidem.   [13] ibidem.
[14] v. Littré, art. faillir, 9.

Ce qui a *failli* me rendre fou.   (id., Hau d'Isl. 11, 4.)

Cependant l'aventureux Ordener, après avoir vingt fois *failli* tomber dans sa périlleuse ascension, était parvenu sur le haut du mur épais.   (ibid. II, 9. p. 84.)

Est-ce que vous avez *failli* être dévoré par un ours?   (ibid. II, 19, p. 207.)

Puis elle a crié: j'avais *failli* la laisser tomber.   (V. H., 1. p. j. d. c. 42, p. 173i)

J'ai *failli* tomber la face sur les planches.   (ibid. 48, p. 186.)

Les ennemis le (Murat) . . culbutèrent jusque les bords du ravin, et *faillirent* l'y précipiter.   (Ség., Nap. VII, 2.)

A son retour de Palmyre, elle *faillit* cependant être enlevée par une tribu nombreuse d'autres Arabes.   (Lamart., v. en Or.)

César osa défendre la cause de l'humanité et de la loi, et *faillit* être mis en pièces.   (Jules Michelet, César, Caton, Catilina.)

Narcisse *faillit* tomber deux fois à l'eau.   (E. Sue, Narcisse Gelin.)

Cela *faillit* le brouiller avec un journaliste de ses amis qui eut la faiblesse d'en être jaloux.   (Bazin, Nécrologue.)

Il a *failli* nous arriver{
Il *faillit* de nous arriver{ un grand malheur.[1])[2])[3])

II. B.
Significations et emploi de falloir.

„Falloir"[4]) est comme „faillir" un verbe défectif ou défectueux;[5]) mais tandisque celui-ci était primitivement actif, falloir ne peut être que verbe neutre transitif ou intransitif;[6]) en outre il est aussi en usage comme verbe réfléchi ou pronominal[7]) accidentel.[8])

Ce qui est la différence principale entre nos deux verbes, c'est, comme nous avons déjà dit,[9]) que „falloir" s'emploie seulement comme verbe impersonnel ou unipersonnel,[10]) c'est-à-dire comme un verbe qui n'a pas de sujet déterminé, mais au lieu de celui-ci le sujet indéterminé „il";[11]) tandisque „faillir" n'est en usage que comme verbe personnel, excepté les phrases „il faillit nous arriver" etc.[12]) — Pourtant il nous faut ajouter que des verbes impersonnels proprement dits, il est vrai, ne sont que tels que „il pleut", „il grêle", „il tonne", de même que „il y a" et dans le vieux français „il a", „il y a", suivi d'un régime direct.[13]) Mais la langue française connaît aussi des verbes impersonnels au sens impropre, c'est-à-dire des verbes qui sont employés dans la troisième personne du singulier, précédée du sujet grammatical „il" ou „ce"[14]) et suivie d'un sujet logique singulier ou pluriel.[15])

Cependant „il faut" se présente encore sous un nouvel aspect. Savoir il y a des cas où le sujet grammatical „il" manque. Nous ne parlons pas de phrases impersonnelles se trouvant souvent dans la langue ancienne et moderne, où le pronom „il" est simplement supprimé[16]), de telles que[17]):

---

[1]) Acad.   [2]) Maetzn. gr. p. 473.   [3]) Pour la préposition „de" ou „à" après faillir cf. Lafaye p. 68.
[4]) V. plus haut p. 19.   [5]) Tous les verbes impersonnels sont aussi défectifs, bien entendu.
[6]) Quand il est accompagné du datif (v. plus bas), il est verbe neutre transitif, v. plus haut p. 22, r. 6.
[7]) Cf. Gr. d. Gr. p. 452 et plus bas.   [8]) Cf. Ploetz, synt. p. 37.   [9]) V. plus haut p. 7.
[10]) Cf. Gr. d. Gr. p. 454.   [11]) Cf. Maetzn. gr. p. 193; Orelli p. 254.   [12]) V. cette page.   [13]) Maetzn. gr. p. 193.
[14]) Cf. Diez gr. III p. 56.   [15]) Cf. Maetzn. gr. p. 345; Diez, gr. III, p. 190 et suiv.; Orelli p. 259; Gr. d. Gr. p. 325.
[16]) Cf. Maetzn., synt. I, p. 20; Maetzn. gr. p. 347.
[17]) Nous lisons dans Malherbe (II, p. 321, observ.): „Il faut, ou vous aimer, ou ne vous faut point voir." Cette construction est vicieuse. On peut bien dire: „Il faut, ou vous aimer, ou ne vous point voir; mais en répétant, faut, on doit aussi répéter, il, et dire: ou il faut vous aimer, ou il faut ne vous point voir. — Littré (art. falloir 7) dit: „Il, dans le langage familier, peut se supprimer."

Et ne se *fauldra* plus doresnavant trouver en place ny en compaignie. qui ne sera bien expoly en l'officine de Minerve. (Magn., p. 95, Pantagruel.)

Là *faloit* le repas laissé accourir pour y remedier et donner ordre. (Rab., Pant. III, 14.)

Donque ne *faudra* d'orenavant dire, qui ne voudra improprement parler . . (Rab., Pant. III, 8.)

Et *fault* tousiours luy fournir d'object où elle s'abbutte et agisse. (Mont. Ess. I, 4.)

Faudra percer ces deux costez les principaux membres de la maison. (Magn., p. 165, Olivier de Serres.)

Je ne veux pourtant inferer que jamais ne *faille* devoir, jamais ne *faille* prester. (Rab., Pant, III, 5.) [1]

Selon vraye discipline militaire, iamais ne *faut* mettre son ennemy en lien de desespoir. (Rab., Garg. I, 42.)

Allons, mon fils, marchons: *fallut* se rendre, *Fallut* partir . . . (Volt., Bastille.) [2]

— mais nous parlons plutôt des trois locutions „tant s'en faut“, „peu[3] s'en faut“, „beaucoup s'en faut“, dans lesquelles „peu“, „tant“ et „beaucoup“ sont, à vrai dire, des sujets grammaticaux et logiques, et où „falloir“ ne peut plus être regardé comme verbe impersonnel, mais personnel.[4]

Quar *petit s'en fali* que touz lioz ne fu perduz. (Joffroi de Villehardouin.) [5]

Petit s'en faut que mes cuers (mon coeur) ne se desment (déconcerte) de corroux. (Psautier, f⁰. 171.) [6]

A bien *peu s'en faillit* qu'elle ne se pasma; et fust à l'envers tombée, se elle ne se feust bientost levée. (Jeh. de Saintré, ch. 38.) [7]

Tant s'en fault que il les voulsist assaillir, ou leurs estudes distraire. (Rab., Pant. III, 32.)

L'ours venant là-dessus, ou crut qu'il s'alloit plaindre *Tant s'en faut:* de sa forme il se loua très-fort. (La Font. fab. I, VII, p. 8.)

Peu s'en fallut que par ces deux endroits les lignes ne fussent forcées. (Roll., hist. rom. XIII, p. 208.)

Peu s'en fallut qu'il ne tombât et ne roulât avec lui. (Luedecking p. 43, Galland.) [8]

Cependant il faut faire remarquer qu'il n'est pas nécessaire de prendre le complément de „il faut“ pour sujet logique; il semble même plus juste de le regarder comme accusatif[9] à cause de telles constructions que „il le faut“,[10] quelquefois aussi „il la faut“, „il les faut“,[11] p. e. „faut-il un argument, une preuve, des preuves? Il le, la, les faut“, „bedarf es eines beweises? Es bedarf desselben etc.“; pour la plupart pourtant „le“ remplace un verbe, p. e. „faut-il travailler?“ „Il le faut.“.[12]

J'aurais passé dans le sein de ma religion, de ma amie, de ma famille et de mes amis, une vie paisible et douce, telle qu'*il la fallait* à mon caractère. (J.-J. Rouss. conf. I, I, p. 43.)

— de même et plus encore à cause de telles phrases que „c'est l'homme qu'il vous faut.“[13]

Aussi nous semble-t-il que, dans toutes les phrases où nous lisons „ce qu'il faut“, „que“ est l'accusatif, quoique M. Ploetz[14] dise que devant les verbes impersonnels, comme sujet logique „ce que“ représente le nominatif. Car pourquoi prendre aussi près des autres verbes impersonnels l'accusatif „que“ pour le nominatif, puisqu'on peut le laisser toujours être régi par un verbe qui est á suppléer?[15] P. e. dans le passage que Ploetz allègue: „Faites ce qu'il vous plaît“, nous prenons „que“ pour le régime direct du verbe „faire“ qu'il faudrait encore après „il plaît“. Qu'il

---

[1] v. plus haut p. 13. [2] v. Littré, art. falloir 7. [3] Dans l'ancien français aussi „petit“.
[4] Cf. plus haut p. 7. [5] v. plus haut p. 15. [6] v. Littré, art. falloir, hist. XIIIe s.
[7] v. Littré ibid. XVe s. [8] Tous les autres exemples de ce genre v. plus bas.
[9] Cf. Ploetz, synt. p. 368. [10] v. plus bas.
[11] Nous ne parlons pas maintenant, bien entendu, des cas où „le“ est le régime direct d'un verbe qui est à suppléer; alors il y a une ellipse.
[12] v. plus bas et cf. Maetzn. synt. I, p. 47; Gr. d. Gr. p. 1011; Maetzn. gr. p. 194. [13] Cf. Maetzn. gr. 194.
[14] Ploetz, synt. p. 325; gr. p. 329. [15] Orelli p. 156.

nous soit donc permis de prendre dans cette construction „que“ pour l'accusatif; mais il faut que nous laissions indécis, si cet accusatif est à regarder comme complément de „il faut“ ou comme régime direct d'un verbe qui est à suppléer.[1])

„Falloir“ s'est développé, comme nous avons démontré dans la première partie de notre dissertation, de „faillir“ qui provient de „fallere“,[2]) par analogie à la locution latine „fallit me, es entgeht mir, fehlt mir“.[3]) Pour cette raison il est clair que sa première signification est

1°. fehlen, noethig sein
(faire besoin, manquer.)

Dans cette signification[4]) il est pour la plupart verbe pronominal et conjoint avec le pronom „en“. — Quand il se dit, dans cette acception, négativement ou quand il se trouve dans une question affirmative, il faut „ne“ dans la proposition subordonnée.[5])

Il fallait un Aristote pour un Alexandre.
(Roll., hist. anc. Œuv. t. VI, p. 601)[6]

Pour le petit nombre de ceux dont la tête est ferme, le goût délicat et le sens exquis, et qui comme vous, messieurs, comptent pour peu le ton, les gestes et le vain son des mots, *il faut* des choses, des pensées, des raisons.
(Buff., Disc. de récep. à l'Acad.)[7]

Il a fallu vingt mille ans pour la retraite des eaux, qui d'abord étaient élevées de deux mille toises au-dessus du niveau de nos mers actuelles.
(id. 4° époque, Œuv. t. XII, p. 230.)[8]

Dieu cruel, *fallait-il* nos supplices
Pour ta félicité?
(Lamart., Méd. 1, 7.)[9]

Employé avec le pronom personnel „se“ et précédé de la particule[10]) „en“, ce verbe indique une différence en moins. En cet emploi, c'est un verbe neutre réfléchi, comme s'enfuir, et il se conjugue comme les verbes réfléchis, c'est-à-dire avec le verbe être.[11])

Vous dites qu'*il s'en faut tant* que la somme y soit; il ne peut *s'en falloir* tant.
(Acad.)

La Valteline est toute à nous; et *s'il s'en faut* quelque chose, ce n'est qu'un fort qui n'est pas meilleur que les autres qui se sont rendus.
(Malh., Lett. à Racan, 18. janv. 1625.)[12]

La maîtresse du monde! ah! vous me feriez peur
S'il ne *s'en faillait* pas l'Arménie et mon coeur,
Si je le grand Annibal . . .
(Corn. Nicom. III, 2.)

Sg. Je vous jure que vous ne les auriez pas, *s'il s'en fallait* un double.
(Mol., Méd. m. lui I, 6.)

L. Vous savez le combat ou Chimène l'engage;
Puisqu'il faut qu'il y meure, ou qu'il soit son mari,
Votre espérance est morte, et votre esprit guéri.
L'inf. Ah! qu'*il s'en faut* encor! (Corn., le Cid V, 3.)

Pour moi, j'ai vu des moments où il ne *s'en fallait* rien que la fortune ne me mît dans la plus agréable situation du monde.
(Sév. 430.)[13]

J'ai été sur le point, ces jours passés, de mourir; *il ne s'en est pas fallu l'épaisseur d'un cheveu.*
(Volt., Lett. Richelieu, 20. sept. 1773.)[14]

---

[1]) V. plus bas. [2]) V. plus haut p. 6.) [3]) V. plus haut p. 7, rem. 6. Klotz lex. et Diez dict. 1, p. 172.

[4]) Cf. Maetzn. synt. I, p. 397; Wailly gr. p. 334; Oll. p. 486 et suiv.; Gleim gr. p. 247. 250.

[5]) „Il s'en faut exprime dans toute sa conjugaison une absence, une privation dont le sens négatif se porte sur la proposition subordonnée. Alors, quand ce verbe n'est accompagné ni d'une négation, ni de quelque mot qui ait un sens négatif, tel que „peu“, „presque“, „rien“ etc., la proposition subordonnée ne prend pas la négative „ne“: „Il s'en faut de beaucoup que la somme y soit“; „Il s'en faut bien que tous les hommes soient de ce caractère.“ Mais, lorsque „il s'en faut“ est accompagné d'une négation ou de quelqu'un des mots qui ont un sens négatif, ou bien encore si la phrase marque interrogation ou doute, la proposition subordonnée prend la négative „ne“: „Il ne s'en faut pas de beaucoup que la somme n'y soit“; „Il s'en faut peu que l'un n'ait autant de mérite que l'autre“; „Peu s'en fallait qu'on ne m'abandonnât“; „Il s'en faut peu qu'il ne soit le dernier“; „Combien s'en faut-il que la somme n'y soit?“ „S'en faut-il beaucoup que la somme n'y soit?“ Girault-Duvivier p. 870 et suiv. (Littré, art. falloir, rem. 1.)

[6]) V. Littré, art. falloir 1. [7]) ibidem. [8]) ibidem. [9]) ibidem.

[10]) Plus haut (v. cette page) nous avons nommé ce mot „pronom“; nous avouons cependant qu'il est plus juste de le nommer „particule“, comme Littré (art. falloir 3) ou „adverbe pronominal“, comme Ploetz (synt. p. 297.)

[11]) V. Littré, art. falloir, 3 et rem. 3: „S'en falloir est un de ces verbes neutres construits avec le pronom personnel et ayant même forme que les verbes réfléchis, construction qui était familière à l'ancienne langue.“

[12]) V. Littré ibid. 3. [13]) ibidem. [14]) ibidem. Nous prenons „l'épaisseur . .“ pour le sujet logique ou plutôt pour l'accusatif (v. plus haut p. 27 suiv.); mais Littré (art. falloir 3) dit: „Cette construction: il ne s'en est pas fallu l'épaisseur d'un cheveu, s'explique ainsi: „il“, sujet indéterminé, c'est-à-dire (?) „l'épaisseur d'un cheveu“, ne s'en est pas fallu. On dirait aussi: il ne s'en est pas fallu de l'épaisseur d'un cheveu; mais alors l'explication grammaticale est différente: „il s'en faut“ se dit absolument pour signifier il y a une différence en moins; et „de l'épaisseur d'un cheveu“ devient une locution adverbiale qui modifie „il s'en faut.“

Nous n'en sommes pas là, au moins, *il s'en faut.*
(Flor., th. le bon fils III, 1.)

Le compte n'y est pas, *il s'en faut* cent sous, la différence en moins est de cent sous. (Littré. f. 3.)

Il s'en faloit par aventure *l'espesseur d'un ongle*,
ou au plus, que je ne mente, d'un doz de ces couteaux
pu'on appelle couppeaureille. (Rab., Pant. II, 28.)

On le dit aussi avec la préposition „de".[1]

Il ne s'en est falu que d'un moment.
(Volt., Princ. de Babyl. 7.)[2]

Il se construit avec „que" et le subjonctif.

Il s'en fallait qu'il[3] n'eût achevé.
(Acad.)

Il s'en faut peu de chose *que* cela n'*aille.*[4]
(ibid.)[5]

Que s'en faloit-il que ce ne *fust* leur declarer la
guerre ouvertement?
(Malh. III, p. 376; livre 33 de T.-Live.)[6]

Que s'en faut-il que cette plainte ne *soit* aussi deli-
cate que les precedentes? (Malh. III, p. 22, lettres I, 3.)

Il s'en faut beaucoup,
Il s'en faut bien,
la différence en moins est grande.

Il s'en faut beaucoup qu'il ait satisfait l'attente du
public. (Acad.)

Il s'en faut beaucoup que l'un ait autant de mérite
que l'autre.

Il ne s'en est pas beaucoup fallu qu'il fût tué.[7]

Je puis vous assurer qu'*il s'en faut bien* qu'on y meure
de faim. (Rac., Lett. 16 à Boileau.)[8]

Cet homme parait faire tout ce qu'il veut, mais *il s'en
faut bien* qu'il le fasse. (Fén. Tél. III.)[9]

Il s'en falloit bien que la Gaule même fût domtée,
quoique depuis deux ans tout y parût assez tranquille.
(Roll., hist. rom. XIII, p. 11.)

Il s'en faut bien que le monde intelligent soit aussi
bien gouverné que le monde physique.
(Montq. espr. d. l. 1, 1, p. 93.)

Il s'en faut beaucoup que nos Commerçans nous donnent l'idée de cette vertu dont nous parlent nos Missionaires.
(ibid. VIII, 21, p. 322.)

P. Parguienne, *il ne s'en est pas fallu l'époisseur
d'une éplingue*, qu'ils ne sayant nayés tous deux.
(Mol., fest. de P. II, 1.)

. . . . . Vois-tu?
Il ne s'en fallait pas l'époisseur d'un fêtu,
Tou deux de se nayer eussiont fait la sottise.
(Mol., test. de P. II, 1.)

Il s'en fallut d'une heure que Napoléon ne *tombât*
dans cette échauffourée.
(Ség., Nap. XII, 1.)

Je songe à tous les pas que vous faites, et à tous ceux
que je fais; et *combien il s'en faut qu'en* marchant toujours de cette sorte, nous *puissions* jamais nous rencontrer.
(Sév., à s. f. dans H. et B. p. 246.)

Il s'en faut, certes, *que* le problème *soit* résolu pour
tous les mots; mais il l'est pour beaucoup.
(Littré, préface, p. XXIX.)

Il s'en faut bien que les prétendus principes physiques
de Descartes conduisent ainsi l'esprit à la connaissance de
son Créateur. (Volt. VI, p. 26.)

Il s'en falloit bien que les Communes eussent alors
part au gouvernement. (Volt. II, p. 43.)

Il s'en falloit beaucoup, qu'elle fut[10]) d'aussi bonne
Maison que Madame de Maintenon. (Volt. II, p. 374.)

Il s'en faut beaucoup que les premiers Têtes de l'État,
qui virent la Représentation, ayent varié un moment sur la
sagesse qui règne dans cet Ouvrage (dans la tragédie de
Mahomet.) (Volt. IV, p. 354.)

Il s'en faut bien qu'ils soient tous au même rang.
(Guiz., hist. mod. p. 94.)

Il s'en faut beaucoup que le domaine des parlers pro-
vinciaux ait été suffisamment exploré.
(Littré préface, p. XXVIII.)

---

[1]) Cf. p. 28, observ. 14. [2]) Littré (art. falloir, 3.)
[3]) C'est une faute d'impression dans Littré, le Dict. de l'Académie a comme voici: Il s'en faillait p e u qu'il n'eût achevé.
[4]) Cf. plus haut p. 28, observ. 5; Gr. d. Gr. p. 870; Wailly gr. p. 234; Maetzn., synt. I, 397.
[5]) V. Littré. art. falloir 3. [6]) V. T.-Live XXXIII, 39: Q u a n t u m a bello aperte Romanis indicto a b e s s e?
[7]) Parce que „il s'en faut" est précédé de la négative, il faudrait aussi dans la phrase subordonnée la négative „ne" (v. Gr. d. Gr. 870), c'est donc bien une faute d'impression.
[8]) V. Littré, art. falloir 4. [9]) ibidem.
[10]) En tout cas une faute d'impression; il faut le subj. „fût" (v. plus bas).

L'idée de l'unité de l'Église y était générale et dominante dans les esprits; mais *il s'en fallait bien* que, dans les faits, elle eût la même étendue, le même pouvoir.

(Guiz., hist. mod. p. 191.)

Dans les diverses alliances et combinaisons qui ont eu lieu sous les règnes de Louis-le-Débonnaire et de ses enfans, *il s'en faut beaucoup* que les peuples se soient toujours rapprochés ou séparés selon les races.

(Guiz., hist. mod. p. 378.)

Cette phrase mise en parenthèse ou à la fin de la période.

Tous les hôtes d'Ibrahim n'étaient pas riches, *il s'en fallait beaucoup.*

(Chateaubr. Itin. 1re part.) [1]

Vous n'êtes pas, ma bru, si bienfaisante, *Il s'en faut bien.*

(Volt. IX, p. 293; Nanine III, 6.)

Je n'ai point copié l'Electre de Sophocle, *il s'en faut beaucoup.*

(Volt. X. p. 181.)

Telle n'était pas cependant, *il s'en fallait bien*, leur disposition générale.

(Guiz., hist. mod. p. 89.)

On dit aussi:
beaucoup s'en faut. [2]

L'abbaye . . ne vaut pas *beaucoup s'en faut.*
Les deux mille francs qu'il me faut.

(Régnier, Épît. III.) [3]

Il s'en faut de beaucoup [4] se dit surtout pour exprimer une différence en moins de quantité.

S'en faut-il de beaucoup que la somme soit complète?
Il s'en faut de beaucoup que leur nombre soit complet.

Vous voilà bien arriéré, *il s'en faut de beaucoup* que votre tâche soit aussi avancée qu'elle devrait l'être.

(Acad.)

Ce prince, comme on l'a dit, n'avait pas regagné tout son royaume par l'épée; *il s'en fallait de beaucoup.*

(Volt., Hist. du parl. ch. XXXVIII.) [5]

Mais si les destinées extérieures du protestantisme ont été retracées en nos jours selon la vérité par de nombreux écrivains, qui, à quelque culte qu'ils appartiennent, ont généreusement consacré leur savoir et leur talent à cette oeuvre de tardive réparation, *il s'en faut de beaucoup* que les caractères intimes de la Réforme soient suffisamment connus parmi nous.

(Rev. Chrét. 1861. p. 522.)

Avec „ne" surabondant. [6]

Voyons s'*il s'en est fallu* beaucoup qu'il *n'*ait renversé ce grand arbre de la Maison d'Autriche.

(Malh. 11, p. 105, observat. sur Voiture.)

Il s'en faut beaucoup qu'elle *ne* soit aussi merveilleuse qu'on se l'imagine.

(Hamilt., Gram. 8.) [7]

Il s'en fallait beaucoup que tout *ne* fût fait.

(Fonten., Lettre.) [8]

Il n'a rien mis du sien dans sa réputation que son mérite, et communément *il s'en faut beaucoup* que ce *ne* soit assez.

(id. Méry.) [9]

Il s'en faut bien qu'ils *ne* fussent tous agréables à Dieu.

(Mass., Profess. relig. Serm. 2.) [10]

Il s'en faut bien que nous *ne* connoissions toutes nos volontés.

(La Rochefouc. p. c. m.)

Il s'en faut bien que nous *ne* soyons dans ces termes, et les hommes ne sont point assez innocens, pour trouver parmi eux des vices singuliers.

(Tr. d. l. S. p. 83.)

Où lui trouverai-je donc de l'argent en si peu de temps, moi qui puis dire qu'*il s'en faut beaucoup* que je *n'*aye un sou?

(Dacier, p. 428.) [11]

---

[1]) V. Littré, art. falloir, 4.   [2]) V. plus haut p. 27.   [3]) V. Littré, art. falloir 4.

[4]) „Enfin, s'il était question d'exprimer que la quantité qui devrait être dans un objet quelconque n'y est pas à beaucoup près, il faudrait dire: „il s'en faut de beaucoup", p. e.: „Vous croyez n'avoir tout rendu, *il s'en faut de beaucoup.*" (Acad., au mot Beaucoup; Boiste et M. Laveaux, Dict. des Diffic.). Mais si l'on avait à spécifier une grande différence entre deux personnes ou deux choses, il faudrait faire usage de „*il s'en faut beaucoup.*" (Girault-Duvivier.) Cf. Ploetz, synt. p. 110; Orelli p. 366.

[5]) V. Littré, art. falloir 4.

[6]) Quoique Littré dise (art. falloir 4) que dans cette construction le mieux est de ne pas mettre „ne", et bien que Girault-Duvivier (Gr. d. Gr. p. 870 et suiv.), Ploetz (synt. p. 288), Orelli (p. 365) etc. rejettent en ce cas la négative „ne" dans la proposition subordonnée, nous avons pourtant trouvé une grande quantité d'exemples où elle se trouve. — Maetzn. (synt. 1, p. 397): „zuweilen findet man nach „il s'en faut bien" im nebensatze „ne": Cet homme parait faire tout ce qu'il veut; mais *il s'en faut bien* qu'il *ne* fasse. Fénelon. Der allgemeine brauch ist dagegen."

[7]) V. Littré, art. falloir 4.   [8]) ibidem.   [9]) ibidem.   [10]) ibidem.

[11]) Phormio III, 3: „ . . Unde ego nunc tam subito huic argentum inveniam miser,
Cui minus nihilo est?

5*

Il s'en falloit bien que ce Maître de la Cavalerie *n'*eût la même douceur, et *ne* s'astreignît aux mêmes égards que son Dictateur. (Roll., hist. rom. XIV, p. 114.)

Les biens furent vendus: mais quelque grand qu'ils fussent, *il s'en fallut beaucoup* qu'ils *ne* suffissent pour payer ses dettes. (ibid. XIII, p. 146.)

Vous croyiez, en vous consacrant à des exercices charitables, aller au - delà de vos devoirs; et vous voyez que vous n'avez pas encore rendu un pour mille, et qu'*il s'en faut bien* que la compensation *ne* soit égale.
(Mass., d. s. l. oeuvres de mis. p. 340.)

Il ne s'en faut guère,[1])
la différence n'est pas grande.

Il ne s'en est guère fallu que je *ne* fusse trompé par son air de candeur. (Littré.)

Noz avons parlé de le (la) division des quemins, parce que noz regardons qu'il sont, *ne s'en faut gaires*, tout corrompu par le convoitise de cix (ceux) qui y marcissent (qui y sont limitrophes) Beaum. XXV, 3.
(Littré, falloir hist.)

Pour les moines, je ne pensais pas tout à fait comme eux; mais *il ne s'en fallait guère;* vous m'avez fait plaisir de me désabuser. (Sév., 22. juil. 1672.)[2])

Comme il en fut party et qu'il fut en un certain lieu que ceux du pays appellent les testes du Sar, *il ne s'en falut gueres* qu'une grande tourmente *ne* le noyast luy et toute son armée. (Malh. III, p. 379.)[3])

Il ne s'en faut de guère.[4])

Il ne s'en faut de guère que ce vase ne soit plein.
(Acad.)

Cette première entrevuë se passa avec toutes sortes de demonstrations de joye et d'amitié reciproque, mais *il s'en fallut beaucoup* que la suite *n'*y répondit.
(Lenfant, C. d. P. II, IV, p. 81.)

Quoique ce Concile semblât avoir toutes les qualitez requises pour un Concile Oecumenique, *il s'en falloit beaucoup* que tout le monde *n'*en fût content.
(Lenfant, C. d. P. III, 77, p. 301.)

Il s'en fallut bien que ce Prélat *ne* fût aussi bien reçu que Maramur en Allemagne, parce' qu'on était persuadé qu'il n'y venoit que pour brouiller.
(ibid. III, 19, p. 233.)

Que peut - on imaginer de plus digne des triomfes du grand Auguste que ces belles Odes, où il le loue avec tant de grace et de pompe, que chaque vers se peut apeler un ché - d'oeuvre de l'art? *Il ne s'en faut gueres* que celle qu'il adresse à Drusus et à Tibère ne réponde à la grandeur des victoires que ces vaillans Princes avoient gagnées.
(Malh. III, p. XXX, disc. de M. Godeau.)

On peut juger combien tout cela était beau! pas tout-à-fait comme chez M. de Treytoreus, mais *il ne s'en fallait guère.* (J.-J. Rouss., conf. I, 5, p. 187.)

---

[1]) La Grammaire des Grammaires dit (p. 842): „Guère vient du latin „gerere"; d'où „agger", tas, monceau. „Guère" réveille donc l'idée de „beaucoup"; mais comme cet adverbe ne s'emploie jamais sans être précédé de la négative, alors ainsi employé, il signifie „pas beaucoup, presque, presque point. (M. Lemare, page 1060 de son Cours de langue française)." L'éditeur P.-Aug. Lemaire y ajoute: „L'étymologie de cet adverbe nous paraît quelque peu basardée, d'autant plus que le mot français, loin de signifier „beaucoup", porte au contraire en lui-même le sens de „pas beaucoup", et la négative est complétée par „ne", comme pour les adverbes „nullement, aucunement, jamais, rien." Ploetz (synt. p. 59) explique „ne-guère" par „ne-grandem rem"; mais Diez (dict. I, p. 231) dit, il est vrai, que le mot provençal „granrén ou ganrén" a rapport à „grandis res", cependant „guère" ou „guères", vfr. gaires (Burg. gr. I, 333), prov. guaire, gaire, cat. gaire, it. guari vient du vieux haut-allemand „wâri" = verus.

[2]) V. Littré, art. falloir 5.

[3]) T.-Live (33, 41): Inde profectum cum ad capita quae vocant Sari fluminis foeda tempestas adorta *prope* cum omni classe demersit.

[4]) Vaugelas (remarques sur la langue françoise p. 207) dit: „Pour dire „gueres" simplement, il ne faut jamais dire „de gueres". comme par exemple „il ne s'en est de gueres fallu" ne vaut rien; on dit „il ne s'en est gueres fallu"; mais quand il denote une quantité comparée avec une autre, alors le „de" y est bon, comme si l'on mesure deux choses; et que l'une ne soit qu'un peu plus grande que l'autre, on dira fort bien „qu'elle ne la passe *de* gueres." Girault-Duvivier (Gr. d. Gr. p. 842 et suiv.) y ajoute encore: „L'Académie, dans son Dictionnaire, édition de 1798, ne parait pas approuver entièrement cette opinion, puisqu'elle fait observer que l'on dit quelquefois familièrement: „Il ne s'en faut de guère", pour dire „Il ne s'en faut guère"; cependant s'il nous est permis d'énoncer notre sentiment après cette imposante autorité, nous ferons remarquer que l'Académie étant d'avis, au mot „beaucoup", que l'on doit dire quand il s'agit simplement d'une différence sans comparaison: „Le cadet n'est pas si sage que l'aîné, il s'en faut beaucoup"; et que quand il s'agit d'exprimer que dans deux choses comparées entre elles la quantité n'y est pas, on doit dire: „Vous croyez m'avoir tout rendu, il s'en faut de beaucoup"; nous pensons, disons-nous, que par une conséquence de ce principe, on doit être autorisé à dire: „Il ne s'en faut guère qu'il ne soit aussi avancé que son

Il s'en faut peu,
Peu s'en faut.[1])
La différence en moins est petite, locution qui a pris le sens de „presque.“[2])

Peu s'en est fallu que je ne[3]) vinsse.[4])

Peu s'en fallut qu'il ne les adorast au lieu de Bacchus . . .

(Am., D. et Chl.. p. 119. 120.)[5])

Tant que *peu s'en faillit,* qu'il ne le defonçast.

(Rab., Pant. III, prologue.)[6])

Quand tout est dit, aussi mauluaise bague
(Ou *peult s'en fault)* que femmes de Paris,
Saulne l'honneur d'elles, et leurs maris.

(H. et B., p. 139, Marot.)

. . . tellement qu'*il s'en falut bien peu,* que les Grecs pour ceste ocasion bandez et mutinez les vns contre les autres, ne se ruinassent eux mesmes.

(H. et B., p. 117, Amyot.)

Peu s'en faut que vous n'ayez engraissé un étique.

(Balz., liv. VII, lett. 22.)[7])

Aussi le reçoit-il (le coup) *peu s'en faut* sans défense.

(Corn., Hor. IV, 2.)[8])

Peu s'en fallut que le soleil
Ne rebroussât d'horreur vers le manoir liquide.

(La Font., Fabl. XI, 3.)[9])

Peu s'en faut que d'amour la pauvrette ne meure.

(Mol., l'Ét. I, 6.)[10])

Un discours que rien ne lie et n'embarrasse, marche et coule de soi-même, et *il s'en faut peu* qu'il n'aille quelquefois plus vite que la pensée même de l'orateur.

(Boil., Traité du subl. ch. 16.)[11])

Avec quels yeux cruels sa rigueur obstinée Vous laissait à ses pieds *peu s'en faut* prosternée.[12])

(Rac., Phèd. III, 1.)[13])

Peu s'en faut que Mathan ne m'ait nommé son père.

(id. Athal. III, 6.)[14])

Peu s'en fallut qu'il n'interrompit Mentor.

(Fén., Tél. XII.)[15])

Plus, un luth de Bologne, garni de toutes ses cordes ou *peu s'en faut.*

(Mol., Av. II, 1.)

Peu s'en faut que mon coeur, penchant de son côté,
Ne me condamne encor de trop de cruauté.

(Rac., Mithr. IV, 5.)

Planude rapporte qu'*il s'en fallut peu* qu'on ne prit la fuite, tant il fit une effroyable grimace.

(La Font., fab. p. XXVIII.)

Mais vous-même vous croyez-vous sans aucun esprit? et si vous en avez, c'est sans doute de celui qui est beau et convenable; vous voilà donc un bel esprit; ou s'*il s'en faut peu* que vous ne preniez ce nom pour une injure, continuez, j'y consens, de le donner à Euripile, et . . .

(La Bruy., des jugemens p. 193.)

Dès que je fus habillé, ou *peu s'en falloit,* mon homme me fit précipitamment descendre.

(Montq., lett. pers.)

Peu s'en fallut que César ne recueillit dès le lendemain le fruit de sa douceur et de sa bonne conduite.

(Roll., hist. rom. XIII, p. 367.)

Néanmoins *peu s'en fallut* que les prières de Calpurnie sa femme . . ne le retinssent dans sa maison.

(ibid. XIV, p. 317.)

Comme on persévère dans l'usage des choses saintes, comme on vit exempt de grands crimes, comme on suit presque les mêmes routes que les Justes, *peu s'en faut* qu'on ne se croye Juste comme eux.

(Mass., anal. des Sermons p. 385.)

Peu s'en fallut que le Roi de Navarre ne donnât dans ce piége.

(Volt. I, p. 235.)

Peu s'en fallut qu'ils ne fussent la dupe de leur confiance.

(Lenfant, C. d. P. VII, 15, p 189.)

Peu s'en est fallu que la colonne du Dieu vivant n'ait été jettée par terre et que la nasselle du Souverain Pêcheur n'ait fait naufrage.

(ibid. VIII, 5, p. 251.)

Peu s'en fallut qu'elle (la maison d'Achab) n'entrainât celle des vois de Juda dans sa ruine.

(Boss., hist. univ. p. 18.)

Peu s'en fallut qu'ils ne renonçassent à l'espérance de leur Messie, qui leur manquoit dans le temps.

(ibid. p. 226.)

Il s'en fallut peu que la Pologne n'eût alors trois Rois, sans qu'on eût pu dire quel eût été le véritable.

(Volt., Charles XII, III.)

---

frère“; et „Il ne s'en faut de guère que ce vase ne soit plein.“ P.-A. Lemaire fait encore la remarque suivante: L'Académie, en 1835, semble adopter pleinement cette conclusion, puisqu'elle ne donne que ce dernier exemple pour l'expression „de guère“. En effet, le principe émis ici paraît extrêmement juste. Voyez ce qui a été dit au mot „beaucoup“ p. 836. A.-L.“

[1]) Comme „beaucoup s'en faut“, aussi „peu s'en faut“ se trouve mis en parenthèse et à la fin de la phrase. Cf. en outre plus haut p. 27 et Vaugelas p. 216.
[2]) Cf. faillir p. 25.
[3]) Cf. plus haut p. 28, observ. 5; Gr. d. Gr. 870; Maetzn. synt. 1, p. 397 rem.; Oll. p. 490; Orelli p. 365.
[4]) V. Littré, falloir 6.   [5]) V. plus haut p. 16.   [6]) V. plus haut p. 16.   [7]) V. Littré, art. falloir 6.
[8]) ibidem.   [9]) ibidem.   [10]) ibidem.   [11]) ibidem.
[12]) Voici la locution tout adverbiale; elle n'est à traduire que par „beinahe“, „fast“.
[13]) V. Littré, art. falloir 6.   [14]) ibidem.   [15]) ibidem.

Il a changé la face d'une partie de l'Europe, de la moitié de l'Asie, de presque toute l'Afrique, et *s'il s'en est bien peu fallu* que sa religion n'ait subjugué l'Univers.
(Volt. IV, p. 453.)

Il s'en fallut même fort peu que Jean XXIII. ne fût la dupe de sa mauvaise foi. (Lenfant, C. d. P. VI, 3, p. 88.)

Il s'en fallut peu que l'ambition naissante ne me tournât la tête, et que je ne fisse déjà le petit intendant. (J.-J. Rouss., conf. I, IV, p. 175.)

Peu s'en fallut que le vieux Thadue ne se prît à pleurer comme un enfant. (V. H., Bug-Jargal 1, p. 3.)

Tout le monde connait Tartuffe; tout le monde, ou *peu s'en faut*, a eu affaire avec Harpagon.
(Charles Nodier, t. litt. p. 309.)

Pour moi mes pieds m'ont presque manqué, et *il s'en est peu fallu* que mes pas n'aient glissé. (Ps. 73, 2.)[1]

Il s'en faut de peu

s'emploie quand il s'agit d'une différence en quantité.[2]

Il s'en faut de peu que ce vase ne soit plein. (Acad.)[3]

Tant s'en faut que,[4]
Il s'en faut tant que.

C'est une locution conjonctionnelle qui est synonyme de „bien loin que".

Tant s'en faut qu'il consente, qu'au contraire il fera tout pour l'empêcher.[5][6]

Mais Monsieur, *il s'en fault tant* que je puisse cela, que du fruict mesmes de ses estudes il n'avait encores iamais pensé d'en laisser nul tesmoignage à la postérité. (Magn., p. 126, Michel de Montaigne.)

Mais le premier poinct je nie, voyant l'occupation principale, voire unique et totale des bons Theologiens estre employtée par faits, par dits, par escrits, à extirper les erreurs et heresies *(tant s'en faut* qu'ils en soient entachés) et plâter profondement és coeurs humains la vraye et vive foy catholique. (Rab. Pant. III, 29.)

Tant s'en faut qu'il les vousist assaillir, ou de leurs estudes distraire. (ibid. III, 31.)

Esquelles *tant s'en faut* qu'on soit en danger de gelée, que lors mestier au monde n'est, qui tant soit de requeste comme est des faiseurs de friscades, et refrechisseurs de vin. (Rab. Pant. III, 33.)

Desadvouant mesme avoir sceu qu'il feust en estat de la maison du roy, ny cognen de luy, *tant s'en fault* qu'il le prinst pour ambassadeur. (Mont. Ess. I, 9.)

Il y en eut qui parlerent plus audacieusement, et luy reprocherent que sans eux les Romains n'eussent pas mis le pié dans la Grece, *tant s'en faut* qu'ils fussent venus à bout de Philippe.[7] (Malh. III, p. 367, 33e livre de Tite-Live.)

J'aurais bientôt répondu que cette maxime est elle-même un sujet de grandes disputes, *tant s'en faut* qu'elle soit claire et evidente. (Rev. Chrét. 1861, p. 256, rem.)

---

[1] וַאֲנִי כִּמְעַט נָטָיוּ רַגְלָי כְּאַיִן שֻׁפְּכָה אֲשֻׁרָי׃

[2] V. plus haut p. 30, r. 4; p. 31, rem. 4.

[3] Il y a une grande ressemblance entre les verbes „falloir (faillir)" et „δεῖ (δέω)" en grec. Δεῖ, es fehlt, es bedarf, comme „il s'en faut", n'est pas employé personnellement. Δέω est verbe personnel et signifie, comme „faillir" (v. plus haut p. 20) „ich ermangele"; mais il ne se construit qu'avec le génitif de notions numériques et avec les nombres au génitif. De même cependant on disait aussi: „πολλοῦ, ὀλίγου, μικροῦ δεῖ, es fehlt viel, wenig, il s'en faut de beaucoup, de peu (de guère). Πολλοῦ δεῖ τὰ φαινόμενα ἑκάστῳ ταῦτα καὶ εἶναι. Πλ. Cf. Krueger, gr. gr. synt. §. 47, 16, rem. 1. 2. 3.

[4] Cf. plus haut p. 27.

[5] Cf. Littré, art. falloir, 12: „Tant s'en faut qu'au contraire" s'emploie quelquefois par plaisanterie pour dire simplement „au contraire". — „Vous demandez si cette femme est jolie, tant s'en faut qu'au contraire", (Acad.) C'est une phrase elliptique: „Tant s'en faut qu'elle soit jolie, qu'au contraire elle est laide.

[6] Cf. Vaugelas rem. 391 et suiv.: „Un celebré Autheur a écrit: „la fin de ma misere ne peut venir d'ailleurs que de mon retour auprés de vous, qui est chose dont je vois le terme si esloigné, que tant s'en faut qu'en la tempeste où je suis, j'apprehende le naufrage; au contraire je pense avoir toutes les occasions du monde de le desirer. Je dis qu'en cette periode il manque un „que", qui doit estre mis immediatement aprés „naufrage", et devant „au contraire", et qu'il faut écrire: „qui est chose dont je vois le terme si esloigné, que tant s'en faut qu'en la tempeste où je suis, j'apprehende le naufrage, qu'au contraire je pense, etc." Ce qui a trompé ce fameux Ecrivain, et plusieurs autres aprés luy en de semblables rencontres, c'est le „que", qui est devant „tant s'en faut", qu'il a creu ne devoir pas estre repeté selon la regle que nous avons remarquée ailleurs. Mais il n'en est pas de même en cet exemple; car le „que", qui est devant „tant s'en faut", se rapporte à si éloigné, qui va devant, et qu'il faut necessairement dire aprés „si", et „tant s'en faut qu'en la tempeste etc." demande un autre „que" devant „au contraire", outre celuy qui se trouve dans ces paroles „qu'en la tempeste".

[7] Alii ferocius incusarunt, exprobraruntque non modo vinci sine Aetolis Philippum, sed ne transire quidem in Graeciam Romanos potuisse. (T.-Live XXXIII, ch. 35.)

Quand la personne à qui manque quelque chose, se trouve près de „falloir“, il nous faut traduire ce verbe par

2º. **noethig haben, brauchen**
(avoir besoin.) [1]

Cependant cette personne ne s'exprime pas par l'accusatif, comme il répondrait à la construction latine „fallit me“, mais par le datif en correspondant à l'emploi du verbe allemand „fehlen“ et en latin à la construction personnelle „mihi opus est“ [2], et pour la plupart par le **datif du pronom personnel conjoint**, quoiqu'il y ait aussi quelquefois au lieu de celui-ci un **substantif ou un autre mot**.

Non qu'*il me faille* gens d'avantage pour m'ayder à le conquester. (Rab., Pant. II, 31.)

Vous faut il (wuenschen sie, ist ihnen gefaellig) point de sauce verte? (ibid.)

Ne luy faites pas cette injure, de croire que si nous avons des monstres, *il nous faille* une autre épée que la sienne pour les exterminer. (Malh. III, p. 31; lettres I. 3.)

Et qu'un sceptre soit cru d'un si grand poids pour nous,
Que pour le soutenir *il nous faille* un époux.
(Corn., Don Sanche 1, 2.)

Il nous faudrait mille personnes
Pour éplucher tout ce canton.
(La Font. fab. 1, 8.)[3]

Ce n'était pas des intrigues de femmes qu'*il lui fallait*, c'était des entreprises à faire et à diriger. (J.-J. Rouss. conf. 1, 2; p. 50.)

En me montrant j'allais occuper de moi l'univers; non pas pourtant l'univers tout entiers, je l'en dispensais en quelque sorte, *il ne m'en fallait tant*; . . . favori du seigneur et de la dame, amant de la demoiselle, ami du frère et protecteur des voisins, j'étais content; *il ne m'en fallait pas* davantage. (ibid. 1, II, 44.)

Il me faut qui m'estime, *il me faut* des amis
A qui dans mes secrets tout accès soit permis.
(A. Chén. Élég. XII.)[4]

. . . *ausquelles il fault* tant de precautions de longue et prealable conversation. (Magn., p. 128, Montaigne.)

Mais cette peincture platonique est bien esloingnee de celle qu'*il fault à nos gents*. (Mont. Ess. I, 24.)

Je sais ce qu'*il faut à tous deux*. (Mol. Av. 1, 5.)

C'est une fille accoutumée à vivre de salade, de lait, de fromage et de pommes, et *à laquelle*, par conséquent, *il* ne *faudra* ni table bien servie ni consommés exquis, ni orges mondés perpétuels, ni les autres délicatesses, qu'il faudrait pour une autre femme. (Mol. Av. II, 6.)

Voilà déja trente pistoles que ma fille a de moi, je compte que je les donne pour sa nourriture, *il* en *faudra* trente autres pour les habits, et après cela *il* faudra *encore* mille écus pour la doter. (Dacier, l'Heautontin. 1, p. 260.)[5]

Enfin s'*il lui faut* un exemple, n'a-t-il pas son frère! (Dacier, les Adelphes 1, p. 311.)[6]

Souvent on choisit mal; on se repent, on change,
On trouve enfin ce qu'*il faut à son cueur*.
(Flor., th. Bl. et Verm. I, 1.)

Il faut toujours beaucoup de tems *aux hommes* pour leur apprendre qu'en tout ce qui est grand on doit revenir au naturel et au simple. (Volt. V, p. 387.)

Il n'en *falloit* pas davantage *à Labiénus* pour chanter victoire. (Roll., hist. rom. XIV, p. 155.)

Il faut un nouveau maitre au monde:
A ce sépulcre que je fonde
Il faut des ossemens nouveaux.
(V. H., fun. de Louis XVIII, II.)

Il nous faut ajouter ici ce que M. Littré dit (art. falloir 2 et 13):

„Il (falloir) se dit de l'argent à donner pour achat d'une marchandise, pour prix d'un salaire. — Combien vous faut-il pour votre marchandise, pour votre peine?“ [7] (wieviel bekommen Sie fuer Ihre waare, muehe? wieviel bin ich Ihnen schuldig?)

---

[1] Cf. Ploetz, synt. p. 368.

[2] Mais ce qui, au français, est nominatif ou accusatif (v. plus haut p. 27) est dans cette construction latine ablatif, p. e. „mihi opus est libris“, „ich brauche buecher“.

[3] V. Littré, art. falloir 1. [4] V. ibidem.

[5] Ch. Minas quidem iam decem habet a me filia,
Quas pro alimentis esse nunc duco datas;
Hasce ornamentis consequentur alterae;
Porro haec talenta dotis adposcet duo.
(Tér. heautontim. IV, 7.)

[6] . . . . Denique,
Si conferendum exemplum est, non fratrem . . .
(id. Ad. 1, 2.)

[7] Cf. Orelli p. 255.

G. *Combien d'argent vout faut-il?* dites.
Ph. *Il ne faut que* trois cents écus.
G. Trois cents écus? oh elle est fort chere, Monsieur.
(Dacier, p. 430.)[1]
J. . . . . Et je n'ai plus d'argent.
F. On vous en donnera; mais rendez vous traitable,

M. D. Et vous, monsieur Michel, serez-vous raisonnable?
Voyons, que vous faut-il?
M. . . . .
Il est de cent lonis, que vous m'allez compter.
(Andr. Ét. III, 5.

„C'est pour son nez, il lui en faut, se dit par ironie pour marquer qu'il ne mérite pas d'avoir ce qu'il demande.“

Quand ce qui manque, ce qui fait besoin est exprimé par un verbe, „falloir“ parvient à la signification de

3⁰. **nöethig sein, muessen**
(être nécessaire, de nécessité, de devoir, d'obligation.)
a. **Dans cette acception il est suivi de l'infinitif sans préposition.**

L'infinitif sans préposition, il est vrai, comme sujet logique n'est pas ordinairement usité près d'un sujet grammatical[2]); mais pourtant il s'emploie après les verbes suivants: il faut, il vaut mieux, il vaut autant, il semble, il fait bon, il fait beau.[3])

La personne qui doit faire quelque chose est supprimée, s'il n'y a pas de sujet déterminé ou si le sujet résulte du sens de la phrase.[4])

Et comme disoit Octavian Auguste qu'*il faut éviter* les mots espaves en pareille diligence que les patrons de navire évitent les rochers de mer. Rab., Pant. II, 6.)

Il fault apprendre soigneusement aux enfants de haïr les vices. (Mont. Ess. I, 22.)

Je sçay bien, Madame, que pour condamner vos larmes, *il faudroit ignorer* le plus juste ressentiment qui soit en la nature. (Malh., lettres I, 3.)

Que les parents sont malheureux, qu'*il*[5]) *faille*
Toujours *veiller* à semblable canaille. (La Font. fab. I, 19.)

Hélas! si vous m'aimez, si, pour grâce dernière,
Vous daignez d'une amante écouter la prière;
C'est maintenant, seigneur, qu'*il faut* me le[6]) *prouver.* (Rac., Iph. III, 6.)

Il dit de cet esclave, *il faut* le *punir,* et on le fouette; et de cet autre, il faut l'affranchir, et on l'affranchit. (d. l. Bruy. car. ch. V, p. 143.)

Cependant Galba flottait entre deux avis: celui de Vinius étoit qu'*il falloit armer* les Esclaves.[7]) (Rouss. Tac. c. 18.)

Dans la guerre que nous allons commencer, est-ce le temps de communiquer à tous chaque avis qu'on reçoit, et *faut-il délibérer* de chaque chose devant tout le monde.[8]) (ibid. p. 125.)

Il fallut la *prendre* au mot tandisqu'elle consentait encore à l'être, de peur qu'elle ne se mutinât et qu'elle ne le voulût plus. (J.-J. Rouss. conf. I, II, p. 60.)

Par exemple, qu'*il faille mettre* de quelques années plus tôt ou plus tard, ou la fondation de Rome, ou la naissance de Jésus-Christ: vous avez pu reconnaître que cette diversité ne fait rien à la suite des histoires, ni à l'accomplissement des conseils de Dieu. (Boss., hist. univ. p. 105.)

Il faut absolument conclure de tout ceci, que les distances . . . ne sont pas . . des choses visibles. (Volt. VI. 123.)

Il faut en général ne *se confier* qu'avec une extrême réserve à cette tentation de prendre un homme pour image, pour représentant d'une époque. (Guiz.. hist. mod. II, p. 292, leç. 22.)

Il quitta son armée, sans se faire remplacer, sans même, s'*il faut* (wenn man darf) en *croire* Davoust, communiquer à aucun de ses généraux l'ordre qu'il venait de recevoir. (Ség. Nap. IV, 6; p. 87.)

---

[1]) Ge. Quantum opus est tibi argenti? loquere. Ph. Solae triginta minae.
Ge. Triginta? hui percarast, Phaedria. (Tér. Phorm. III, 3.)
[2]) Cf. Ploetz, synt. p. 370 et Maetzn. gr. p. 470.
[3]) Cf. Ploetz, synt. p. 207; Orelli p. 254; Gr. d. Gr. p. 602; Oll. p. 177. 179; Gleim p. 247 et suiv.
[4]) Cf. Ploetz, synt. p, 368.
[5]) Est-ce la conjonction „que“ ou le relatif? en ce ces ce passage serait une preuve pour l'accusatif avec l'infinitif après il faut“ (v. plus bas).
[6]) Ce sont des régimes de „prouver“, bien entendu.
[7]) Interim Galbam duae sententiae distinebant. T. Vinius manendum intra domum, opponenda servitia . . censebat.
[8]) Imus ad bellum; num omnes nuntios palam andiri, omnia consilia cunctis praesentibus tractari, ratio rerum, aut occasionum velocitas patitur?

Messieurs, qui voulez des pucelles,
C'est à Robin qu'*il faut parler*.
(Bér., l'ami Robin.)

Il faut plutôt *obéir* à Dieu qu'aux hommes.
(Ap. V, 29.)[1]

C'était bien à vous premièrement qu'*il fallait annoncer* la parole de Dieu.
(Ap. XIII, 46.)[2]

Que *faut-il* donc *faire? il faut absolument assembler* la multitude des fidèles.
(Ap. XXI, 22.)[3]

Au reste *il faut* bien *prendre* garde qu'il ne sache rien de l'enfant, car j'ai promis de l'élever.
(Dacier, p. 49.)[4]

Présentement *il faut se marier*, vous voyez comme il a fixé son esprit au mariage.
(ibid. p. 53.)[5]

S'il arrive quelque desordre en cette affaire, *il ne faudra pas en aller* chercher l'auteur ailleurs.
(ibid. p. 55.)[6]

C'est un assemblage confus de libertins qu'*il faut assujettir* à l'obéissance, de lâches qu'*il faut mener* au combat, de téméraires qu'*il faut retenir*, d'impatients qu'*il faut accoutumer* à la constance.
(H. et B., p. 358 et 359, Fléchier.)

Aminandre dit en un mot, qu'*il faloit* si bien *faire* la paix, que lors que l'armée des Romains seroit retirée, la Grece demeurast assez forte pour conserver d'elle mesme la paix et sa liberté.
(Malh., VI. p. 316. T.-Live.)[7]

Il fault marcher en ces aultres amitiez la bride à la main, avecques prudence et precaution.
(Magn., p. 129, Montaigne.)

A l'endroit desquelles *il fault employer* le mot qu'Aristote avoit tresfamilier: „O mes amys! il n'y a nul amy."
(ibid.)

Je vous dis qu'*il faut songer* à mettre les affaires de votre ami en sûreté.
(Dacier I, p. 269.)[8]

Mais our cet argent que je vous ai dit que votre fille doit à Bacchis, *il faut* présentement le lui *rendre*.
(ibid. p. 276.)[9]

Il faut se défaire au plutôt de cette créature à quelque prix que ce soit.
(ibid. p. 370.)[10]

D. Eh *que faut-il donc faire* présentement?

M. Ce que la chose demande: *il faut faire* venir cette fille dans notre maison.

D. Oh Jupiter! est-ce là ce qu'*il faut* faire?
(ibid. p. 369.)[11]

U. E ce à moi qu'*il faut le demander?*
(ibid. p. 230.)[12]

Qu'est-ce donc, je vous prie et quelles les manieres, Clitiphon? est-ce ainsi qu'*il en faut user?* [13]
(Mme. Dacier I, p. 254.)

C'est ce qu'*il faut faire*.
(ibid. p. 441.)[14]

Chr. Et je vous prie, *que faut-il faire?*
(ibid. p. 281.)[15]

---

[1] Obedire oportet Deo magis quam hominibus.
Πειθαρχεῖν δεῖ θεῷ μᾶλλον ἢ ἀνθρώποις.
Man muss gott mehr gehorchen denn den menschen.
We ought to obey God rather than men. (Tetragl.)

[2] Vobis oportebat primum loqui verbum dei.
Ὑμῖν ἦν ἀναγκαῖον πρῶτον λαληθῆναι τὸν λόγον τοῦ θεοῦ.
Euch musste zuerst das wort Gottes gesagt werden.
It was necessary that she word of God should first have been spoken to you. (Tetragl.)

[3] Quid ergo est? utique oportet convenire multitudinem.
Τί οὖν ἐστι; πάντως δεῖ πλῆθος συνελθεῖν.
Was ist's denn nun? allerdinge muss die menge zusammenkommen.
What is therefore? the multitude must needs come together. (Tetragl.)

[4] Puerum autem ne resciscat mi esse ex illa, cautio est. (Andria II, 3.)

[5] Nunc uxore opus est: animum ad uxorem adpulit. (ibidem II, 6)

[6] Nam si hic malist quicquam, hem illic est huic rei caput. (ibidem.)

[7] Amynander Athamanum rex paucis sententiam absolvit: ita componendam pacem esse, ut Graecia etiam absentibus Romanis satis potens tuendae simul pacis libertatisque esset. (T.-Live XXXIII, 12.)

[8] . . . . Sy. Videndum est, inquam,
Amici quoque res, Clinia, tui in tuto ut conlocetur (Tér. Heautont. IV, 3.)

[9] . . . . Sed illud quod tibi
Dixi de argento, quod ista debet Bacchidi,
Id nunc reddendumst illi. (ibid. IV, 5.)

[10] . . . . quae quantum potest,
Aliquo abiicienda est, si non pretio, gratiis (Tér. Ad. IV, 7.)

[11] De. Quid nunc futurumst? Mi. Id enim quod res ipsa fert:
Illinc huc transferetur virgo. De. O Juppiter,
Istocine pacto oportet. (ibidem.)

[12] . . . . . . Mon rogas? (Tér. Heautont. II, 3.)

[13] Ch. Quid istuc, quaeso? qui istic mos est, Clitipho? itane fieri oportet. (Tér. Heautont. VII, 3.)

[14] Ch. Atqui ita opus facto est. (ibid. Phorm. IV, 5.)

[15] Cb. Cedo quid vis faciam? (ibid. Heautont. IV, 8.)

Je vois fort bien que tout ce que nous faisons est ridicule; mais quel moyen? *il faut servir* les gens à leur mode. Ne me voulez-vous plus rien? (ibid. p. 341.)[1]

Voilà comme *il faut faire.* (ibid. p. 255.)[2]

Il faut faire de la dépense auprès d'elle, si vous voulez vous conserver ses faveurs. (ibid. p. 208.)[3]

Il ne faut pas douter qu'il ne m'arrive bien du mal de tout ceci. (ibid. p. 199.)[4]

Je trouve qu'*il ne faut pas s'étonner* que vous ayez les inclinations honnêtes, et que nous ne les ayons pas. (ibid. p. 240.)[5]

Il ne faut que nous voir mon frère et moi pour être convaincu de cette vérité. (ibid. p. 382.)[6]

Mon frère, c'est maintenant qu'*il faut avoir* du courage, et payer de présence d'esprit. (ibid. p. 464.)[7]

C'est ici qu'il nous faut insérer la phrase que nous avons trouvée dans Littré, art. falloir, 7: „Il faut voir", il est nécessaire de voir, il faut examiner. Avant de se prononcer il faut voir. — Familièrement: Il faut voir, il est curieux, intéressant de voir. Il faut voir ce que cela deviendra.

Ils (les scélerats) craignent d'abord le faire (le crime), mais enfin leur intérêt les y oblige, et *il faut voir* leur impudence et entendre les impertinens discours qu'ils tiennent alors. (Dacier, 1, p. 71.)[8]

„Il faut voir" se rejette quelquefois à la fin du membre de phrase, en forme d'exclamation. — On les battit, il faut voir!

Allons, tout coup vaille, *il faut voir,*
Et je ne m'en saurais défendre. (Mol., Amphitr. II, 3.)

Le M. Parbleu! chevalier, te voilà mal ajusté.
D. *Il faut voir.* (Mol., cr. d. l'éc. d. f. sc. 7.)

On dit dans un sens analogue:
aussi faut-il voir.

Il a fait l'insolent, *aussi faut-il voir* comme on l'a traité. (Littré.)

Aussi il falloit voir combien le Roi me remercioit des moindres choses que je faisois. (Dacier I, p. 144.)[9]

C'est ce qu'il faudra voir

se dit pour répondre à une folle menace. — Il dit qu'il m'empêchera de passer, c'est ce qu'il faudra voir (Littré) (das wollen wir doch 'mal sehen!).

Qu'il nous soit permis d'alléguer encore à part la locution
il faut mieux
(es ist besser).

J'ai toujours trouvé qu'*il fallait mieux* pour nous autres demeurer au public. (Mol. mal. imag. II, 6.)

Dans quelques grammaires qui étaient à notre disposition, p. e. dans Ploetz (synt. p. 368) nous avons lu que la personne qui doit faire quelque chose peut se mettre au datif,

---

[1] Inepta haec esse, nos quae facimus, sentio:
Verum quid facias? ut homost, ita morem geras.
Numquid vis? (id. Ad. III, 4.)
[2] Sy. Recte sane. (id. Heautont. III, 3.)
[3] Quod des paullumst; et necesse est multum accipere Thebaidem,
Ut tuo amori suppeditare possit, sine sumptu tuo. (id. Eun. V, 8.)
[4] Pa. Non dubium est quin mihi magnum ex hac re sit malum. (id. ibid. V. 5.)
[5] Et vos esse istiusmodi, et nos non esse, haud mirabilest. (id. Heautont. II, 4.)
[6] Id esse verum, ex me atque ex fratre cuivis facilest noscere. (id. Ad. V, 4.)
[7] Animo virili praesentique ut sis, para. (id. Phorm. V, 8.)
[8] Post ubi tempus promissa iam perfici,
Tum coacti necessario se aperiunt:
Et timent: et tamen res premit denegare:
Ibi tum eorum impudentissima oratio est. (id. Andr. IV, 1.)
[9] . . . . Th. Vel rex semper maxumas
Mihi agebat quicquid fecerat; aliis non item. (id. Eun. III, 1.)

quand elle est exprimée par un pronom personnel de la première ou de la deuxième personne[1]), et qu'il n'y a pas d'autre pronom personnel régime. Et en effet, il semble que ce soit la règle générale.

Car doresnavant que tu deviens homme et te fays grand, *il te fauldra* yssir de ceste tranquillité et repons d'estude, et apprendre la chevalerie et les armes.

(Magn., p. 96, Rabelais.)

Il me fallut travailler l'espace deplus d'un mois, nuit et iour . . . (ibid. p. 154, Bern. Palissy.)

Quand j'eus deffait le dit fourneau, il fallut eriger l'autre qui ne fut pas sans grand peine: d'autant qu'*il me falloit* aller querir l'eau, le mortier et la pierre, sans aucun ayde et sans aucun repos. (ibid. p. 156, id.)

Contre celle-là *il vous a fallu* employer des soins et des veilles, qui ont mis vostre santé en danger.

(Malh., lett. II, 1.)

Pour votre bien, et pour le nôtre,
Seigneur, *il vous la faut* garder.

(H. et B. p. 213, Voiture.)

Pendant deux jours *il me faudra* demeurer seul ici sans elle? (Dacier I, p. 166.)[2]

Que, quoi qu'on puisse faire, *il ne te faut pas* croire
Que jamais tes appas sortent de sa mémoire.

(Mol., éc. d. m. II, 9.)

Il me faut à Sabine en porter la nouvelle.

(Corn., Hor. IV, 3.)

Et ainsi encore je pensay que pourceque nous avons tous esté enfans avant que d'estre hommes, et qu'*il nous a fallu* long temps estre gouuernez par nos appetits . . . il est presque impossible que . . .

(H. et B., p. 215, Descartes.)

Loin de trembler pour Albe, *il vous faut* plaindre Rome,
Voyant ceux qu'elle oublie, et les lois qu'elle nomme.

(Corn., Hor. II, 1.)

Il me faut suivre ici Brutus et la Princesse.

(Volt., Brut. III, 6.)

S'*il m'a fallu* le perdre, il a reçu du moins
Jusqu'à son dernier jour ma tendresse et mes soins.

(Barthe, p. 307, Ducis.)

Pourtant nous avons trouvé plusieurs passages dans de bons auteurs, où se trouve dans cette construction le pronom personnel conjoint de la troisième personne; le datif d'un substantif, il est vrai, ne semble jamais s'y trouver.

Là où . . . les responses improuveues de sa partie adverse le reiectent de son bransle, où *il lui fault* sur le champ prendre nouveau party. (Mont. Ess. I, 10.)

Il s'estoit rencontré fort à propos pour les Romains, que lors qu'*il leur falut* avoir la guerre contre Philippe celle qu'ils avoient contre Carthage estoit terminée.

(Malh. III, p. 335.)[3]

Que, quelque arrêt des cieux qu'*il lui faille* subir,
Son sort est de t'aimer jusqu'au dernier soupir.

(Mol., éc. d. m. II, 9.)

Il leur fallut traverser les mers inconnues et braver sans cesse de nouveaux dangers.

(Barthél., v. en G. introd. p. 4.)

Qu'*il lui faille*, en décembre,
Souffiler, faute de bois,
Dans ses doigts,
Il dit: Moi, je m'en ris . . .

(Bér., le petit homme gris.)

Il nous faut encore faire remarquer qu'il arrive très-souvent, surtout dans les écrivains prosateurs des siècles antérieurs et dans presque tous les poëtes, aussi dans ceux de nos jours, que dans les phrases où il y a deux verbes le pronom se trouve mis devant le verbe régissant auquel il n'appartient pas, au lieu d'être devant le verbe régi auquel il appartient.[4]) Ce qui arrive aux autres verbes, arrive aussi à „falloir", bien entendu.

Il y a même beaucoup de passages où deux pronoms régimes (celui de la personne qui

---

[1]) Cf. contre: Oll. p. 178; Orelli p. 254.

[2]) . . . . Hem, biduum hic
Manendumst soli sine illa? . . . (Tér. Eun. IV, 2.)

[3]) Non tam in tempore Punicum bellum terminatum erat, ne simul et cum Philippo foret bellandum, quam opportune iam Antiocho ex Syria movente bellum Philippus est superatus. (T.-Live, 33, 19.)

[4]) La Grammaire des Grammaires dit (p. 384): „alors (au XVIe et XVIIe siècle) beaucoup de poëtes se permettaient cette licence, et à présent même on ne doit pas la regarder comme une faute." Toujours cela a lieu près des verbes „faire, laisser, sentir, entendre, voir", quand ils sont suivis d'un infinitif (v. Ploetz, synt. p. 293). Cf. aussi Maetzn. synt. II, p. 301; Gr. d. Gr. p. 318.)

doit faire qch. et celui du verbe régi) l'un près de l'autre se trouvent devant „falloir“, quand il est suivi de l'infinitif; par conséquent, le sens de la phrase devient souvent ambigu.[1][2]

> C'est l'attente du ciel, *il nous la faut* remplir.
> (Corn., Pol. II, 6.)

> Ce n'est plus de sa main qu'*il nous le faut* attendre;
> Il est, il est à nous, si nous osons le prendre.
> (ibid. Rod. II, 4.)

La même chose peut avoir lieu, quand le verbe régi est pronominal[3]), et alors „falloir“ se conjugue avec „être“, comme s'il était lui-même verbe réfléchi.[4]

> Les premiers pourront continuer leurs impertinences tout à leur aise, et je n'estime pas qu'*il se faille* beaucoup soucier du mépris de ceux, desquels on doit rejeter l'approbation.
> (Malh. III, disc. de M. Godeau XXXVj.)

> Mais que leurs voisins remuans, *il ne se falloit* pas imaginer qu'ils demeurassent les bras croisez.
> (Malh. III, p. 340; l. XXXIII de T.-Live.)[5]

> Davantage, qu'estans les Etoljens d'une humeur inquiète, *il ne se faloit* pas imaginer qu'en un temps où ils estoient mal avecque les Romains, lors qu'il se feroit quelque remuëment, ils ne voulussent estre de la partie.
> (ibid. p. 386.)[6]

> Cela fait, Dicearque député de Platées, proposa qu'*il se faloit* ranger au party des Romains. (ibid. p. 297.)[7]

> . . . . Pourquoi délibérer?
> De tous les deux, madame, *il se faut* assurer.
> (Rac., Athal. II, 5.)

> Ah! je ne dis plus rien. Voyez-vous? voilà une raison tout à fait convaincante; *il se faut* rendre à cela.
> (Mol., Av. I, 7.)

> *Il ne se faut* jamais moquer des misérables:
> Car qui peut s'assurer d'être toujours heureux?
> (La Font. fab. V, 27.)

> En ce monde *il se faut* l'un l'autre secourir.
> (La Font. fab. VI, 16.)

Revenons à présent à l'opinion de quelques grammairiens dont nous avons fait mention à la page précédente, pour faire remarquer que, dans ce cas, il ne faut pas prendre ces pronoms pour des datifs, mais pour des accusatifs, parce que nous avons trouvé des passages où, comme un pléonasme autorisé[8]), le **pronom personnel absolu** est ajouté au pronom conjoint, pour lui donner une plus grande vigueur, pourtant pas au datif (car il manque la préposition à[9]), mais à l'**accusatif**.

> Car il falloit que je maçonnasse tout seul, que ie destrempasse mon mortier, que ie tirasse l'eau pour la destrempe d'iceluy, aussi *me failloit moi-mesme* aller querir la brique sur mon dos, à cause que je n'avois nul moyen d'entretenir un seul homme pour m'ayder en cest affaire.[10]
> (Magn., p. 154, Bern. Palissy.)

> Mais je ne vis jamais une froideur pareille:
> De ta femme *il fallut moi-même* t'aviser;
> Et lorsque je fus te baiser,
> Tu détournas le nez et me donnas l'oreille.
> (Mol., Amph. II, 3.)

> Non, seigneur: je vous hais d'autant plus qu'on vous aime,
> D'autant plus qu'*il me faut* vous admirer *moi-même*.
> (Rac., Alex. IV, 2.)

Quoiqu'il en soit, il y a donc des cas où l'accusatif avec l'infinitif se trouve près de „falloir“, et en conséquence il y a la plus grande ressemblance entre ce verbe et celui de

---

[1]) Dans les anciens auteurs il arrive souvent que l'accusatif du pronom de la troisième personne se place devant le datif de la première ou de la deuxième personne. (Cf. Maetzn. synt. II, p. 341.)

[2]) Malgré la règle que donne M. Ploetz (synt. p. 368), cf. plus haut p. 120.

[3]) V. Gr. d. Gr. p. 335 et suiv.

[4]) Littré (art. falloir, 7) dit: „Dans le XVIIe siècle, quand „falloir“ était suivi d'un verbe réfléchi, on mettait le pronom avant „falloir“, et alors „falloir“ aux temps composés prenait la conjugaison des verbes réfléchis. — Cette construction pourrait très-bien s'employer encore.“

[5]) . . . . et quae nondum animos nudaverint, ad finitimorum motus consurrectura. (T.-Live, 33, 21.)

[6]) Neque enim ne Aetolos quidem quieturos, cum ingenio inquietam tum iratam Romanis gentem. (ibid. ch. 44.)

[7]) Rogatio inde a Plataeensi Dicaearcho lata recitataque de societate cum Romanis iungenda, nullo contra dicere audente, omnium Boeotiae civitatum suffragiis accipitur iubeturque. (ibid. ch. 2.)

[8]) Cf. Gr. d. Gr. p. 1014. [9]) Cf. Maetzn. gr. p. 444. [10]) V. plus haut p. 12.

δεῖν dans l'acception de „ manquer " [1]) non-seulement, mais aussi entre „ il faut " et δεῖ, man muss, de même que χρή et en latin opus est [2]), necesse est, oportet. Car tous ces verbes sont suivis de l'accusatif avec l'infinitif [3]), mais tous admettent, à l'exception de „ oportet ", aussi le datif avec l'infinitif [4]), quoique, il est vrai, rarement; et quand la personne qui doit faire quelque chose est supprimée, ils régissent l'infinitif seul. Entre „ falloir " et les verbes latins que nous venons d'alléguer, l'analogie devient encore plus grande, quand nous mettons en considération que oportet et necesse est régissent quelquefois le subjonctif, et que necesse est et opus est peuvent aussi être suivis de la conjonction ut avec le subjonctif. [5]) L'analogie, avons-nous dit, devient plus grande; car „ falloir " dans la signification de „ noethig sein, muessen " est aussi, et cela pour la plupart, pour l'ordinaire [6]), quand la personne qui doit faire quelque chose est exprimée.

b. suivi de la conjonction que avec le subjonctif. [7])

Cette personne qui doit faire quelque chose devient le sujet de la proposition subordonnée [8]), mais elle n'est jamais mise au datif ou à l'accusatif devant „ faut ".

Il prévoyait d'ailleurs que si Philippe estoit mort, et la puissance des Macedoniens détruite, *il faloit que* la Grece tombast en la domination des Etoliens.

(Malh. III, p. 316.) [9])

Mais franchement et sans rien déguiser on leur declara qu'*il falloit que* leur maistre desemparast les villes qu'il tenoit en Asie. (id. ibid. p. 364.) [10])

Qu'il faloit qu'il rendist toutes les villes qu'il avoit prises à Ptolomée. (Malh. III, p. 376.) [11])

Vous voyez donc que pour sauver la maison d'Autriche . . *il a fallu que* la fortune ait fait depuis trois miracles.

(H. et B., p. 211, Voiture.)

Il faut que de ces sept, il n'y ait aucun qui ait esté offensé par le criminel, de peur que la passion n'altere ou ne corrompe son jugement.

(H. et B., p. 220, Pascal, sur l'homicide.)

Oui, *il faut qu'*une fille obéisse à son père. *Il ne faut* point *qu'*elle regarde comme [12]) un mari est fait, et lorsque la grande raison de sans dot s'y rencontre, elle doit être prête à prendre tout ce qu'on lui donne.

(Mol., Av. 1, 9.)

Voici le temps qu'*il faudra que* je vive à la fantaisie des autres. (Dacier, p. 27.) [13])

---

[1]) Cf. plus haut p. 33. [2]) Cf. aussi plus haut p. 34, r. 2.

[3]) Cf. Madvig, synt. gr. § 36, rem. 3; p. 40; Zumpt gr. lat. § 600, p. 476.

[4]) Cf. Madwig, synt. gr. ibid.; Krueger, gr. gr. synt. § 48, 7, rem. 3. 4, p. 62; Zumpt gr. lat. § 601, p. 477.

[5]) Zumpt gr. lat. § 625, rem. p. 496.

[6]) Cf. Öll. p. 178. Plusieurs grammairiens recommandent cette construction pour tous les cas où la personne qui doit faire qch. n'est pas supprimée, quoique, comme nous avons vu, il y ait nombre d'exemples dans lesquels se trouve pourtant l'infinitif après „ il faut ".

[7]) Concernant le subjonctif (Ploetz, synt. p. 186) après la conjonction que (Ploetz, synt. p. 189 et pour le comma devant „ que " Orelli p. 442), elle est suivie de ce mode après tous les verbes impersonnels, à l'exception de ceux qui expriment une certitude (il est sûr, certain, etc.), une vraisemblance (il est vraisemblable, probable) ou un fait positif (il arrive, il s'ensuit); pourtant quand ils se trouvent à la forme interrogative ou qu'ils sont accompagnés d'une négation, aussi les verbes de ces trois dernières classes demandent-ils le subjonctif (cf. Ploetz, synt. 192. 370; Gr. d. Gr. p. 670). Quelquefois nous avons trouvé, du moins en apparence, l'indicatif : Mon amy, vous nous demandez conseil, mais premier faut que vous-mesmes vous conseillez (Pant. III, 30). Quiconque entrepenoit l'accusation de quelqu'un pour cas qui meritent mort, falloit que tout d'une main, il offrit verifier le crime par armes de sa personne (Magn. p. 168, Ét. Pasquier). Il faloit pour son sistême que l'eau eut dissous, en cent-cinquante jours, toutes les pierres (Volt. VI, 7). Les philosophes disoient qu'il faloit bien cependant que la méditerranée eut été produite . . . (Volt. VI, 11). — Mais les deux premiers sont des exemples du XVIe siècle, et les deux autres passages se trouvent, il est vrai, dans Voltaire; cependant c'est l'imparfait du subjonctif où l'imprimeur a oublié le circonflexe, puisque d'ordinaire la troisième personne du singulier de ce temps a cet accent aussi dans l'édition que nous avons sous les yeux. Une autre édition, malheureusement, n'est pas à nos ordres.

[8]) Cf. Ploetz, synt. p. 368.

[9]) Et Philippo sublato, fractis opibus Macedonici regni Aetolos habendos Graeciae dominos censebat. (T.-Live 33, 11.)

[10]) Sed aperte denuntiatum, ut excederet Asiae urbibus, quae Philippi aut Ptolemaei regum fuissent, abstineret liberis civitatibus. (ibid. ch. 34.)

[11]) Restitui (que) et Ptolemaeo omnes civitates quae dicionis eius fuissent aequum censebant. (ib. ch. 39.)

[12]) Molière et ses contemporains ne distinguaient pas aussi exactement que notre siècle „comme" et „comment".

[13]) Prope adest, quum alieno more vivendumst mihi. (Tér. Andr. 1. 1.)

Ho bien, puisqu'*il faut que* je me marie, j'ai trouvé moi-même à peu près celle que je veux. (ibid. p. 301.)[1]

Mais *il faut que* ce soit tout à l'heure.
(Dacier, p. 77.)[2]

Il faut que nous passions toute cette journée dans la joye et dans le plaisir. (ibid. p. 326.)[3]

Mais *il faut que* j'aye Phormion pour second.
(ibid. p. 431.)[4]

Il faut que je lui dise que je trouverai tout à l'heure quelque chose pour le tirer de cet embarras.
(ibid. p. 69.)[5]

Mais *il* ne *faut* pas *que* j'en dise trop.
(ibid. p. 225)[6]

Je ne demande pas mieux, mais auparavant *il faut que* tu me remettes en l'état où j'étois avant tes conseils.
(ibid. p. 74.)[7]

Rien moins que cela, au contraire, *il faut que* vous augmentiez ce soupçon de plus en plus. (ibid. p. 148.)[8]

Il faut que vous vous imaginiez que tout ce que je vous dis, c'est mon fils qui le dit, autrement je le chasserai de ma maison avec cette femme. (ibid. p. 417.)[9]

Il faut que tu me la fasses avoir de quelque maniere que ce soit, ou par force, ou par adresse, ou par prieres, il n'importe, pourvû qu'elle soit à moi.
(ibid. p. 137.)[10]

Il faut que tu sois yvre, en verité. (ibid. p. 85.)[11]

Il auroit fallu que j'eusse été celui de qui je portois l'habit. (ibid. p. 163.)[12]

Mais à présent, Monsieur, *il faut* à votre tour *que* vous vous donniez à moi. (ibid. p. 268.)[13]

Mais le jour est déjà bien avancé, *il faut que* j'aille avertir notre voisin Phania de venir souper avec nous, je vais voir s'il est chez lui. (ibid. p. 222.)[14]

Il faut que ce soit quelqu'un de connoissance, puisqu'il nous menace. (ibid. p. 456.)[15]

Il faut que je fasse en sorte que la femme de Pamphile retourne avec lui. (ibid. p. 557.)[16]

Mais *il faut* nécessairement *qu'*il le sache, afin qu'il aille secourir son fils. (ibid. p. 197.)[17]

Et si vos affaires, ma soeur, sont semblables aux miennes, et *qu'il faille* (wenn es der fall sein sollte) *que* notre père s'oppose à nos désirs, nous le quitterons là tous deux, et nous affranchirons de cette tyrannie où nous tient depuis si longtemps son avarice insupportable.
(Mol., Av. 1, 2.)

Il ne *faut* pas *qu'*il sache rien de tout ceci.
(Mol., G. Dand. 1, 2.)

Il faut même *que* dans les grandes accusations, le criminel, concurremment avec la loi, se choisisse des juges.
(Montq. espr. d. l. H. et B. p. 418.)

Ah, juste ciel, que *faut-il que* je fasse.
(Volt., Nanine 1, 1.)

Il faut absolument *que* la nature de ce globe ait été tout autre qu'elle n'est aujourd'hui.
(Volt. VI, p. 11.)

Il faut que vous vous apaisiez et que vous ne fassiez rien imprudemment. (Ap. 19, 36.)[18]

Le père connaît les besoins de son fils; *faut-il* à cause de cela *que* le fils n'ait jamais une parole de demande et d'actions de grâces pour son père? (darf, soll deshalb nicht?)
(H. et B., p. 659. Lamennais, la prière.)

*Il faut qu'*enfin l'esprit venge
L'honnête homme qui n'a rien.
(Bér., les gueux.)

Le masque approche: c'est Angélo lui-même; le drôle entend bien son métier; il *faut qu'*il soit sûr de son fait. (er muss wohl . .) (V.-H., Han d'Isl. III, 1, épigraphe.)

---

[1] Cl. Immo, quandoquidem ducenda est, egomet habeo propemodum Quam volo. (id. Heautontim. V, 5.)
[2] My. Quapropter. Da. Ita facto 'st opus. My. Matura. Da. Jam inquam hic adero. (id. Andr. IV, 2.)
[3] Ct. Ita quaeso: quando hoc bene successit, hilarem hunc sumamus diem. (id. Ad. II, 4.)
[4] Sed opus est mihi Phormionem ad hanc rem adiutorem dari. (id, Phorm. III, 3.)
[5] Dicam aliquid iam inventurum, ut huic malo aliquam producam moram. (id. Andr. III, 5.)
[6] Ch. Illene? Sed reprimam me: nam in metu esse hunc, illi est utile. (id. Heautontim. I, 2.)
[7] Pa. Cupio: restitue, quem a me accepisti locum. (id. Andr, IV, 1.)
[8] Gn. Nil minus. Immo auge magis suspicionem. (id. Eun. III, 1.)
[9] De. Omnia haec Illum putato, quae ego nunc dico, dicere : Aut quidem cum uxore hac ipsum prohibebo domo. (id. Phorm. II, 3.)
[10] Ch. Hanc tu mihi vel vi, (vel clam,) vel precario Fac tradas: mea nihil refert, dum potiar modo. (id. Eun. II, 3.)
[11] My. Tu pol homo non es sobrius. (id. Andr. IV, 4.)
[12] Tum pol ego is essem vero, qui adsimulabar. (id. Eun. III, 5.)
[13] Sy, Ita credo: sed nunc, Clinia, age, da te mihi viciosim. (id. Heautontim. IV, 3.)
[14] . . . . sed ut dici tempus est, Monere oportet me hunc vicinum Phaniam, Ad cenam ut veniat. (id. ib. 1, 1.)
[15] Ge. Familiariorem oportet esse hunc : minitatur malum. (id. Phorm. V, 6. 7.)
[16] . . . Pamphilo me facere ut redeat uxor Oportet. (id. Hec. V, 2.)
[17] . . . Dicam hercle: etsi mihi magnum malum Scio paratum: sed necesse est, huic ut subveniat. (id. Eun. V, 4.)
[18] Oportet vos sedatos esse et nihil temere agere. — Δέον ἐστὶν ὑμᾶς κατεσταλμένους ὑπάρχειν καὶ μηδὲν προπετὲς πράττειν. — So sollt ihr ja stille sein und nichts unbedacchtiges handeln. — Ye ought to be quiet, and to do nothing rashly. (Tetragl.)

Il faut donc *que* . . . quelqu'un d'entre eux soit témoin avec nous de sa résurrection.   (Ap. 1, 21. 22.)[1]

Il est vrai que, pour moi, j'ai cru qu'*il fallait que* je fisse de grands efforts contre le nom de Jésus le Nazarien.   (ibid. 26, 9.)[2]

Moïse et les prophètes ont prédit . . . . qu'*il fallait que* le Christ souffrît, et qu'il fût le premier des ressuscités.   (ibid. v. 23.)[3]

C'est pourquoi *il a fallu qu'*il fût semblable en toutes choses à ses frères.   (Hébr. 2, 17.)[4]

Il a donc *fallu que* les choses qui représentaient celles qui sont dans le ciel fussent purifiées de cette manière; mais que les célestes fussent purifiées par des sacrifices plus excellens.   (Hébr. 9, 23.)[5]

D'une même bouche sont la bénédiction et la malédiction. *Il ne faut* point, (es ziemt sich nicht) mes Frères *que* cela soit ainsi.   (S. Jacques 3, 10.)[6]

Quoiqu'il s'y trouve quelquefois l'infinitif au lieu de la conjonction que, pourtant c'est ici qu'il faut faire mention des locutions suivantes:

> Si faut-il que,
> Encore faut-il que[7]   } locution conjonctionelle.

signifiant „il est nécessaire, malgré tout, que . . .". — Je veux bien le croire innocent, si faut-il qu'il s'explique. — Encore faut-il que je sache à quoi m'en tenir.[8]

Doncques avant qu'entrer en despense, presupposé vostre païs estre sain, *encores faudra-t-il* en choisir la partie la plus salutaire . . .   (Magn., p. 163, Ol. de Serres.)

Ma Bonne, j'écris sans mesure, *encore faut-il finir*.   (Sév. lettre 69, p. 252.)

Cours tant que tu voudras de côté et d'autre; *si faut-il* toûjours trouver de l'argent, et tendre quelque piege au bon homme.   (Dacier, p. 250.)[9]

Mais enfin *si faudra-t-il* toûjours du tems pour les préparatifs des noces.   (ibid. p. 440.)[10]

Mais *encore*, Simon, *faut-il* l'écouter.   (ibid. p. 98.)[11]

Cette licence ne peut regarder qu'un très-petit nombre de mots terminés en u, us, ut, is, it, ir: *encore faut-il* en user avec beaucoup de ménagement, et quand on y est absolument forcé par la disette de la rime.   (Boiste, traité de versif. franç. p. 122.)

Faut-il? fallait-il? etc.

Cette phrase s'emploie pour exprimer un regret. — Fallait-il qu'il entreprît ce fatal voyage? — Faut-il m'être engagé dans cette affaire? — Faut-il voir tant de misère?[12] (muss man soviel elend sehen! dass man auch soviel elend sehen muss.)

---

[1] Oportet ergo . . . testem resurrectionis eius nobiscum fieri unum ex istis. — Δεῖ οὖν . . . μάρτυρα τῆς ἀναστάσεως αὐτοῦ γενέσθαι σὺν ἡμῖν ἕνα τούτων. — So muss nun . . . einer ein zeuge seiner auferstehung mit uns werden. — Wherefore . . . must one be ordained to be a witness with us of his resurrection.   (Tetragl.)

[2] Et ego quidem existimaveram, me adversus nomen Jesu Nazareni debere multa contraria agere. — Ἐγὼ μὲν οὖν ἔδοξα ἐμαυτῷ πρὸς τὸ ὄνομα Ἰησοῦ τοῦ Ναζωραίου δεῖν πολλὰ ἐναντία πρᾶξαι. — Zwar ich meinte auch bei mir selbst, ich muesste viel zuwider thun dem namen Jesu von Nazareth. — I verily thought with myself that I ought to do many things contrary to the name of Jesus of Nazareth.   (Tetragl.)

[3] Si passibilis Christus, si primus ex resurrectione mortuorum lumen annunciaturus est populo et gentibus. — Εἰ παθητὸς ὁ Χριστός, εἰ πρῶτος ἐξ ἀναστάσεως νεκρῶν φῶς μέλλει καταγγέλλειν τῷ λαῷ καὶ τοῖς ἔθνεσιν. — Dass Christus sollte leiden und der erste sein . . . und verkuendigen. — That Christ should suffer and that he should be. (Tetr.)

[4] Unde debuit per omnia fratribus similari. — Ὅθεν ὤφειλε κατὰ πάντα τοῖς ἀδελφοῖς ὁμοιωθῆναι. — Daher musste er alledinge seinen bruedern gleich werden. — Wherefore in all things it behoved him to be made like unto his brethren.   (Tetragl.)

[5] Necesse est ergo exemplaria quidem coelestium his mundari. . . — Ἀνάγκη οὖν, τὰ μὲν ὑποδείγματα τῶν ἐν τοῖς οὐρανοῖς τούτοις καθαρίζεσθαι . . . — So mussten nun der himmlischen dinge vorbilder mit solchem gereiniget werden. — It was therefore necessary that the pattern of things in the heavens should be purified with these. . . (Tetragl.)

[6] . . . Non oportet, . . haec ita fieri. — Οὐ χρὴ ταῦτα οὕτω γίνεσθαι. — Es soll nicht . . also sein. — . . These things ought not so to be.   (Tetragl.)

[7] Cf. Littré, art. falloir, 11.   [8] ibidem.

[9] Hac illac circumcursa: inveniendum st tamen Argentum: intendenda in senem est fallacia.   (Tér. Heautontim. III, 2.)

[10] Spatium quidem tandem apparandis nuptiis, Vocandi, sacrificandi dabitur paululum.   (ibid. Phorm. IV, 4.)

[11] Tamen, Simon, audi. (id. Andr. V, 3.)   [12] V. Littré, art. falloir, 7.

Seigneur Dieu, *faut-il* que je me contriste encore?
(Rab., Pant. II, 3.)

Faudra-t-il que vostre lit conjugal soit incesté et contaminé par Moinerie?
(Ibid. III, 44.)

Faut-il que sur le front d'un profane adultère,
Brille de la vertu le sacré caractère.
(Rac. Phèdre, IV, 2.)[1]

Ah! je suis au désespoir: son mal augmenté! *Faut-il* que par ta sottise cette pauvre femme et moy soyons accablez de chagrins?
(Dacier, p. 76.)[2]

Amph. Ne m'accompagne pas,
Et demeure ici pour m'attendre.
Cl. à Alcm. *Faut-il* . . .
Alcm. . . . . Je ne puis rien entendre:
Laisse-moi seule, et ne suis point mes pas.
(Mol., Amph. II, 2.)

Ch. J'enrage! *faut-il* que je ne l'aye jamais vue!
(Dacier, p. 140.)[3]

Faut-il donc, Phedria, que je me sois mis en état de ne pouvoir penser qu'avec des frayeurs mortelles au retour de mon pere, de l'homme du monde qui m'aime avec le plus de tendresse, et qui me veut le plus de bien!
(ibid. p. 411.)[4]

Grands Dieux! *faut-il* que tous les hommes soient faits de maniere qu'ils voient beaucoup plus clair dans les affaires des autres que dans les leurs.
(ibid. p. 249.)[5]

Faut-il encore (das fehlte noch)[6] que ce malheur me soit arrivé dans un temps où Antiphon a bien d'autres choses dans la tête?
(ibid. p. 425.)[7]

Faut-il que de tes mains le plus parfait ouvrage
A son Dieu qu'il adore offre un coupable hommage!
(Volt., Henr. X)[8]

Craignez-vous que le Seigneur n'oublie vos offrandes, *faut-il* que du fond du Sanctuaire, où nous l'adorons, il ne puisse jeter ses regards sans en retrouver le souvenir .
(H. et B. p. 464, Mass. sur l'aumône.)

Faut-il (schade dass!) que ce qui fait plus d'honneur à l'Esprit humain, soit souvent ce qui est le moins utile!
(Volt. II, 123.)

Souvent le complément[9] manque tout-à-fait; alors il y a une soi-disant ellipse,[10] savoir une ellipse du verbe qui précède ou du verbe auxiliaire être.

Déjà plus haut[11] nous avons déclaré que, dans les locutions „il le faut" et „ce qu'il faut", il n'est pas nécessaire de supposer une ellipse. Avouons que nous avons été séduits par M. Littré qui allègue „il le faut" parmi les exemples contenant une ellipse. Maintenant nous voyons clair et nous concevons que dans ces phrases „le" tout au moins n'est jamais régime direct d'un verbe résultant des mots précédents, mais plutôt qu'il est toujours le complément de „il faut". Pourquoi donc ne pas prétendre le même pour „ce qu'il faut"?[12] Il serait ainsi que, dans toutes ses significations (fehlen, brauchen, muessen), quand il n'y a pas d'une ellipse, „falloir" est toujours accompagné d'un complément à l'accusatif,[13] qu'on pourrait regarder comme un soi-disant accusatif grec (accusativus graecus)[14] ou mieux plutôt comme l'accusatif de la relation (des bezuges).[15] Cependant cf. aussi des endroits tels que Maetzn. Gr. p. 165. 348. 353.

Concernant la construction il nous aurait fallu renvoyer les passages contenant il le faut ou ce qu'il faut aux pages 27 et 28 de notre dissertation; mais ayant pris les acceptions pour principe de division et traduisant en allemand notre verbe par „noethig sein", „muessen", lorsque son complément est un verbe[16] ou un mot qui remplace celui-ci, nous ne les consignerons qu'à cet endroit.

---

[1] V. Littré, art. falloir, 7.

[2] . . . Vah. perii: hoc malum integrascit. Siccine me atque illam opera tua nunc miseros sollicitari?
(Tér. Andr. IV, 2.)

[3] Ch. Perii, numquamne etiam me illam vidisse! (id. Eun. II, 3.) Cf. Zumpt, gr. lat. § 609, p. 484.

[4] An. Adeon rem redisse, ut qui mihi consultum optume velit esse, Phaedria, patrem ut extimescam, ubi in mentem eius adventi venit? . . . (Tér. Phorm. I, 3.)

[5] Di vostram fidem! Ita conparatam esse hominum naturam omnium, Aliena ut melius videant et diiudicent, Quam sua? (id. Heautontim. III, 1.)

[6] Ne pas à confondre avec encore faut-il (v. plus haut p. 42).

[7] Ph. Neque, Antipho alia quum occupatus esset sollicitudine, Tum hoc esse mi obiectum malum? (id. Phorm. III, 2.)

[8] V. Littré, art. falloir, 7.   [9] V. plus haut p. 27. 28.   [10] Cf. Gr. d. Gr. p. 1010 et suiv.

[11] V. plus haut p. 27. 28.   [12] V. plus haut p. 27. 28.

[13] Aussi quand „falloir" est suivi de l'infinitif ou d'une proposition subordonnée, celui-là ou celle-ci représente l'accusatif d'un nom.

[14] Cf. Zumpt, gr. lat. § 458 rem. p. 368.   [15] Cf. Krueger, gr. gr. synt. § 46, 4.   [16] V. plus haut p. 35.

Mais quoy, Madame, puisqu'il estoit homme, falloit-il pas qu'il souffrist ce qu'ont souffert tous les hommes qui devant luy sont venus au monde, et que souffriront infailliblement tous ceux que les siecles futurs y verront venir après luy? *Il le falloit*!), Madame.

(Malh. III, p. 11. 12, lettr. I, 3.)

J'ai le défaut
D'être un peu plus sincère en cela qu'*il ne faut*. [2])

(Mol., Mis. I, 2.)

Je me dévoûrai, s'*il le faut :* mais je pense
Qu'il est bon que chacun s'accuse ainsi que moi;
Car on doit souhaiter, selon toute justice,
Que le plus coupable périsse.

(La Font., les animaux malades de la peste.)

Avant que de partir, l'esprit dit à ses hôtes:
On m'oblige de vous quitter:
Je ne sais pas pour quelles fautes;
Mais enfin *il le faut;* je ne puis arrêter
Qu'un temps fort court, un mois, peut-être une semaine.

(La Font., fab. VII. 6.)

Périssons, s'*il le faut :* mais de ses ais brisés
Entraînons, en mourant, les restes divisés.

(H. et B., p. 322; Boileau, Lutr. IV.)

D'un déplaisir secret mon coeur se sent atteint:
Il faut que je vous quitte et le sort m'y contraint;
Il le faut.

(La Font., th. Adonis.)

N. Fuyez. — P. Je ne puis. — N. *Il le faut;* Fuyez.

(Corn., Pol. I, 1.)

Combattons; mourons, s'*il le faut*, plutôt que de vaincre si indignement.

(Fén., Tél. XX, p. 217.)

J'entre donc dans ce sentiment, et je l'approuve, puisqu'*il le faut*.

(Sév. p. 61.)

M. Oui, et s'*il le faut*, vous serez de la partie.

(Dacier, p. 372.) [3])

D. Toi, Mysis, attens-moi un peu ici, je vais revenir. — M. Pourquoi cela? — D. Parce qu'*il le faut*.

(ibid. p. 78. 79.) [4])

D'éveiller ces amants, *il ne fallait pas.*

(La Font., Joc.) [5])

Bien heureux qui a tout son fait bien placé, et ne conserve seulement que ce *qu'il faut* pour sa dépense.

(Mol., Av. I, 4.)

Cependant il est certain qu'elle est sujette à boire, qu'elle est étourdie, et qu'elle n'est pas *ce qu'il faut*, pour qu'on puisse lui confier sûrement une femme à sa première grossesse, je l'amenerai pourtant.

(Dacier, p. 34.) [6])

Mentor ne l'arrêtoit (Télémaque) à chaque lieu, qu'autant qu'*il le falloit*, pour exercer sa vertu et pour lui faire acquérir de l'expérience.

(Fén. Tél.)

Mes prières n'ont pas le mérite *qu il faut*,
Pour avoir attiré cette grâce d'en haut.

(Mol., Tart. III, 3.) [7])

Nous avons plus d'attachement au bien qu'*il ne faudroit*. [8])

(Dacier, p. 379.)

He, voilà ma femme, j'ai pensé parler plus qu'*il ne faut.* [9])

(ibid. p. 451.) [10])

Elle s'est bien gardée de dire dans le logis *ce qu'il faloit* à l'accouchée.

(ibid. p. 58.) [11])

Mais s'il vient à ne se soucier plus de moi, il en saura plus qu'*il ne faudra*. [12])

(ibid. p. 432.) [13])

Ne dire que *ce qu'il faut*, et de la manière dont *il le faut* est, ce me semble, un mérite dont les Français, si vous m'en exceptez, ont plus approché que les écrivains des autres pays.

(Volt., Lett. sur Zaïre.) [14])

Il faut avoir pitié de l'amour que vous m'avez inspiré; *il le faut.*

(Staël, Corinne XVI, 3.) [15])

Je montrerais peut-être bien, s'*il le fallait*, une conformité étonnante entre les fables des Américains et celles des Grecs.

(H. et B., p. 391, Fontenelle.)

Ils se partagèrent ma vie pour l'embellir tous les deux. — *Il le fallait.* — Il arriva une terrible loi . . .

(H. et B., p. 531, Nodier.)

Arlequin. Écris ce vers-ci: Que se n'est pas à son père à la louer; mais que tout le monde parleroit comme son père . . et rime toujours, au moins. Cl. *Il le faut* bien (il rêve et écrit). C'est écrit, monsieur.

(Flor. th. p. I, 5.)

---

[1]) Cf. Orelli p. 255.
[2]) C'est une véritable ellipse, Littré (art. falloir, 8) allègue également: „parler plus qu'il ne faut."
[3]) M. Probe: Et tu nobiscum una, si opus sit. (Tér. Ad. IV, 7.)
[4]) D. Tu, Mysis, dum exeo, parumper opperire hic. — M. Quapropter? — D. Ita facto 'st opus. (id. Audr. IV, 2.)
[5]) V. Littré, art. falloir, 8. — C'est une véritable ellipse.
[6]) Sane pol illa temulenta est mulier et temeraria, Nec satis digna, cui commmittas primo partu mulierem Tamen eam adducam. (Tér. Andr. I, 4.)
[7]) Aussi dans ce passage, quoique le pronom relatif ne soit pas précédé du pronom démonstratif, peut-on regarder „que" pour le complément de „il faut", et non comme accusatif régi par le verbe „avoir" qui serait alors à suppléer.
[8]) Adtentiores sumus ad rem omnes, quam sat est. (Tér. Ad. V, 3.) — C'est une véritable ellipse.
[9]) Voici une vraie ellipse de même.
[10]) Hei, video uxorem: paene plus quam sat erat. (Tér. Phorm. V, 3.)
[11]) Non imperabat coram, quid opus facto esset puerperae. (id. Andr. III, 2.)
[12]) Sc. savoir; il y a donc une véritable ellipse.
[13]) Sin spreverit me, plus, quam opus est scito sciet. (Tér. Phorm. IV, 1).
[14]) V. Littré, art. falloir, 8. [15]) ibidem.

On sait, quand *il le faudra,*
Sur qui Louis s'appuyera . . .
Mes amis, mes amis. (Bér., l. bon Franç.)

Du chœur, où seul je suis souvent,
Je les entends rire en buvant
Chez la mère Simonne;
Ou, j'y cours même, s'*il le faut,*
Les prier de chanter moins haut.
  (id., mon curé.)

Qui pour vous donnera son âme, s'*il le faut.*
  (Ruy Blas II, 2.)

Soyez donc tranquille! je payerai, quand *il le faudra,*
trois mille francs de contributions directes.
  (Augier, gendre de M. Poirier I, 6.)

Les hommes . . se sont embrasés en leur convoitise
l'un envers l'autre . . recevant en eux-mêmes la récompense
de leur égarement, telle *qu'il fallait.*[1) (Rom. 1, 27.)[2]

Une autre phrase elliptique est
Comme il faut[3]
qui signifie: comme il convient, wie es sich ziemt, gebührlich.

Le mot me plaist, et me fait esperer que l'on y tra-
vaillera *comme il faut* (sc. travailler).
  (Malh. III, p. 81; Lett. I, 24.)

De ne regner pas *comme il fuut.* Cette expression est
basse, et prosaïque. Il a dit demesme dans la Consolation
à Charitée:
En le ménageant *comme il faut.*
  (Malh. II, p. 185. 186, observations.)

D'oser plus qu'il ne faut.[4] Joignez cet exemple à ce
que nous avons dit sur ce vers de l'Ode pour la Reine
Mere, pendant sa Regence: De ne regner pas *comme il
faut.* Gombaud a dit dans un de ses Sonnets:
Je voi bien que mon cœur aspire à l'impossible,
Et que tous ses desseins osent plus qu'*il ne faut.*[5]
  (ibid. p. 204.)

Pour aimer *comme il faut,* il faut pour ce qu'on aime
Embrasser l'amertume et la dureté même.
  (Corn., Imit. III, 5.)[6]

Rien ne la contentait, rien n'était *comme il faut*
(sc. être ou qu'il soit.)[7]
  (La Font., fab. VII, 2.)

Quand on prend *comme il faut* cet accident fatal.
  (id. Coupe.)[8]

Je suis de retour dans un moment; que l'on ait bien
soin du logis, et que tout aille *comme il faut.*
  (Mol., Mar. f. 1.)[9]

C'est parler *comme il faut.* Et que peut-il répondre?
  (Mol., Ét. I, 9.)

Pour moi, je n'y en vois qu'un seul (remède), qui est
une prise de fuite purgative, que vous mêlerez *comme il
faut* avec deux dragmes de matrimonium en pilules.
  (Mol., méd. m. l. III, 6.)

Pour le mien, je le traiterai, *comme il faut,* en paroles pourtant, comme il est juste qu'on traite ses enfans.
  (Dacier, p. 289.)[10]

J'exercerai aujourd'hui tes jambes *comme il faut,* vieux
radoteur. (ibid. p. 354.)[11]

Tout va *comme il faut.* Hé bien? qu'est-ce, Froisine?
  (Mol., Av. II, 6.)

Car vous voyez qu'il a pris la chose *comme il faloit*
et de bonne grace. (Dacier, p. 53.)[12]

[1) Cf. plus haut p. 44, rem. 7.

[2) Masculi exarserunt . . . . mercedem, quam oportuit, erroris sui in semet-ipsis recipientes. — Οἱ ἄρρενες ἐξεκαύθησαν . . . τὴν ἀντιμισθίαν, ἣν ἔδει τῆς πλάνης αὐτῶν ἐν ἑαυτοῖς ἀπολαμβάνοντες. — Die maenner . . . sind an einander erhitzet . . und haben den lohn ihres irrthums (wie es denn sein sollte) an ihnen selbst empfangen. — The men . . . burned in their lust one toward another . . . receiving in themselves that recompense of sheir error which was meet. (Tetr.)

[3) Cf. Orelli, p. 255. — On ne doit pas confondre cette phrase avec celle-là dans laquelle „faut" est précédé d'un pronom régime ou suivi d'un infinitif, comme dans les exemples suivants: L'effet de ce verre est de rapprocher les rayons qu'il a reçus, l'oeil les reçoit donc et plus rassemblés et en plus grand nombre; ils viennent aboutir à un point de la rétine comme il le faut; alors la vûë est nette et distincte. (Volt. VI, p. 108.) — Nous parlerons comme doivent parler les enfants du Dieu très saint et très bon! Ah! qu'il daigne parler au milieu de nous, pour nous apprendre à parler de lui comme il le faut (Revue Chrét. 1861, p. 662). — — En effet, tu dis bien: voilà comme il faut être (Mol. Dép. am. I, 2.) — Et si quelqu'un présume de savoir quelque chose, il n'a encore rien connu comme il faut le connoître; Si quis autem se existimat scire aliquid, nondum cognovit, quemadmodum oporteat eum scire; Εἰ δέ τις δοκεῖ εἰδέναι τι, οὐδέπω οὐδὲν ἔγνωκε καθὼς δεῖ γνῶναι; So aber sich jemand duenken laesset, er wisse etwas, der weiss noch nichts, wie er wissen soll; And if any man think that he knoweth any thing, he knoweth nothing yet as he ought to know. — Dans tous ces exemples il n'y a pas d'ellipse.

[4) V. plus haut p. 44, r. 2. [5) ibidem. [6) V. Littré, art. falloir, 9. [7) ibidem. [8) ibidem. [9) ibidem.
[10) Hic ita, ut liberos est acquom, dictis confutabitur. (Tér. Heautontim. V, 1.)
[11) Ego te exercebo hodie, ut dignus es, silicernium. (id. Ad. IV, 2.)
[12) Etenim ipsus eam rem recta reputavit via. (id. Andr. II, 6.)

Je n'y manquerai pas, et pour votre souper, vous n'avez qu'à me laisser faire, je réglerai tout cela *comme il faut*.
(Mol., Av. III, 5.)

Voilà un corps taillé, libre et dégagé *comme il faut*,[1]) et qui ne marque aucune incommodité.   (id. ibid. II, 6.)

Ce discours paraîtra brutal aux yeux de quelques-uns; mais je suis assuré que vous serez personne à le prendre *comme il faudra*.   (id. ibid. III, 11.)

Tout ira *comme il faut*, j'en réponds sur ma vie.
(La Font., th. Eun. III, 3.)

Comme il faut elle a pris la chose assurément,
Et j'ai vu ses soupçons tomber sur Isabelle.
(La Font., th. Rag. III, 5.)

P. . . . . . . Oh! je veux que tout haut
L'en fasse ce qu'en fait pour aimer *comme il faut*.
Ch. J' t'aime aussi *comme i*[2]) *faut*; pourquoi don qu'tu t'étonne.   (Th. Corn., f. à. Pierre, II, 1.)

Je vais parler *comme il faut* à son Père.
(Volt. V, 240, enf. prod.)

Je les ai tous fait courir *comme il faut*,
Et de ces Chiens la meute est en défaut.[5])
(ibid.)

Laissez-moi faire; allez, je ne suis pas un sot,
Et je prétends ici vous aider *comme il faut*.
(Andrieux, Ét. II, 5.)

Je me sentis pleurer, et ce fut un prodige,
Un mouvement honteux; mais bientôt l'étouffant:
Nous nous sommes conduits, *comme il fallait*, lui dis-je;
Adieu donc, mon enfant.   (A. de Vigny, le combat.)

Car nous ne savons pas *comme il faut* ce que nous devons demander; mais l'Esprit lui-même prie pour nous par des soupirs qui ne se peuvent exprimer.[6])
(Rom. 8, 25.)[7])

Lysis demandait un jour comment on jugeait du mérite d'un livre. Aristote, qui se trouva présent, répondit: „Si l'auteur dit tout ce qu'il faut, s'il ne dit que ce qu'il faut,[3]) s'il le dit, *comme il faut*.
(Barthél., v. en Gr. ch. 26; p, 206.)[4])

Un homme comme il faut,[8]) c'est un homme de bon ton, de bonne compagnie. — Les gens comme il faut ne suivent plus cette mode. C'est une femme tout à fait comme il faut. C'est un homme très-comme il faut.[9])

Elle a l'air très-*comme il faut*, elle n'a rien marchandé.
(Picard, Trois quartiers, I, 4.)[10])

Il ne me restait plus qu'à voler; je me fais banquier de Pharaon: alors, bonnes gens! je soupe en ville, et les personnes dites *comme il faut*[11]) m'ouvrent poliment leur maison, en retenant pour elles les trois quarts du profit.
(Mager I, p. 244; Beaumarchais.)

Dans le langage des tailleurs et des modistes on dit aussi:

Un vêtement comme il faut,[12]) c'est-à-dire un vêtement de bon ton, bien porté.

---

[1]) Ne pas à confondre avec „un vêtement comme il faut“ (v. cette page n. 12); car ici il n'est pas à suppléer „être“, mais „qu'il soit taillé, libre et dégagé.“

[2]) Cf. cette page r. 8.   [3]) Cf. plus haut p. 27. 28. 43.

[4]) Ce que dit La Rochefoucauld (H. et B. p. 335) est semblable: „La véritable éloquence consiste à dire tout ce qu'il faut et à ne dire que ce qu'il faut.“ (nicht mehr und nicht weniger als noethig ist).

[5]) Cf. plus bas.

[6]) Une autre édition a pour „prie“ „intercède“; aussi ce que nous lisons ici dans le 25e vers, s'y trouve-t-il v. 26.

[7]) Nam quid oremus, sicut oportet, nescimus; Tò γὰρ τί προςευξώμεθα, καθὸ δεῖ, οὐκ οἴδαμεν; . . . wie sich's gebuehrt; For we know not what we should pray for as we ought. (Tetragl.)

[8]) Orelli, p. 488: „c'est un homme comme il faut, das ist ein vornehmer, angeschener mann.“ — Dans cette phrase on doit suppléer „qu'il soit“. — On prononce „ko-mi-fô“ (cf. cette page rem. 2.) — Il ne faut pas confondre „comme il faut“ avec „comme il en faut“, qui signifie, en parlant de personnes ou de choses, „comme la personne ou la chose est nécessaire.“ — Voilà un homme comme il en faut (pour tel ou tel emploi). Et par plaisanterie: Ce n'est pas une femme comme il faut, c'est une femme comme il en faut. (Littré. art. falloir 10). Aussi dans cette phrase n'y a-t-il pas d'ellipse, puisque „en“, qui fait tantôt les fonctions de régime direct, tantôt celles de régime indirect (Gr. d. Gr. p. 389), remplace ici un complément de „il faut“ à l'accusatif.

[9]) V. Acad. — „Comme il faut“ forme un seul mot, une seule notion, pour cela le tiret et „très“.

[10]) V. Littré, art. falloir 10.   [11]) Figaro parle ironiquement, bien entendu: „Ehrenmaenner“.

[12]) V. cette page, rem. 1.

Il reste encore une phrase ou plutôt un mot dans lequel „falloir“ se trouve dans la signification de „muessen“. A vrai dire, il nous aurait déjà fallu en faire mention parmi les exemples pour „falloir“ employé avec l'infinitif; mais nous l'avons gardé pour la transition aux composés, puisqu'il s'offre quelquefois écrit „faire-le-faut“. L'Académie l'écrit sans tiret, savoir.

Faire le faut.

Ce mot se rencontre déjà au XVe et XVIe siècle:

A mon jugement, c'est *une faire le fault* d'en sortir en ce coup; la remise servirait de ruine.
(Biblioth. des chartes, 3e série, t. I, p. 511.)[1]

Et c'est à toi *un faire il le faut;* autrement . . .
(La Boëtie, 117.)[2]

et il s'explique probablement par „il faut le faire“, ein „man-muss-es-thun“, ein „thun-muss-man-es“, ein „muss“. Il signifie donc une chose inévitable, qu'il faut absolument faire, subir.

Je vous certifie qu'au mandement, de messer Gaster tout le ciel tremble, toute la terre branle. Son mandement est nommé *Faire le faut* sans delay, ou mourir.
(Magn., p. 93; Rabelais, île des gastrolâtres.)

La maréchale de Rochefort, qui croyait honorer fort sa place de dame d'honneur de Mme la duchesse d'Orléans, la désolait de plaintes et de reproches; et, puisque je voyais la chose devenir *un faire le faut.* (St.-Sim. 273. 196.)[3]

Avant d'entrer dans la troisième partie de notre dissertation, nous ne pouvons nous refuser de jeter un léger coup-d'oeil sur les synonymes de „faillir“ et „falloir“.

Lafaye[4], en faisant le parallèle entre „tomber“, „choir“ et „faillir“, dit que ces trois verbes signifient: être emporté de haut en bas par son propre poids ou par impulsion.[5] „Mais“, continue-t-il „faillir“, également inusité à la plupart de ses temps, n'a que l'acception figurée. Faillir, c'est commettre une faute[6] ou donner dans le faux[7], faire quelque chose contre le bien ou contre le vrai. Et ce qui distingue nettement ce verbe des deux autres, c'est son caractère de subjectivité, c'est qu'il suppose dans le sujet un défaut[8], une imperfection, quelque chose de fautif[9], de répréhensible ou de blâmable. Tomber ou choir est l'effet d'un accident; mais faillir fait concevoir l'idée d'un manquement moral et intellectuel, d'une faute ou d'une erreur. „Puisque nous sommes en usage, moi de faillir, vous de pardonner, couvrez encore mes fautes de votre indulgence.“ J. J. „Vous vous êtes mépris (en faisant un quiproquo d'apothicaire); eh bien! l'homme n'est-il pas sujet à faillir, et surtout dans cette profession?“ Les. „Le sot projet que Montaigne a eu de se peindre! Et cela non pas en passant et contre ses maximes, comme il arrive à tout le monde de faillir[10], mais par ses propres maximes, et par un dessein premier et principal. Car de dire des sottises par hasard et par faiblesse, c'est un mal ordinaire; mais d'en dire à dessein, c'est ce qui n'est pas supportable. Pasc.“

Et voici ce que Lafaye[11] y ajoute dans le supplément, en comparant errer, faillir; — se tromper, s'abuser, se mécompter, se méprendre, prendre le change, se blouser: „Tous ces verbes“, dit-il, „signifient: „tomber dans le faux, se faire une idée inexacte des choses, en mal juger. — Errer et faillir[12] ont cela de commune, qu'ils sont d'un usage très-borné: ils ne se disent que d'une manière absolue, à l'infinitif, et quelquefois au participe avec avoir.[13] Mais errer, errare, c'est vaguer, aller à l'aventure, et faillir, de fallere, être infidèle, manquer à, exprime un défaut. Ce peut être un malheur ou un accident d'errer; faillir est une infirmité ou une imperfection. „En ce cas les jansénistes n'auront point le malheur d'avoir erré dans la foi.“ Pasc.“

---

[1] V. Littré, art. faire le faut. [2] ibidem. [3] ibidem. [4] Lafaye p. 993. [5] Cf. plus haut p. 22.
[6] Cf. plus bas. [7] Cf. plus bas. [8] Cf. plus bas. [9] Cf. plus bas.
[10] Cf. plus haut p. 23; Volt. II, p. 151, sur les pensées de Pascal.
[11] Lafaye, suppl. p. 134. [12] Cf. plus haut p. 22. [13] Cependant cf. plus haut p. 22.

„La sagesse infinie ne peut jamais faillir, et c'est à elle á régler toutes choses." Boss. Il nous arrive d'errer, faute d'un bon guide, par exemple; c'est une des misères de notre nature ou un déréglement de notre volonté de faillir. Dieu ne peut errer, ses décisions sont nécessairement droites; „il conduit l'Église dans la détermination des points de la foi par l'assistance de son esprit qui ne peut errer." Pasc. „Dieu ne peut faillir, parce qu'il est parfait." —

En faisant le parallèle entre „il est nécessaire", „on doit", „il faut", Lafaye[1]) s'exprime ainsi: „Ces mots marquent une certaine exigence, signifient qu'une chose ne peut pas ne pas se faire ou être faite."

„Il est nécessaire annonce une nécessité; on doit, un devoir. Il est nécessaire d'être sage pour être content de soi-même (Acad.), est une remarque par laquelle on signale une exigence naturelle ou de la nature des choses; on doit être sage, est un précepte par lequel on impose, au nom de la raison ou de la conscience, une obligation à un être libre et moral. — „Il est nécessaire d'aimer pour vivre heureusement." Mol. „On doit aimer son prochain comme soi-même."

„Il faut est également propre à exprimer une nécessité et une obligation."

Quand il exprime une nécessité, sa synonymie avec il est nécessaire est assez étroite. Il en diffère cependant en ce qu'il indique un simple besoin, c'est-à-dire une nécessité moins essentielle et moins indispensable. Il est nécessaire revient à il faut nécessairement.[2]) „Il faut souffrir. . . Oui, il est nécessaire de souffrir pour expier nos fautes." Fén.

Quand il faut implique une obligation, c'est avec on doit qu'il est facile à confondre. Il s'en distingue en ce qu'il marque, non pas un devoir proprement dit, mais une obligation de convenance ou d'utilité, en ce qu'il est l'expression d'un conseil plutôt que d'un précepte. Lorsqu'on ne fait pas ce qu'il faut, on est imprudent, on déplaît, on échoue dans ses démarches, on se prépare des regrets; lorsqu'on ne fait pas ce qu'on doit, on est coupable, on viole les règles de la religion, de la morale ou de l'honneur, on se prépare des remords. „Mentor disait à Télémaque: Il faut toujours être prêt à faire la guerre, pour n'être jamais réduit au malheur de la faire. Il ne faut s'attirer l'envie de personne. . . On doit se sacrifier pour rendre les hommes bons et heureux." Fén. Pour réussir dans le gouvernement d'un royaume, „il faut savoir précisément quel est le but de la vie humaine, et quelle fin on doit se proposer en gouvernant les hommes." Id. — Il faut hurler avec les loups (Acad.); on doit révérer les choses saintes (Mol.) Il est avantageux, expédient, à propos ou séant de faire ce qu'il faut; c'est un[3]) loi, une action moralement bonne ou juste, de faire ce qu'on doit."[4])

Cependant, surtout relativement à „falloir", le Français ne prend pas la chose à la rigueur, comme on peut juger par les endroits cités plus haut et par les significations allemandes quelquefois ajoutées en parenthèse. C'est aussi pourquoi les modifications les plus différentes de la notion de „muessen", de la nécessité sont assez souvent traduites de langues étrangères en français par „il faut."[5]) Ce sont en latin non-seulement les termes de necesse est, opus est, oportet que les traducteurs français rendent par „falloir", mais aussi le part. fut. pass., le part. fut. act., le présent du subjonctif, l'impératif; même des interjections telles que profecto, pol, vero mirum, reste, sane, age; des conjonctions telles que vero, vel; des adjectifs terminés

---

[1]) Lafaye p. 793; cf. plus haut p. 35 et suivv.
[2]) „Il faut" est souvent suivi de particules augmentatives telles que nécessairement (Volt. VI, p. 11. 46, 223, 14), absolument (Volt. V, avertiss.; Rouss. conf. p. 115), assurément (Rouss. conf. p. 182; Lamartine p. 93) etc.
[3]) C'est sans doute une faute d'impression pour „une".
[4]) Cf. Boiste syn. p. 16; Gir. syn. p. 160; Oll. p. 162.
[5]) V. les observations faites plus haut.

par „ilis“ et des locutions telles que non dubium est quin, cautio est, quam sat est, evenit, aequum censebant, quantum abesse etc. sont rendues par „falloir.“ De même en grec: δεῖν, ὀφείλειν, ἀνάγκη, ἀναγκαῖόν ἐστιν, δέον ἐστίν, χρή; des adjectifs dérivés d'un verbe et qui se terminent en τός et des phrases telles que τί οὖν ἐστιν; se trouvent traduits par „il faut“. En anglais ce sont pour la plupart les termes de ought, must et necessary (it is) que nous avons rencontrés pour „falloir“.

Il serait fort intéressant de pénétrer plus profondément dans ces recherches et de profiter de tous les passages que nous avons amassés pour les synonymes, mais il nous en faut le loisir. Passons donc à la dernière partie du traité.

III.
Composés[1]) et dérivés.[2])

A. Défaillir. v. n.

Étym. Dé . . . préfixe[3]), et faillir; wallon. defali; vpr. defalhir, nprov. defaylhir; anc. catal. defallir; espagn. desfallecer; port. defalecer; ital. sfallire.[4])
La langue d'oïl avait defaillir et d'effaillir;[5]) elle conjuguait ce verbe comme faillir.

Hist. XIe siècle.

Rollanz mis nies hoi cest jur nus *defalt*,
Jo oi al corner que guaires ne vivrat.
(Bartsch, chr. fr., p. 32, ch. de Rol.)

Hoi nous *defalt* la leials compaignie.
(Ch. de Rol. CXXIX.)[6])

XIIe et XIIIe siècles.

Soffeire puet a salveteit quant li cuers ne requiert nule superfluiteit, ne ne murmuret nes dons quant celes choses mismes li *defaillent* ke necessaires li seroient.
(Bartsch, p. 104, sermon de Saint-Bernard.)

C'est ou esploitier ou del tot *defaillir*.
(ibid. p. 103.)

Foi et amours et locantes
Sont en moi sans ja *defaillir*.
(Maetzn., Altfr. L. XXXI, 2.)

Pur ço ne *defaldrad* jà ocisiun de ta maisun, ço que tn as mei en despit, e pris as la femme Urie à ton oes (à ta volonté) à tort, Rois. 159.
(Littré.)

Donkes en cele niant parfaite volenteit où il conseut salvement, lai où li pooirs *defalt* de l'oyvre, ne poroit il jai mies estre salveiz par lo defaillement[7]) de l'oyvre, ou por l'oyvre del defaillement.
(Burg., gr. p. 332.)

[1]) Cf. Maetzn. gr. p. 317. 320.
[2]) Nous ne regardons comme composés que défaillir et entrefaillir; tous les autres mots qui ont quelque rapport à faillir ou falloir, soit qu'ils dérivent directement du latin ou qu'ils soient dérivés de faillir et falloir ou enfin qu'ils ne proviennent que du composé défaillir, nous les appelons tous simplement „dérivés“ et nous les rangeons en ordre alphabétique. (cf. la préface.)
[3]) La composition avec „dé . .“ est peut-être une assimilation au latin „deficere“. (cf. Scheler, dict. étym.)
[4]) Cf. Littré, art. défaillir et Maetzn. Altfr. L. gloss.   [5]) V. Burg., gr. III, p. 155.
[6]) V. Littré, art. défaillir, hist.   [7]) V. plus bas.

Et totevoies ne *defarrat* mies cil ki porpraignet cest abandoneit membre, ensi k'il nès dons ne soit mies senz chief. (Burg., gr. p. 384.)

Un jor par est si *defaillis*,
C'on dit, l'ame s'en va sanz faille. [1]
(Cast., p. 430, v. 62. 63.)

XIVe et XVe siècles.

Se tu es noble et veulz les armes,
Suivir, il fault que souvent t'armes
En mainte terre, ou *defaillis*
Ou te tendroit et pour faillis.
(Bartsch, ckr. fr., p. 418, Christine de Pisan.)

Car espoir m'estoit *defailly*.
(ibid. p. 426, Alain Chartier.)

Toutes choses necessaires à une si grande entreprise leur *defailloient*. (Comm. Prol.) [2]

XVIe siècle.

Au cas que l'vn deux vienne à *defaillir*, ie substituë en sa part celuy qui suruiura.
(H. et B., p. 129, Montaigne.)

Car l'edict celeste ne peut mentir, par lequel il est denoncé, que le peuple sera dissipé quand la Prophetie *defaudra*. (ibid. p. 126, Calvin.)

Leur âge *defaudra* plûtost que la matiere.
(ibid. p. 150, Regnier.)

Raison me *defaut* és exemples.
(Rab., Pant. III, 14.)

Suppleant à ce qui *defailloit*. (id. ibid. III, 1.)

Comme l'ame descharge ses passions sur des objects fauls, [3] quand les vrays luy *defaillent*.
(Mont. Fss. 1, 4.)

Ils s'en vont balivernant et traisnant comme des hommes qui *defaillent* de foiblesse. (ibid. I, 9.)

On a raison dé remarquer l'indocile liberté de ce membre, s'ingeraut si importuneement lors que nous n'en avons que faire, et *defaillant* si importuneement lors que nous en avons le plus affaire, et contestant de l'auctorité si imperieusement avecques notre volonté, refusant avecques tant de fierté et d'obstination nos solicitations et mentale et manuelles. (ibid. 1, 20.)

Se sentant *defaillir* et eschapper du cheval.
(ibid. 1, 8.)

Ce sera pour ne *defaillir* aucune commodité en la maison. (Magu., p. 165, Olivier de Serres.)

Ainsi y *default*-il ce point, qu'il ne peut estre du tout fort, comme plusieurs desirent, le temps nous ayant fait prendre garde à ce notable article.
(id. ibid. p. 164.) [4]

Sign. et emploi.

1°. fehlen, mangeln, aufhoeren, abgehen, ausgehen, aussterben = deficere.
(être en moins, faire défaut, manquer.)

Cours la Flandre où jamais la guerre ne *defaut*.
(Rég., Épît. 1.) [5]

A qui le désir manque aucun bien ne *defaut*.
(Rotron, St. Gen. V, 2.) [6]

La force lui *defaut* et le teint lui pâlit.
(Tristan, Marianne V, 3.) [7]

L'Église, même fidèle et assistée de son divin chef jusqu'à la fin du monde, peut faillir et surtout *defaillir*.
(Rev. Chrét. 1861, p. 465.) [8]

Se defaillir à soi-même.
(se manquer à soi-même.)

Je ne veux pas me défaillir tant à moi-même que de donner sujet à ceux qui me survivront de me reprocher.
(Desc. Méth. 6.) [9]

2°. abnehmen, schwinden.
(dépérir, s'affaiblir.)

Lors que l'on se voit assaillir
Par un secret venin qui tue,
Et que l'on se sent *defaillir*
Les forces, l'esprit et la vue; . . .
(H. et B., p. 213, Voiture.)

J'ai senti *defaillir* ma force et mes esprits
(Rac., Baj. V, 1.)

Que si la frayeur nous saisit de sorte que le sang se glace si fort que tout le corps tombe en défaillance, l'âme *defaut* en même temps.
(Boss., Conn. de Dieu III, 11.) [10]

---

[1] V. plus bas. [2] V. Littré, art. défaillir, hist. [3] V. plus bas.
[4] V. aussi les autres exemples dans Littré, art. défaillir, hist. [5] Littré, art. défaillir, 1. [6] ibidem.
[7] ibidem. [8] V. plus haut p, 22 et ajoutez la plupart des exemples cités dans cette page.
[9] V. Littré, art. défaillir 1. [10] ibidem 2.

Le courage de Corinne *défaillit.*
(Staël, Corinne, XVII, 9.) [1]

Il n'y a vol si haut et si fort qui ne *défaille* dans l'immensité des cieux.
(Chateaubr. dans le Dict. de Dochez.) [2]

Très-souvent notre verbe se trouve dans le Nouveau Testament, sourtout dans les psaumes, dans cette signification:

Mes yeux *défaillent*, en attendant ta délivrance et la parole de ta justice. (ps. 119, 123.) [4]

Mais j'ai prié pour toi, que ta foi ne *défaille* point: toi donc, quand tu seras un jour converti, fortifie tes frères. (Luc. 22, 32.) [5]

3°. ohnmaechtig werden.
(tomber en faiblesse, s'évanouir.)

Et ayant combattu autant qu'il eut de force, se sentant *defaillir* et eschapper du cheval. (Mont. Ess. I, 3.)

J'ajoûterai seulement que se sentant mortellement blessé et prêt à *défaillir*, il fit voeu de se retirer. (Mém. p. 79.)

Un testament, qui vous déshérite. Ce peu de mots me coûtèrent tant à dire que je me sentis presque *défaillir*. (Hecker, p. 207, Diderot.)

Puis il *défailloit*, puis il revenoit et disoit en soupirant ... (Id. et N., p. 280, Diderot.)

Et la moitié du ciel pâlissait, et la brise
Défaillait dans la viole, immobile et sans voix.
(Lamart., Harm. II, 2.) [3]

Je suis *défailli* par la guerre que tu me fais. (Ps. 39, 10.) [6]

Ma chair et mon coeur *défailloient*. (Ps. 73, 26.) [7]

Mes yeux *défaillent* en attendant ta parole. (Ps. 119, 82.) [8]

... l'horreur m'a pris violemment. J'ai craint de dé*faillir*. (V.-H., p. 18 le d. j. d'un cond.)

Ordener tressaillit et fut prêt à *défaillir*, car il reconnut celle qui priait. (V.-H., Han d'Isl. t. 1, p. 36.)

En achevant de la lire (la lettre), je me sentis *défaillir*, épuisé par tout ce que je venais d'éprouver. (H. et B., p. 667, X. de Maistre.)

Son coeur se pâme de bonheur. Elle se sent *défaillir*; elle demande qu'on la soutienne ... (Rev. Chrét. 1861, p. 236.)

L'Académie dit que ce verbe n'est guère usité au pluriel du présent de l'indicatif, à l'imparfait et au prétérit. Littré [9]) y ajoute le présent singulier de l'indicatif: je défaus. tu défaus, il défaut; le futur: je défaudrai; le conditionnel: je défaudrais; le subjonctif: que je défaille, que nous défaillions, que je défaillisse; le participe présent: défaillant et le participe passé: défailli. M. Cousin [10]) (fragment philos. 2° éd. 1833, p. 206) n'a pas dit „défaudrait", mais „défaillerait. "

B. Entrefaillir.

Nous n'avons trouvé ce mot qu'une fois, savoir l'infinitif, dans Burguy (cf. Burg. gr. III, p. 155), où il cite vers 20705 de la Chronique des Ducs de Normandie par Benoit. Les auteurs modernes, le dictionnaire de l'Académie, Richelet, Mozin-Peschier etc. ne le connaissent pas.

---

1) V. Littré, art. défaillir, 2.   2) ibidem.   3) ibidem.

4) עֵינַי כָּלוּ לִישׁוּעָתֶךָ וּלְאִמְרַת צִדְקֶךָ :

5) Nous avions pris ici „défaillir" pour „schwach werden", mais en regardant la traduction tetraglotte il est évident que cet exemple appartient à la première signification: Ego autem rogavi pro te, ut non deficiat fides tua, et tu aiquando conversus confirma fratres tuos. — Ἐγὼ δὲ ἐδεήθην περὶ σοῦ, ἵνα μὴ ἐκλείπῃ ἡ πίστις σου, καὶ σύ ποτε ἐπιστρέψας στήριξον τοὺς ἀδελφούς σου. — Ich aber habe fuer dich gebeten, dass dein glaube nicht aufhoere; und wenn du dermaleins dich bekehrest, so staerke deine brueder. — I have prayed for thee, that thy faith fail not; and when thou art converted, strengthen thy brethren.

6) נֶאֱלַמְתִּי לֹא אֶפְתַּח־פִּי כִּי אַתָּה עָשִׂיתָ :   7) כָּלָה שְׁאֵרִי וּלְבָבִי :

8) כָּלוּ עֵינַי לְאִמְרָתֶךָ :

9) V. Littré, art. défaillir. — Richelet dit aussi: il se peut conjuguer: je défaus, tu défaus, il défaut, nous défaillons etc.

10) Littré cite cet endroit: „où manquerait l'action intérieure, défaillerait la perception; mais il y ajoute que M. Cousin s'est mépris sur la conjugaison. — Cf. plus haut.

C. Défaillance.[1]

Étym. prov. defaillensa, defalensa; vfr. defaillance, deffaillance.[2]

Hist. **XIIe et XIIIe siècles.**

Et s'en tel point leur faisiez *defaillance*
Saint est martir, apostre et inocent
Se plainderoient de vous au jugement.
(Quesnes, Romancero, p. 102.)[3]

Mès si cum li ombre ne pose,
En l'air oscurci, nule chose
Fors *defaillance* de lumiere.
(la Rose, 6339.)[4]

XIVe et XVe siècles.

Les vertuz sont superhabundances ou regart des vices qui sont *defaillances*, et ces vertus meismes ce sont defaillances ou deffautes ou regart des vices qui sunt en superhabundance.
(Oresme, Éth. 52.)[5]

XVIe siècle.

Car c'est une *defaillance* insupportable à qui s'empesche des negociations du monde. (Mont. Ess. I, 9.)

Les assiegez ne perdoient plus de coups au loin, sentans la *defaillance* de leurs poudres.
(D'Aub. Hist. II, 50.)[6]

Elles ont un battement et *defaillance* de coeur.
(Paré, XVIII, 64.)[7]

Sign. et emploi.

1°. das fehlen, aufhoeren, ausbleiben.
(état de ce qui fait défaut.)

L'esprit humain, dans ses longs pèlerinages à travers les siècles, ne s'avance pas en suivant la règle d'un progrès continu et sans *défaillances*. (unterbrechung)
(Rev. Chrét. 1861, p. 820).

Si la *défaillance* de la race masculine d'Aaron eût dû arriver, Dieu l'aurait prévue. (Fén. t. II, p. 124.)[8]

Terme de jurisprudence. Défaut d'accomplissement d'une clause au temps fixé.[9]

Ancien terme d'astronomie: défaillance d'un astre, éclipse.[10]

Agathocle rassura ses soldats, en leur faisant entendre que ces sortes de *défaillances* des astres marquaient toujours un changement dans l'état présent.
(Rollin, Hist. anc. Oeuvres, t. I, p. 285, dans Pougens.)[11]

2°. das fehlen, aufhoeren der kraefte, hinfaelligkeit, natuerliche schwaeche.
(défaillance de nature, état d'une personne en qui l'âge, les fatigues, les maladies ont usé les forces vitales.)

Je ne vels iamais pere, pour teigneux ou bossé que feust son fils, qui laissast de l'advouer; non pourtant, s'il n'est du tout enyvré de cette affection, qu'il ne s'aperçoive de sa *défaillance*. (Mont. Ess. I, 25.)

Cette suite de changements, en nos corps par la *défaillance* de la nature, en nos âmes par l'instabilité de nos désirs. (Fléchier, Dauphine.)[12]

Son zèle la soutint dans les *défaillances* de la nature.
(id. Mme de Mont.)[13]

Seigneur, soutenez mon coeur, malgré les *défaillances* de la nature. (Fén. t. XVIII, p. 160.)[14]

La nécessité où les hommes sont de soutenir tous les jours la *défaillance* de leur corps par le boire et par le manger. (Nicole, Ess. de mor. 1er traité. ch. 5.)[15]

Une dernière *défaillance* de la nature annonce que cet instant est venu. (H. et B., p. 658, Lamennais.)

[1] V. Littré. [2] V. Burg., gr. III, p. 155. [3] V. Littré, art. défaillance, hist. [4] ibidem.
[5] ibidem. [6] ibidem. [7] ibidem. [8] V. Littré, art. défaillance, 1. [9] V. plus bas.
[10] Le Dictionnaire de l'Acad. n'a pas cette signification. P. Richelet dit: „Je ne sçais si ceux qui traitent Mr. de Brebeuf de Poëte Gascon, désaprouvent l'usage du mot défaillance, dont il s'est servi dans sa Pharsale, pour exprimer la résistance du Soleil dans la prévoïance de la sanglante bataille dont il doit être le témoin. Mais il me semble qu'il est bien placé: Le Soleil étonné long-tems au sein de l'onde, Résiste aux loix du sort, et se refuse au monde; Il n'accorde qu'à peine à des desseins pervers Le tribut de clarté qu'il doit à l'Univers; Après avoir en vain tenté sa défaillance, Il fait sur l'onde calme agir son influence, Et formant de vapeurs un voile officieux, Il travaille à cacher la Pharsale à ses yeux."
[11] V. Littré, art. défaillance, 1. [12] V. Littré, art. défaillance, 2. [13] ibidem. [14] ibidem. [15] ibidem.

3⁰. ohnmacht, erstarrung.

(faiblesse, évanouissement, pâmoison; plus précisement: diminution soudaine et plus ou moins marquée de l'action du coeur, qui prend aux gens à cause de quelque mal, de quelque défaut de vivres, etc., et qui constitue le premier degré de la syncope.)[1]

A. Ah, soutenez-moi, je vous prie. — B. Qu'avez-vous? A. Je n'en puis plus. — B. D'où vous vient cette *défaillance?*
(Dacier, p. 242.)[2]

Je suis encore en *défaillance* du mal de coeur que cela m'a donné, et je pense que je n'en reviendrai de plus de quinze jours.
(Mol., crit. de l'éc. d. f. sc. III.)

En ce moment la *défaillance* cessant, la douleur succéda.
(Fén. Tél. XVII.)

Bientôt Phalante revenant de cette *défaillance*, prit l'urne des mains de Télémaque.
(id. ibid.)

Et comme cet infortuné veillard tomboit en *défaillance*, on le porta dans sa tente.
(id. ibid. XX.)

Une pâleur de *défaillance* et une sueur froide se répandoient dans tous ses membres.
(id. ibid.)

Le plus féroce assassin soutient un homme tombant en *défaillance.*
(H. et B., p. 431, Rousseau.)

Cette odeur là faisait presque tomber en *défaillance*, et ce dégoût durait longtemps.
(J.-J. Rouss., conf. I, III. p. 105.)

Il tomba ou mort, ou en *défaillance*,[3] et l'on eut bien de la peine à l'emporter hors du combat.
(Roll., hist. rom. t. XIII, p. 44.)

Voyez cette pauvre créature humaine gisante au coin de la rue dans la *défaillance* du besoin, ou qu'un acciden vient d'atteindre.
(Mager anth., t. II, p. 514, Lamennais.)

Et si je les renvoie à jeun en leurs maisons, ils tomberont en *défaillance* par le chemin.
(Marc. 8, 3.)[4]

Cette *défaillance* indique l'entrée dans l'état extatique.
(Revue Chrét. 1861, p. 236.)

Le bon religieux éprouva une *défaillance* si extraordinaire qu'il ne lui fut pas possible d'aller plus loin.
(Cottin, Élis.)

4⁰. Figurément: schwaeche, angst, beklemmung; (pl.) innere kaempfe, sittliche schwaeche, ausschweifung.[5]

Ainsi mes yeux commençoient à s'obscurcir, mon coeur tomboit en *défaillance*, je ne pouvois plus rappeller ni ma raison, ni le souvenir des vertus de mon père.
(Fén. Tél. IV.)

Avoir, dans les *défaillances* de l'âge, le même goût pour le monde.
(Mass. Car. Prosp.)[6]

Comme ses disciples étaient encore faibles, il veut leur épargner le spectacle de ses *défaillances* et de son agonie.
(id. Car. Passion.)[7]

Il souffrira, par les raisons que je viens de dire, une *défaillance* de coeur très-grande.
(Montesq. Esp. XIV, 2.)[8]

Jamais je n'y suis entré, sans sentir une certaine *défaillance* de coeur qui venait d'un excès d'attendrissement.
(J.-J. Rouss., conf. I, IV, p. 145.)

André: règle ton coeur et règle ta vie; tout est là. Dans tes nuits de *défaillance*, évoque à ton aide les ombres des vaillants et des forts.
(Ploetz, man., p. 792, Octave Feuillet, Dalila.)[9]

Dès que ce génie fut entré en *défaillance*, les étrangers détournèrent leur attention.
(Littré, préface, p. LVI.)

Quand l'avenir pour moi n'a pas une espérance,
Quand pour moi le passé n'a pas un souvenir,
Où puisse, dans son vol qu'elle a peine à finir
Un instant se poser, mon âme en *défaillance.*
(Mager, anth., t. I, p. 536, Sainte-Beuve.)

En face de cette *défaillance* du pontificat, un grand rôle restait à jouer pour l'Église, et elle l'a compris.
(Rév. Chrét. 1861, p. 79.)

L'inconstance, le dégoût, la *défaillance* d'une âme le faisaient errer de palais en palais.
(ibid. p. 345.)

Il ne saurait donc y avoir de sa part de petites contradictions, d'erreurs légères, d'imperceptibles fautes, d'oublis pardonnables, de *défaillances* peu dignes d'être relevées: tout ici est grand comme son auteur et d'une importance aussi immense que la perfection des attributs divins.
(Rev. Chrét. 1861, p. 609.)

---

[1] Cf. Du Cange: „defecit" = morbi genus, languor, forte phthisis.

[2] A. Ah, retine me, obsecro. — B. Amabo, quid tibi est? — A. Disperii, perii misera. — B. Quid stupes, Antiphila? (Ter. Heautontim. II, 3.)

[3] „L'expression de César paroit susceptible de deux sens: Relinquit animus Sextium." Rem. d. R.

[4] Et si demisero eos ieiunos in domum suam, deficient in via. — Καὶ ἐὰν ἀπολύσω αὐτοὺς νήστεις εἰς οἶκον αὐτῶν, ἐκλυθήσονται ἐν τῇ ὁδῷ. — Und wenn ich sie ungegessen von mir heim liesse gehen, werden sie auf dem wege verschmachten — And if I send them away fasting to their own houses, they will faint by the way. (Tetragl.)

[5] Cf. Du Cange: „defectio" = animi desponsio. [6] V. Littré, art. défaillance 4. [7] ibid. [8] ibid.

[9] Cf. Revue Chrét. 1861, p. 505.

5⁰. zerfliessbarkeit.
   (dissolutio, déliquescence),
terme de chimie ancienne. — Huile de tartre par défaillance, mélange de potasse et de carbonate de potasse devenu liquide par l'effet de son exposition à l'air.[1])

Lafaye[2]), en comparant les synonymes évanouissement, pâmoison; défaillance, faiblesse, syncope, dit que ces mots signifient tous le fait ou l'état d'une personne qui se trouve mal, et après avoir fait le parallèle entre évanouissement et pâmoison, il continue ainsi:

„La défaillance est un affaiblissement des forces; la faiblesse en est la perte. L'une n'est qu'un degré qui mène à l'autre. „Il arrivera (au corps) tantôt des tremblements et des convulsions, tantôt des langueurs et des défaillances.“ Boss. „Je suis quelquefois au hasard de tomber par des étourdissements qui me prennent; je ne saurais m'appliquer le moins du monde qu'il ne me prenne un mal de coeur tirant à défaillance.“ Boil. — La faiblesse est plus grave; il est moins rare, d'en mourir. „Vous le voyez là (votre père); il vient de mourir tout à l'heure d'une faiblesse qui lui a pris.“ Mol. „A huit heures l'abbé Chauvelin a donné audience à ses médecins; il plaisantait avec eux lorsqu'il lui a pris une faiblesse dans laquelle il a passé, sans qu'il ait pu recevoir les sacrements.“ Bach. — „Le roi d'Angleterre eut une grande maladie. Étant tombé en faiblesse, son fils crut qu'il était mort, et prit la couronne qui était sur son lit . . . Le roi, revenu de sa défaillance, demanda sa couronne. .“ Boss.

La syncope ressemble à la faiblesse en ce qu'elle constitue également un état complet, un état porté au plus haut point. Mais, au lieu que faiblesse, d'une origine latine[3]) fort difficile à apercevoir, est un mot de la langue commune, syncope, pris du grec συγκοπή, est le terme technique de la médecine qui s'en sert exclusivement dans les titres des ouvrages, où il est traité de l'espèce de maladie qui consiste, comme on dit vulgairement, à se trouver mal.“ Suivent des exemples: „La nuit fut cruelle et décisive. Étouffement, oppressions, syncope, la peau sèche et brûlante; une ardente fièvre . . .“ J. J. „Les Français courent; ils volent; les voitures lentes d'Asie, le pas réglé de nos chameaux, les feraient tomber en syncope.“ Montesq.“

Le participe présent[4]) de „défaillir“ est devenu adjectif et substantif.

D. Défaillant, e, adj.

Étym. Défaillir.

Hist. **XII**e et **XIII**e siècles.

Li chaitif fil d'Adam nen ont cure de veriteit ne de celes choses k'à lor salvetoit apartiennent, anz quierent icil les choses *defaillans* et trespassavles.   Job, 521.)[5])

Il fu jugié que li *defalans* ne perdroit pas saizine.
(Beaum. XXXIX. 76.)[6])

Sign. et emploi.
   1⁰. fehlend, ausbleibend, aufhoerend.
      (qui fait défaut, qui manque.)
Ligne défaillante, ligne qui n'a plus d'héritiers. —[7])
      Qui fait défaut en justice.

---

[1]) V. Littré, art. défaillance, 5.   [2]) Lafaye, suppl. p. 138 et suiv.
[3]) De l'adjectif faible, et celui-ci du latin flebilis pro debilis, infirmus, imbecillis, vfr. fleble, fleve, feble, foible. (Cf. Littré, art. faible, étym. et Du Cange, art. flebilis, I, p. 298.)
[4]) Cf. Ploetz, synt. p. 233.   [5]) V. Littré, art. défaillant, hist. XIIe s.   [6]) ibidem XIIIe s.
[7]) V. Littré, art. défaillant, 1.

Le défendeur défaillant. Un témoin défaillant.[1][2].

2⁰. zerfallend, abnehmend, ohnmaechtig.

(qui s'affaiblit.)

J'ai vu sa main *défaillante* chercher encore en tombant de nouvelles forces pour appliquer sur ses lèvres ce bienheureux signe de notre rédemption.

(H. et B., p. 347, Bossuet.)

Elle (la nuit) ne pouvait verser sur les hommes abattus et *défaillants*, ni la rosée . . ,

(H. et B., p. 352, Fénelon.)

Peut-être baisserez-vous sous sa main sacrée, devenue l'instrument de votre réconciliation, votre tête déjà *défaillante*.

(Mass., p. 87.)

. . . . Vois sa soeur expirante
L'embrasser en mourant de sa main *défaillante*.

(Volt., Oreste III, 2.)

Trois fois le fer échappe à sa main *défaillante*.

(id. Henr. X, p. 183.)

D'un loup écorché vif appliquez - vous la peau
Toute chaude et toute fumante:
Le secret sans doute en est beau
Pour la nature *défaillante*.

(La Font., fab. VIII, 3.)

Toi-même, rappelant ma force *défaillante*,
Et mon âme déjà sur mes lèvres errante,
Par tes conseils flatteurs tu m'as su ranimer:
Tu m'as fait entrevoir que je pouvais l'aimer.

(Rac., Phèdre III, 1.)

Ses chevaux fougueux ne sentant plus sa main *défaillante*, et les rênes flottants sur leur cou, l'emportent çà et là.

(Fén. Tél. l. XX, p. 298.)

Ses yeux étoient déjà presque éteints, et sa voix *défaillante*.

(id. ibid. p. 233.)

En confrontant les deux synonymes „débile" et „défaillant", Lafaye dit[3]) que ce sont des Mots qualificatifs d'une personne qu'on considère par rapport à la perte de ces forces.

L'homme débile les a perdues; l'homme défaillant est en train de les perdre. La débilité est un état achevé, amené par l'âge ou de longues maladies; la défaillance[4]) est un changement qui s'opère actuellement. Le vieux Priam, de sa main débile, lance vainement un trait contre son ennemi; on dit la main défaillante d'une personne que ces forces abandonnent dans le moment, qui se trouve mal ou qui se meurt.

D'ailleurs ce qui frappe dans „débile", c'est l'incapacité de service. Ce mot n'est autre que le latin debilis, formé de de et de habilis,[5]) et signifie qui a perdu son habileté, son aptitude.[6]) Les Invalides ont été appelés justement des guerriers débiles (Montesq.); un cerveau ou un estomac débile n'est plus apte ou propre à remplir ses fonctions. Mais l'idée distinctive de défaillant (qui va faillant ou tombant) est celle de décadence de fin prochaine, probable ou à craindre. „Laisser l'âme défaillante et prête à expirer faute de[7]) soutien." (Fén.) „Ces deux pains sont quotidiens, parce qu'il faut[8]) sans cesse soutenir l'homme fragile et défaillant." Id.

Vous en croirez les traits qu'une mère expirante
A tracés devant moi d'une main *défaillante*.

(Volt.)"

E. Défaillant, e, subst.

Étym. et hist. V. le mot précédent.

Sign. et emploi. Terme de procédure, de pratique. Il signifie celui, celle qui n'a pas comparu en justice, qui manque à comparaître, à se trouver à l'assignation donnée en justice; = desertor causae.[9])

Le défaillant a été condamné (in contumaciam verurtheilt). Tous les défaillans ont été condamnés aux dépens.[10])

---

[1]) V. Littré, art. défaillant, 1.   [2]) Cf. Du Cange: defectiva febris = intermittens.
[3]) Lafaye, suppl. p. 96.   [4]) V. plus haut p. 52 et suivv.   [5]) Cf. Klotz.
[6]) Cf. Du Cange I, p. 720: debilis = ἐμπαθής, ἄχρηστος.   [7]) V. plus bas.
[8]) V. plus haut p. 35 et suivv.   [9]) Cf. l'adj. défaillant.   [10]) Cf. Acad., Littré et Rich.

F. Défaillement.

Étym. Défaillir.

Hist. XIIe et XIIIe siècles.

Donkes en cele niant parfaite volonteit où il consent salvement, lai où li pooirs **defalt**[1] de l'oyvre, ne poroit il jai mies estre salveiz par lo *defaillement* de l'oyvre, ou por l'oyvre del *defaillement.*

(Choix de Sermons de Saint Bernard p. 544.)[2]

XVIe siècle.

Il lui prenoit quelquefois *defaillement* de coeur, avec tels autres accidents qui prennent aux femmes enceintes.

(Desper. Contes XI.)[3]

Sign. et emploi. Il signifie l'action de défaillir.[4] — L'Acad., Richelet, Mozin-Peschier n'ont pas ce mot. —

G. Défailli, e.[5]

Part. passé de „défaillir“. Qui a fait défaut, qui a manqué.

On ne sut plus quelles bornes ou pourroit donner à leur puissance, quand on leur vit envahir un peu après dans leur voisinage le royaume de Babylone, où la famille royale étoit *défaillie.* (Boss.. hist. univ. III, 4; p. 305.)

Délivre-nous, ô Éternel, car l'homme de bien est *défailli,* et les hommes sincères ont pris fin parmi les fils des hommes. (Ps. 12, 1.)[6]

Sa bonté est-elle *défaillie* pour jamais? Sa parole a-t-elle pris fin pour toujours? (Ps. 77, 8.)[7]

Qui est tombé en défaillance, qui s'est affaibli.

Un prêtre vient rendre à un coeur intrépide la force *défaillie.* (Chateaubr. dans le Dict. de Dochez.)[8]

Mon âme est *défaillie* en attendant la délivrance; je me suis attendu à ta parole. (Ps. 119, 81.)[9]

Ne m'abandonne point maintenant que ma force est *défaillie.* (Ps. 71, 9.)[10]

H. Défaillible, adj.

Étym. Défaillir.

Hist. XVe siècle.

Laissons ces choses et disons que la première vie est *défaillable.*[11] (Gerson, Harengue au roi Charles VI, p. 8.)[12]

Sign. Qui peut défaillir.

I. Défausser, v. a. et (se d.) v. r.

Étym. Dé . . . . préfixe, et faux adj.[13]

Hist. Nous n'avons trouvé ce mot que dans le Dictionnaire de l'Académie et dans Littré;[14] mais ni l'un ni l'autre n'en citent des passages.

---

[1]) V. plus haut p. 49.   [2]) V. Burg. I, p. 382; id. III, p. 155.
[3]) V. Littré, art. défaillement, hist.   [4]) Cf. Littré, art. défaillement.   [5]) Cf. id. art. défailli.

[6]) הוֹשִׁיעָה יְהֹוָה כִּי־גָמַר חָסִיד כִּי־פַסּוּ אֱמוּנִים מִבְּנֵי אָדֶם :

[7]) הֶלְעוֹלָמִים יִזְנַח אֲדֹנָי וְלֹא־יֹסִיף לִרְצוֹת עוֹד :

[8]) V. Littré, art. défailli.

[9]) כָּלְתָה לִתְשׁוּעָתְךָ נַפְשִׁי לִדְבָרְךָ יִחָלְתִּי :

[10]) אַל־תַּשְׁלִיכֵנִי לְעֵת זִקְנָה כִּכְלוֹת כֹּחִי אַל־תַּעַזְבֵנִי ;

[11]) C'est manifestement une faute d'impression pour „défaillible“.

[12]) V. Littré; les autres dictionnaires n'ont pas ce mot.   [13]) V. plus bas.

[14]) C'est aussi le Dictionnaire de Mozin-Peschier qui connaît ce mot, mais cet ouvrage et celui de l'Académie l'allèguent seulement comme verbe pronominal.

Sign. et emploi:

1⁰. v. a. redresser ce qui a été faussé.

2⁰. v. réfl. se défausser
eine unbedeutende karte abwerfen.

Terme de jeu: se débarrasser de ces fausses cartes, c'est-à-dire, quand on n'a pas des cartes de la couleur qui se joue, jeter les cartes qu'on croit être les moins utiles. — Il faut savoir se défausser à propos.[1]

K. Défaut, s. m.

Étym. Dé . . . préfixe, et faillir;[2] provenç. defaut, et, beaucoup plus souvent, defauta, deffaulta; anc. catal. defalt; ital. esp. port. diffalta.[3] — Le féminin defaute ou deffaute[4] est, dans les premiers temps, le seul que les textes offrent fréquemment.[5][6]

Hist. **XIIᵉ et XIIIᵉ siècles.**

C'est sa borce, qui ne li faut
l'or amende ne por *defaut*.[7]
(H. et B., p. 38, Rutebeuf.)

Car il n'ot onques persecucion en paroisse, ne par *defaut*[8] d'yaue ne de trop pluie ne d'autre persecucion . . .
(Bartsch, chr. fr., p. 370, Jehan de Joinville.)

Feuille ne flors ne vaut riens en chantant,
Fors ke par *defante* sans plus de rimoier.
(Barthe, p. 38, Thibaut.)

Povres et nus, maigros et froiz
Fui par *defaute*.
(Bartsch, chr. fr., p. 327, Rustebues.)

XIVᵉ et XVᵉ siècles.

Et aussi, pour les *deffautes* qui advenir pouvoient, grans pourveances et charroy les suyvoyent.
(Magn., p. 23, Jean Froissart.)

Se dix estoit le plus grant excès en aucune matiere et deux estoit la plus grant *deffaute*, le moien selon nature de la chose ce seroit six.
(Oresme, Eth. 44.)[9]

Si le pria en amitié et requit par lignage qu'il se voulust sur ce aviser, par quoi aucune *deffaute* ne fust trouvée en lui.
(Froiss. I, 1, 72.)[10]

La comtesse pria à ces seigneurs de Bretagne, pour l'amour de Dieu, qu'ils ne fissent nule *defaute*, et que elle auroit grand secours dedans trois jours.
(id. I, 1, 176.)[11]

Mais quant ce vint au fait de la despense, Il restreignit oufs, chandelle et moustarde, Et oublia pain, vin, char et finance; Tout se destruit, et par *default* de garde.
(Eust. Deschamps.)[12]

En fut mal recompensé plus par la poursuyte de ses ennemys que par le *deffault* du roy.
(Comm. I, 2.)[13]

Il avoit honte de retourner en Castille ne en Portugal avecques ceste *deffaulte*, et de n'avoir rien fait deça.
(id. V, 7.)[14]

XVIᵉ siècle.

Mais aussi vient il du *defaut* grand de celuy qui en delibere, qui est ou de ne cognoistre pas bien, et trop presumer de soy.
(Magn., p. 179, Pierre Charron.)

Une seule en est à dire, en laquelle je ne sçay comme Nature *default* aux hommes, pour la desirer.
(id. p. 122, Étienne de la Boëtie.)

---

[1] V. Littré, art. défausser.

[2] Scheler (art. défaut) dit: „Défaute se rapporte à „défaillir", comme falte, faute à „faillir." Comme le verbe „défaillir", dans la structure, paraît avoir subi l'influence du Lat. „deficere", faire défaut, nous attribuons de même l'introduction du masc. défaut à l'influence du substantif „defectus" = défaut, it. difetto." — V. défaillir.

[3] V. Littré; Scheler; Coutelle.   [4] V. Littré; Burg, gr. III, p. 155; Bartsch, chr. fr., p. 543.

[5] Nous avons aussi trouvé „defaut" (v. les exemples du XIIe et XIIIe s.); Littré lui-même donne la forme. „deffault" dans les exemples du XVe s., et Magnin (p. 23, obs. 5) dit qu'il y a aussi deffalt, deffault.

[6] Cf. Du Cange I, p. 742, les mots: defaltum, defalta, defectus. Il dit que le premier tire son origine ex Gallico „Defaut" vel Auglico „Defalte". et non au contraire. Pour „defectus" v. plus bas.   [7] V. cette page, rem. 5.

[8] ibidem. [9] V. Littré, art. défaut, hist. [10] ibidem. [11] ibidem. [12] ibidem. [13] ibidem. [14] ibidem.

Tellement, Sire, qu'une telle faveur surmontant toute
eloquence humaine, nous aimons trop mieux confesser nostre
imbecillité par un vergogneux silence, qu'amoindrir un tel
bien faict par *default* de la parolle.

                         (Magn., p. 99, Th. de Bèze.)

Ne pensez que nous soyons venus pour maintenir aucun
erreur; mais pour descouvrir et amender tout ce qui se
trouvera de *default*, ou de nostre costé ou du vostre.

                         (id. ibid. p. 100.)

Quand ie me plains du *default* de la mienne (mémoire);
ils me reprennent et mescroyent, comme si ie m'accusois
d'estre insensé.

                         (Mont. Ess. I, 9.)

Mais, Rapin mon amy, c'est la vieille querelle,
L'homme le plus parfait a manqué de cervelle,
Et de ce grand *defaut* vient l'imbecillité,
Qui rend l'homme hautain, insolent, effronté,
Et selon le sujet qu'à l'oeil il se propose,
Suivant son appetit il juge toute chose.

                       (H. et B., p. 150, Regnier.)

Je regretteray extrémement le *défaut* que peut-estre
mon peu de moyen vous y fera trouver.

                       (Malh. III, p. 86; lett. I, 27.)

Car les aucuns disoient que de humeur il n'y en avoit
goute en l'air, dont on esperast avoir pluie, et que la terre
suppleoit au *défaut*.

                       (Rab., Pant. II, 2.)

Il pensa que le plus sur estoit de fuir, et qu'un bon
defaut valoit mieux qu'une mauvaise comparution.

                       (Yver, p. 647.)[1]

Defaut ne se donne contre le procureur de roi.

                       (Loysel, 863.)[2]

On appeloit (faisait appel) de *defaute* de droit, quand
on refusoit de rendre la justice aux parties.

                       (Montq., Espr. XXVIII, 28.)[3]

Sign. et emploi:

1°. m a n g e l.[4]

     Action de **défaillir**. privation de quelque chose. — Le **défaut** de subsistance a
forcé la garnison à se rendre. **Défaut** d'esprit, d'expérience, de courage. (cf. Littré.)

---

[1]) V. Littré, art. défaut, hist. XVIe siècle.   [2]) ibidem.   [3]) ibidem.

[4]) Lafaye (p. 763) dit: „Manque, Défaut, Privation (Manquement, Faute). Ces mots servent à exprimer qu'un sujet n'a pas une certaine chose, qu'il en est dépourvu.

    Manque et défaut se ressemblent beaucoup, sans équivaloir pourtant l'un à l'autre. Le manque regarde la quantité; il ne doit y avoir dans une chose rien de trop ni rien de manque (Pasc.); on dit le manque d'une partie: „Les choses particulières étant partagées affligent plus leur possesseur par le manque de la partie qu'il n'a pas, qu'elles ne le contentent par la jouissance de celle qui lui appartient." Pasc. Le défaut est plutôt relatif à la qualité. „Le défaut d'une seule de ces qualités rend un homme incapable d'être ce qu'il prétend." Bourd. — Le manque rend la chose incomplète, mais non pas peut-être moins parfaite ou moins bonne. „Qu'on ne nous reproche plus le manque de clarté, puisque nous en faisons profession." Pasc. „Le manque d'oreilles extérieures est un des traits par lesquels les phoques se rapprochent des cétacés." Buff. „L'usage de la main, le manque de queue, etc., ont fait donner au singe le nom d'homme sauvage." Id. Avec un défaut, au contraire, le sujet est toujours défectueux. On a reproché à l'Esprit des lois le défaut de méthode (La H.). — Le manque d'argent est sans inconvénients dans certaines situations, dans l'état religieux, dans l'état sauvage; mais en général le défaut d'argent fait échouer les plus belles entreprises. Le manque de mémoire, pour ce qui concerne les injures et les causes d'affliction, est un bien; mais le défaut de mémoire, pour les enfants qui ont tant à apprendre, est un vice des plus fâcheux. „Certaines vérités de géométrie ne se peuvent démonstrer; et, comme ce n'est pas à cause de leur obscurité, mais à cause de leur extrême évidence. ce manque de preuve n'est pas un défaut, mais plutôt une perfection." Pasc.

    D'ailleurs, manque est objectif, c'est-à-dire tout relatif à ce qui ne se trouve pas ou à ce qui se trouve de moins dans le sujet ou à sa disposition; au lieu que défaut est subjectif, c'est-à-dire qu'il appelle toute l'attention sur le sujet lui-même. „Ce tigre fut enfermé dans une loge étroite où le manque d'espace et le défaut de mouvement ont abrégé sa vie." Buff. Quand nous n'avançons pas dans la voie du bien, nous nous plaignons d'un manque de secours de la part de Dieu. (Boss.); nous ne devrions nous en prendre qu'à notre défaut de courage. „Il nous suffit d'avoir vu que c'est par le seul défaut de leur volonté, et non pas manque des secours absolument nécessaires pour pouvoir éviter tous les péchés, que les plus justes pèchent quelquefois." Boss.

    Je veux bien avouer qu'un manque de couronne Est l'unique défaut qui soit en sa personne.   Regn.

    Comme le défaut rend défectueux, imparfait, incorrect. la privation rend malheureux. C'est un manque auquel on est sensible, le manque de choses dont on a joui, dont on devait ou dont on pouvait jouir. La privation de la vue (Acad.), des plaisirs (Montesq.); le séjour de cette ville paraît triste par la privation des spectacles (d'Al.). „Les seuls biens dont la privation coûte sont ceux auxquels on croit avoir droit." J. J. „Athènes, délivrée du joug de la servitude, goûtait en paix les avantages de la liberté, dont cette longue privation n'avait servi qu'à lui faire mieux sentir et le prix et la douceur." Roll.

    Manquement et faute sont synonymes dans le sens d'action mauvaise ou répréhensible.

    Mais le manquement n'est pas aussi grave, ce n'est qu'une faute légère; car manquement, comme manque, signifie seulement un déficit, au lieu que faute, comme défaut, annonce quelque chose d'essentiellement fautif, défectueux, imparfait. „Je ne crois pas qu'on doive employer le châtiment des verges pour les manquements où les enfants peuvent tomber en apprenant à lire, à écrire, à danser. Il doit y avoir d'autres punitions pour des fautes où il ne paraît ni mauvaise disposition du coeur, ni envie de secouer le joug de l'autorité." Roll.

De là vient qu'un chacun mesme en son *defaut*,
Pense avoir de l'esprit autant qu'il luy en faut,
Aussi rien n'est party si bien par la Nature,
Que le sens: car chacun en a sa fourniture.
(H. et B., p. 151, Regnier.

Le seule loy qui peut dispenser de la correction est la loy de la bienséance, car c'est presque toujours du *defaut* de bienséance que vient l'inutilité de la correction.
(Tr. d. l. S. p. 15.)

J'ignore pour quel sort mon astre m'a fait maitre;
Mais je sais que pour vous, si vous manquez de l'être,
On ne vous en doit point imputer le *défaut*,
Car vos soins pour cela font bien tout ce qu'il faut.
(Mol., éc. d. m. I, 3.)

Sévère à mon[1] *défaut* fera ta récompense.
(Corn., Pol. IV, 1.)

Ce léger *défaut* de vraisemblance peut n'être pas sans dessein et sans adresse.
(Montq., p. 14.)

Terme d'anatomie (weiche).

Le dictionnaire de Mozin-Peschier donne encore la signification de „décroît", „décroissement" de la lune, terme d'astronomie.

Monstruosité par défaut, monstruosité causée par l'absence de quelque partie.[2]

Dans cette place il nous faut faire mention des locutions prépositives:
A défaut de, au défaut de,
(par défaut de.)[3]

Elles signifient: au lieu de, à la place (en place) de telle personne ou de telle chose qui manque, qui vient à manquer[4] ou: faute de, dans le cas où la chose en question manquerait. — A défaut de vin, nous boirons de l'eau.[5]

Mais la représentation même fut médiocre et froide par défaut de vérité encore encore plus que de talent.
(Ploetz, man. p. 538, Guizot.)

Povres et nus, maigres et froiz
Fui par défaute.[6]
(Bartsch, p. 338. Rustebues.)

Car il n'ot onques persecucion en parolsse, ne par defaut d'yaue ne de trop pluie ne . . .
(Ibid. p. 370, Joinville.)[7]

Par default de la parolle.
(Magn., p. 99, de Bèze.)[8]

---

[1]) V. cette page observ. 3.   [2]) V. Littré, art. défaut 1.

[3]) Littré ajoute la remarque suivante: „Des grammairiens ont voulu distinguer au défaut de et à défaut de, disant que le premier signifie „à la place de", et le second „faute de" — (v. plus bas) —; „mais cette distinction n'est pas justifié par l'usage; et en soi elle n'est pas fondée." — Les grammairiens dont Littré fait mention, sont Girault-Duvivier etc. Ils disent (Gr. d. Gr. p. 1111): „Au défaut de" signifie „à la place de". — „A défaut de" signifie „faute de." „Le style de Fénelon, qui n'est jamais impétueux ni chaud, est du moins toujours élégant; au défaut de la force, il a la correction et la grâce." (Thomas.) — C'est-à-dire, à la place de la force. — „Au défaut de la réalité on cherche à se repaître de chimères." (M. Laveaux.) — „Au défaut de la fortune, les qualités de l'esprit pourront nous distinguer du reste des hommes." (Bossuet.)

Féraud est d'avis que à défaut de ne se dit qu'au palais; M. Laveaux fait plus, il regarde cette expression comme un barbarisme.

Quoi qu'il en soit, il n'y a aucun doute que l'expression à défaut ne puisse être employée, lorsqu'elle est précédée de l'un des adjectifs pronominaux possessifs mon, ton, son, comme dans ces phrases: „A son défaut, je vous servirai." — „A mon défaut, ce sera mon frère qui viendra." — „A ton défaut, j'en prendrai un autre." (Rich., Acad., édit. de 1762 et de 1798.)

— L'Académie, en 1835, admet parmi ses exemples: „A défaut d'autres armes, il prit une barre de fer." — „A défaut de vin, nous boirons de l'eau." Les deux tournures sont donc également autorisées. A. L.

— C'est P.-Auguste Lemaire qui a ajouté les derniers mots. — Lafaye (p. 15) dit: „A défaut, au défaut. Telle personne ou telle chose manquant, à la place de telle personne ou de telle chose. — Au défaut est plus précis. C'est pourquoi il convient mieux en parlant des personnes. (Exemples.) C'est encore à cause de ce caractère de précision qu'au défaut se dit de préférence par rapport au passé et au présent qui sont déterminés et certains. (Ex.) A défaut, au contraire, est plutôt de mise quand il s'agit des choses de l'avenir. (Ex.) Ainsi au défaut signifie telle personne ou telle chose ayant manqué ou manquant; et à défaut, si par hasard une chose vient ou venait à manquer. — Toutefois au défaut se dirait bien aussi relativement au futur, mais relativement à un futur fixe et indubitable, et non pas vague ou douteux: à défaut de vin, nous boirons de l'eau, voilà l'expression ordinaire; mais si on est sûr que le vin fera défaut on dira mieux: au défaut de vin, nous boirons de l'eau." — Quant à la locution „Par défaut de," nous ne l'avons trouvée que dans l'ancien français (v. les exemples), une fois aussi dans Vauvenargues, auteur du XVIIIe siècle (v. les exemples) puis dans Guizot.

[4]) Cf. Acad.   [5]) Cf. Littré.   [6]) V. plus haut p. 57.   [7]) ibidem.   [8]) ibidem.

Craignant l'offenser (Dieu) et perdre sa grace *par de-faut de* foy et transgression de sa divine loy . . .

(Rab., Pant. III, 30.)

Nul n'est ambitieux par raison, ni vicieux *par défaut d'*esprit.

(H. et B., p. 456, Vauvenargues.)

Mais peut-être, *au defaut de* la fortune, les qualités de l'esprit, les grands desseins, les vastes pensées pourront nous distinguer du reste des hommes.

(H. et B., p. 339, Bossuet.)[1]

Au défaut de ton bras prête-moi ton epée.

(Rac., Phèdre II, 5.)

Au défaut de six pistoles,
Choisissez donc, sans façon,
D'avoir trente croquignoles,
Ou douze coups de bâton.

(Mol., mal. im. pr. interm. sc. 8.)

Ainsi, *au défaut de* l'usage, l'analogie l'a autorisé à dire: „l'effroi de ses armes." (Gr. d. gr. p. 1013.)

César aprit, lorsqu'il étoit encore en marche, qu'Antoine avoit été fait Augure. *Au défaut donc de* ce prétexte qui lui manquoit, il en substitua un autre . . .

(Roll., hist. rom. XIII, p. 285.)

Espérant mettre ainsi Pompée dans son tort, et donner lui-même à ses procédés un air de modération, *au défaut de* la justice qui manquoit à sa cause. (id. ib. p. 292.)

Il faut avouer pourtant que les géomètres abusent quelquefois de cette application de l'algèbre à la physique. *Au défaut d'*expériences propres à servir de base à leur calcul, ils se permettent des hypothèses . . .

(H. et B., p. 447, d'Alembert.)

*Au défaut d'*une telle connaissance, et *des* lumières nécessaires sur la cause physique des propriétés de l'aimant, ce serait sans doute une recherche bien digne d'un philosophe, que de réduire, s'il était possible, toutes ces propriétés à une seule, en montrant la liaison qu'elles ont entre elles. (H. et B., p. 447, d'Alembert.)

La main prend un bâton pour soutenir le corps, *au défaut du* pied. (Boss., p. 367.)

Il lût . . . la réponse de Benoit, concluant qu'ils devoient être citez, et *au défaut de* comparition déclarez contumaces.[2] (Lenfant, C. d. P., t. I, p. 244.)

Au défaut des plus proches héritiers dans une famille, on appelle au trône les parents éloignés, et jamais ceux de l'autre maison. (Barthél., v. en Gr. p. 337, ch. 45.)

L'aï petille *à défaut d'*eau bénite;
De vrais amis viennent fermer mes yeux.

(Bér., Mon âme.)

Il l'a dit ailleurs, et il espère qu'on s'en souvient peut-être, *à défaut de* talent il a la conscience.

(Ruy Blas, p. 108, note II.)

Je cherchai la solitude, et, *à défaut* d'âmes qui pussent me comprendre, je me plaignis à Dieu.

(H. et B., p. 682, Dumas.)

Mes pensées se formulèrent dans un idiome presque inconnu à moi-même, et comme elles tendaient au ciel, *à défaut de* sympathies sur la terre, le Seigneur leur donna des ailes, et elles montèrent vers lui. (id. ibid.)

A défaut de conviction, il a l'entêtement chevaleresque de son parti. (Ploetz, man. p. 770, Augier.)

Réduite à elle-même, abandonnée des autres arts parce que la pensée humaine l'abandonne, elle appelle des manoeuvres *à défaut d'*artistes.

(Notre-Dame, p. 226.)

Éteignez sous leurs flots les feux du sacrifice,
Ou guidez au lieu du supplice,
A défaut du tonnerre, un chevalier français.

(Delav., Mess. 5, p. 28.)

Un grenadier de Frédéric II, roi de Prusse, portait, *à défaut de* montre, une assez grosse balle attachée à un cordon. (Luedecking p. 19.)

La Pragmatique, cette charte religieuse qui donne à la France l'iniative, *à défaut de* sainteté, et oppose à la papauté une sorte de patriarcat royal, demeure profondément populaire. (Rev. Chrét. 1861, p. 80.)

Les dragons *à défaut de* missionnaires, sont chargés de convertir les hérétiques. (ibid. p. 103.)

Gesenius ne l'accepte évidemment qu'*à défaut d'*une autre plus satisfaisante (explication) . . . (ibid. p. 409.)

Il nous semble qu'au XIXe siècle la location à d é f a u t d e est plus souvent usitée que dans les siècles antérieurs.

2°. b l o e s s e, n a h t, f u g e.

Endroit où la cuirasse finit; intervalle entre la cuirasse et les autres pièces de l'armure.[3] — Aussi en général, le d é f a u t des côtes, l'endroit où elles se terminent, ou l'espace entre deux côtes.

---

[1]) V. plus haut p. 59, observ. 3.   [2]) V. plus haut p. 55 et plus bas.

[3]) Cf. Rich., art. d é f a u t: „C o m m i s s u r a, extremae partes loricae. Ce mot (d é f a u t) parlant de cuirasse et d'autres armes qui couvrent le corps, veut dire, le bas de l'armure et l'endroit où elle vient à manquer de couvrir le corps." (L'exemple que cite aussi Littré.) „On appelle aussi le d é f a u t d e l a c u i r a s s e, l'endroit faible d'un homme. Vous en viendriez à bout, si vous le prenez par le d é f a u t d e l a c u i r a s s e." „D é f a u t d e s c ô t e s. — C'est l'endroit où se terminent les côtes."

9

Il rappela ses esprits, et, tâtant son ennemi au *défaut*
des armes, il lui plongea le poignard dans le flanc.
(Vaugel. Q.-C. liv. IX, ch. 5.) [1]

Il n'y a point de guerrier si bien armé qu'on ne puisse
percer au *défaut* de la cuirasse.
(Volt., Lett. en vers et en prose, 28.) [3]

Mais il tombe et l'on trouve au *défaut* de l'armure,
Tout le fer d'une lance encor dans la blessure.
(De Bellol, Gaston et B. IV, 2.) [2]

Fig. Le côté faible, sensible d'une personne. — Blesser quelqu'un au **défaut** de la
cuirasse.[4]

Dans le même sens:

Fuyez un ennemi qui sait votre *défaut*.
(Corn. Poly. I, 1.) [5]

3°. das ausbleiben, das nichterscheinen vor Gericht.

Terme de procédure: manquement à une assignation donnée, refus de comparaître. Il
a fait **défaut.** Jugement par défaut, décision rendue contre une partie non comparante ou n'ayant
personne qui comparaisse pour elle. — Donner **défaut,** donner acte de la non-comparution. —
Défaut contre partie ou faute de comparaître, jugement rendu contre une partie, faute par elle
d'avoir constitué avoué dans les délais de l'ajournement. — **Défaut** contre avoué ou faute de conclure, jugement rendu contre une partie dont l'avoué n'a pas déposé de conclusions. — **Défaut-
congé,** lorsque le demandeur ne se présente pas. — Profit du **défaut,** avantage résultant, pour
celui qui se présente, de l'absence de son adversaire. Adjuger le profit du **défaut,** statuer par
suite du **défaut** d'une partie en faveur de l'autre qui a comparu. — **Défaut** profit-joint, c'est
lorsque de deux défendeurs l'un comparaît, l'autre fait **défaut;** on joint le profit du **défaut,** c'est-
à-dire qu'au lieu de l'adjuger, on surseoit à statuer jusqu'à ce que le non-comparant ait été jugé
ou tenu pour jugé contradictoirement.[6]

4°. falsche faehrte, falsche spur.[7]

Terme de chasse. Le moment même où les chiens, perdant la voie, cessent de chasser. —
Les chiens sont en **défaut.**[8]

L'autre (le renard) fit cent tours inutiles,
Entra dans cent terriers, mit cent fois en *défaut*
Tous les confrères de Brifaut.
(La Font., fab. IX, 14.) [9]

L'animal rusé, qui les voit passer et s'éloigner, sort
de sa retraite, rentre dans le sentier, confond ses traces et
met la meute en *défaut.*
(Bonnet, Contempl. nat. 12° part. ch. 44.) [10]

Relever le **défaut,** se dit des chiens qui se remettent sur la voie.[11]

Fig. Être en **défaut,** faillir, se tromper, commettre quelque manquement, quelque
erreur.

---

[1] V. Littré et Rich.   [2] V. Littré.   [3] ibidem.   [4] ibidem.   [5] ibidem.

[6] V. Littré, art. défaut 3. — Cf. Rich. et Du Cange. Ce dernier dit (I, p. 743, 4): „Defectus, vadi-
monium desertum, Gall. défaut de comparoir. Consuetud. Brageriaci art. 79. Item ad hoc ut dictus creditor gaudere
possit de dicto Defectu contra suum debitorem . . . oportet necessario, quod personaliter citetur, et ei legatur et exprimatur
dictum instrumentum et contenta in eo, et quod ei assignetur per dictam citationem certa dies, et per spatium octo dierum
ad minus . . si alias dicta citatio facta fuerit, dictus creditor de dicta citatione et Defectu minime gaudere possit. Cod.
Legum Normann. apud Ludewig. reliq. MSS. to. 7, p. 320. Nec tamen ex Defectu facto post visionem in huiusmodi
querela absens vel Deficiens tenetur saisinam amittere.“

[7] Cf. Littré, art. défaut 4.

[8] Cf. Rich.: „Défaut, error canum in vestigatione ferae. Terme de chasse. C'est la perte que le chien
a fait des voies de la bête qu'on chasse. (Demeurer en défaut. Sal.) On le peut dire d'un homme en même sens, comme
a fait Monsieur de la Bruyère. Les fautes des sots, dit-il, sont quelquefois si lourdes et si dificiles à prévoir, qu'elles
mettent les sages en défaut, et ne sont utiles qu'à ceux qui les font. La Bruyère.“

[9] V. Littré.   [10] ibidem.   [11] ibidem.

Voilà mes guichetiers en *défaut*, dieu merci.

(Rac., Plaid. I, 3.)[1]

Une prévoyance qui était rarement en *défaut* avait fait comprendre à Napoléon la nécessité . . .

(Men. II, p. 33.)

. . . Pourquoi? Caché sous le nom de Derbain,
Les huissiers, les recors, te chercheront en vain;
Leur meute est en *défaut*,[2] tu lui donnes le change.

(Andrieux, les Ét. 1, 1.)

On dit de même

Mettre, prendre, trouver quelqu'un en défaut, le mettre, le trouver, le prendre en un manquement quelconque.

Les fautes des sots sont quelquefois si lourdes et si difficiles à prévoir qu'elles *mettent* les sages *en défaut* et ne sont utiles qu'à ceux qui les font. (La Bruy. XI.)[3]

Il couchait sur la paille, ne vivait que de légumes qu'il allait acheter et qu'il apprêtait lui-même, pendant que d'un air curieux il interrogeait Aristote pour *trouver* l'intelligence de ce philosophe *en défaut*.[4]

(Mager, anth., II, p. 271, Audin.)

Mettre en défaut, rendre inutile. déjouer.

Lindor, par son audace
Met ta ruse *en défaut*;
Il te parle à voix basse,
Il soupire tout haut.

(Bér. Inf. de Lisette.)

5º. fehler, koerperliches gebrechen.
(imperfection physique. Les défauts du corps.)

D'un *default* naturel, ou on faict un *default* de conscience. (Mont. Ess. 1, 9.)

Il n'y a nuls vices extérieurs et nuls *défauts* du corps qui ne soient aperçus par les enfants. (La Bruy. XI.)[5]

Le choix de la victime n'exige pas moins d'attention. Elle doit être sans tache, n'avoir aucun *défaut*, aucune maladie.[6] (Barthél., voy. d'An. ch. XXI, p. 169.)

Ma vue courte offrait un peu d'obstacle, mais qui ne m'embarrassait pas; et je comptais bien à force de sang-froid et d'intrépidité suppléer à ce *défaut*.

(J.-J. Rouss. conf. 1, IV p. 160.)

6º. moralischer fehler.
(imperfection morale.)[7]

C'est même déjà un grand *défaut* en vous, que vous ayez des procès entre vous. (1 Cor. 6, 7.)[8]

Les gens de notre état sont bavards, curieux:
Grâce au ciel, je n'ai point ces *défauts*-là.

(Andrieux, les Ét. 1, 9.)[9]

---

[1] V. Littré. [2] A vrai dire, défaut est ici employé au sens propre. V. p. 61, rem. 8. [3] V. Littré, art. défaut 4.
[4] Cette locution (être, mettre, trouver, prendre en défaut) s'applique également à certaines facultés intellectuelles, à certaines qualités (Acad.)
[5] V. Littré, art. défaut 4.
[6] En parlant des animaux domestiques, défaut exprime les imperfections du corps et les irrégularités de proportion.
[7] V. le grand nombre d'exemples dans Littré.
[8] Jam quidem omnino delictum est in vobis, quod iudicia habetis inter vos. — Ἤδη μὲν οὖν ὅλως ἥττημα ἐν ὑμῖν ἐστίν, ὅτι κρίματα ἔχετε μεθ' ἑαυτῶν. — Es ist schon ein fehler unter euch, dass ihr mit einander rechtet. — Now therefore there is utterly a fault among you, because ye go to law one with another.
[9] Syn. Lafaye (p. 680 et suivv.) dit: „Imperfection, défaut (faute, défectuosité), vice. (Ridicule.) Ces mots désignent quelque chose de répréhensible, qui empêche d'être bien.
L'imperfection diffère d'abord du défaut, en ce qu'elle se trouve dans des choses ou des personnes très-bonnes du reste, au lieu que le défaut peut se trouver dans ce qu'il y a de plus commun: les imperfections d'un diamant, les défauts d'un outil. Ce qui est imparfait n'est pas fini, achevé, accompli, laisse quelque chose à désirer pour être un modèle; ce qui est défectueux est en défaut, défaille,* languit, éprouve un manque ou une faiblesse, n'est pas comme il faut, n'a pas la force ou les qualités qu'il devrait avoir. Les gens de bien ont aussi leurs imperfections, tous les hommes ont des défauts. „Les imperfections des gens de bien devraient vous trouver plus indulgents; car eux seuls vous épargnent, cachent vos vices, adoucissent vos défauts, excusent vos fautes.“ Mass. — En second lieu, imperfection a plus de rapport à la théorie, et défaut à la pratique: on connait ses imperfections, connaître exprime une action tout idéale; mais on corrige ses défauts, on est insupportable à cause de ses défauts, il s'agit ici de pratique et de commerce avec nos semblables. „L'homme veut être parfait, et il se voit plein d'imperfections; il veut être l'objet de l'amour et de l'estime des hommes, et il voit que ses défauts ne méritent que leur aversion et leur mé-

---

* Cf. p. 51, n. 9.

Il est vrai que ses grandes qualités se trouvaient affaiblies par quelques *défauts*.

(H. et B. p. 635, Mignet, Dumouriez et Roland.)

C'était lui qui, transporté par l'espérance de placer un jour la vertu sur le trône, et voyant le bonheur de la France dans l'éducation de son roi, détruisait avec un art admirable tous les germes dangereux, que la nature et que le sentiment prématuré du pouvoir avaient jetés dans ce jeune cœur, et faisait succéder à tous les *défauts* d'un caractère indomptable l'habitude des plus salutaires vertus.

(Villemain, Fénelon.)

---

pris." Pasc. „On se pique d'oraison sublime, et cependant on ne connaît pas ses im p e r f e c t i o n s les plus grossières . . . On est rempli de d é f a u t s qu'on ne peut espérer de corriger sans le secours de l'oraison commune." Bourd. Sans i m p e r - f e c t i o n, les choses ou les personnes sont admirables, exemplaires; sans d é f a u t, elles ont toutes les qualités qu'on pouvait leur donner et qu'elles doivent avoir conformément à leur usage, à leur destination, au service qu'on en attend. Les im p e r f e c t i o n s déparent; les d é f a u t s diminuent la valeur, le mérite, l'utilité.

Quant au vice, il se distingue aisément. C'est quelque chose d'intérieur, un principe de mal qui est au fond des choses, qui en gâte ou en déprave toute la masse, et qui est par conséquent difficile à détruire. Dans le M i s a n t h r o p e Philinte dit à Alceste:

Oui je vois ces d é f a u t s, dont votre âme murmure,
Comme v i c e s unis à l'humaine nature. (Mol.)

„La haine des hommes ne serait pas un d é f a u t, mais une dépravation de la nature, et le plus grand de tous les v i c e s." J. J. „Les efforts inutiles de tant d'auteurs nous ont fait supposer que le d é f a u t de ces poëmes (les opéras) était peut-être un v i c e irréparable." Vauv. „Quelques beautés de détail firent excuser, dans cette tragédie, et le v i c e du plan et les d é f a u t s de l'exécution." D'Al. On dit plutôt les d é f a u t s de l'esprit, et les v i c e s du cœur, parce que l'esprit est un instrument plus ou moins commode ou convenable, et que le cœur peut être sain ou corrompu. „Louis le Débonnaire était un prince qui avait toutes sortes de d é f a u t s dans l'esprit, avec peu de v i c e s dans le cœur." Montesq. „César avait tant de grandes qualités, sans pas un d é f a u t, quoiqu'il eût bien des v i c e s, qu'il eût été bien difficile que, quelque armée qu'il eût commandée, il n'eût été vainqueur." Id. — (Rem.: „Labruyère a comparée, ainsi que Montesquieu, par rapport à l'esprit humain seulement le d é f a u t et le v i c e, auxquels il a joint le r i d i c u l e. Il dit: „Les v i c e s partent d'une dépravation du cœur; les d é f a u t s d'un v i c e de tempérament; le r i d i c u l e, d'un d é f a u t d'esprit." Or, la définition du v i c e est exacte: le v i c e gît dans le cœur, qui est la partie de l'âme la plus intime et la seule qu'on conçoit comme pouvant se conserver pure ou se pervertir. Mais le d é f a u t n'est point un v i c e de tempérament, c'est tout ce qui nous manque de droit, de juste, de régulier, de normal, d'où résulte quelque inconvénient pour nous ou pour les autres. La méchanceté, par exemple, est un v i c e, et la sottise un d é f a u t. Quant au r i d i c u l e, c'est le caractère social du d é f a u t, comme l'odieux est celui du v i c e. „La tragédie nous offre les malheurs produits par les v i c e s des hommes, la comédie les r i d i c u l e s attachés à leurs défauts." D'Al. — Le v i c e, le d é f a u t et le r i d i c u l e rendent répréhensible, le v i c e aux yeux de la raison, et le r i d i c u l e aux yeux du monde.) —

A d é f a u t se rapportent f a u t e et défectuosité, dont la racine est la même, f a l l e r e, f a i l l i r, manquer. Ces trois mots signifient une mauvaise qualité dans des choses ordinaires, usuelles, et qui ne tient pas au fond de ces choses, à leur nature.

La f a u t e est le d é f a u t de quelqu'un qui f a u t, qui fait l'action de f a i l l i r. On fait des f a u t e s, on a des d é f a u t s; des f a u t e s arrivent, échappent, et des d é f a u t s sont. „Je fais encore bien des f a u t e s, j'ai encore bien des d é f a u t s." Dudeff. „Colbert fit de grandes f a u t e s; il eut des d é f a u t s." D'Al. „Sophie, restée estimable jusque dans le crime, sera d'autant plus fidèle, plus soigneuse et moins fière; elle n'aura commis une f a u t e que pour se guérir d'un d é f a u t." J. J. „L'occasion s'offrit d'indiquer quelques-unes de ses grandes qualités: il se hâta de relever ses d é f a u t s. Nous voulûmes lui parler de ses succès; il nous parla de ses f a u t e s." Barth. „Nos ennemis croient que nous avons commis des f a u t e s que nous n'avons point commises, ou nous attribuent des d é f a u t s que nous n'avons pas." Nic. „Ne craignez point de parler des f a u t e s qui vous auront échappé devant l'enfant, et des d é f a u t s qui sont visibles en vous." Fén. — Toutefois, les f a u t e s se considèrent bien aussi objectivement, dans les choses, auquel cas elles ressemblent le plus aux d é f a u t s. Mais ce ne sont que des d é f a u t s partiels ou accidentels. „Mme de Sévigné a écrit qu'on se dégoûterait de Racine comme du café: mais il ne faut pas toujours attribuer à un d é f a u t de goût une f a u t e de goût." Suard. Outre cela, f a u t e garde toujours un certain rapport à l'auteur: non-seulement un livre f a u t i f est moins généralement mauvais qu'un livre d é f e c t u e u x, mais encore il rappelle le tort, l'inhabileté ou la négligence de celui qui l'a composé.

La d é f e c t u o s i t é n'est qu'une espèce de d é f a u t, quelque chose qui tient du d é f a u t, un petit d é f a u t. „Le ridicule charge et grossit les d é f a u t s des hommes; il contente peu l'esprit d'un philosophe, plus touché de la peinture d'une seule vertu que de toutes ces petites d é f e c t u o s i t é s dont les esprits faibles sont si avides." Vauv. „Il y a aucuns microscopes dans les verres desquels il n'y ait quelques taches, quelques bulles, quelques fils, et d'autres d é f e c t u o s i t é s qu'il faut connaître exactement." Buff. „Dans la Henriade, les d é f e c t u o s i t é s sont légères et en petit nombre." Lah. „Ce qui est trop fréquent dans l'auteur (Voltaire) c'est un certain degré d'inattention qui, dans ce qu'il a de plus soigné, laisse toujours quelques d é f e c t u o s i t é s qu'on aurait fait disparaître sans peine." Id. D é f e c t u o s i t é considérable (Acad.) est une contradiction dans les termes. — La d é f e c t u o s i t é peut être aussi un d é f a u t en puissance, qui ne se développe que plus tard. La d é f e c t u o s i t é d'un principe. (Boss.) „Les influences de la nourriture pourront produire dans les parties organiques (du cheval) des germes de d é f e c t u o s i t é s, qui se manifesteront ensuite dans la seconde génération, où la progéniture a non-seulement ses propres d é f a u t s, c'est-à-dire ceux qui lui viennent de son accroissement, mais encore les v i c e s qui lui viennent de la seconde souche." Buff. — Ou bien enfin la d é f e c t u o s i t é est un d é f a u t extérieur, superficiel, peu profond, une petite difformité. „Avoir une d é f e c t u o s i t é dans la taille." Acad. „Le bec-ouvert (un oiseau) a une de ces singularités ou d é f e c t u o s i t é s que nous avons déjà remarquées sur un petit nombre d'êtres . . . Le nom de bec-ouvert marque cette difformité." Buff. „On a pu désirer des rédactions de la morale plus parfaites, des méthodes plus exactes; mais il est faux qu'on ait jamais attribué ces défectuosités de composition à l'instabilité de la morale." Lah. —" Cf. aussi Littré, art. d é f a u t, syn.

Mais, lorsqu'il lui reproche le goût de la solitude et de la contemplation, une piété minutieuse, une humilité déplacée, il est difficile de croire que ces *défauts,* qui semblent si opposés à l'enfance impétueuse du duc de Bourgogne, ne soient pas en partie le résultat de l'éducation sur une âme qui avait plus d'ardeur que de lumières, et qui, trop vaincue par la religion, convertit toute sa force en douceur et en vertu. (Villemain, Fénelon.)

M. de la Harpe se dégageait (l'un des premiers), auprès de madame Récamier, de la plupart des *défauts* qui rendaient son commerce épineux et presque insupportable.
(H. et B. p. 652, Benjamin Constant.)

Les *défauts* de l'âme sont comme les blessures du corps: quelque soin qu'on prenne de les guérir, la cicatrice paroît toujours, et elles sont à tout moment en danger de se rouvrir. (Rochefoucauld, pensées et maximes.)

La gravité est un mystère du corps, inventé pour cacher les *défauts* de l'esprit. (id. ibid.)

. . Il est incorrigible.
Il doit tous ses *défauts* à l'éducation,
Et ne peut supporter la contradiction.
(Mager, anth., tom. I, p. 191, Duval.)

Le comte: Tu ne dis pas tout. Je ne souviens qu'à mon service tu étais un assez mauvais sujet. — Fig.: Eh mon Dieu, Monseigneur, c'est qu'on veut que le pauvre soit sans *défaut.* (ibid. p. 241, Beaumarchais.)

En vain Oswald aurait-il éclairci ces doutes, nul ne peut sortir de la région intellectuelle qui lui a été assignée, et les qualités sont plus indomptables encore que les *défauts.*
(Mager, t. II, p. 309, Staël-Holstein.)

Il avait un *défaut,* celui de tous les *défauts* humains qui s'allie le plus rarement à la véritable grandeur: il était d'une extrême affectation. (Rev. Chrét. 1861, p. 774.)

On parle beaucoup de la fortune de César; mais cet homme extraordinaire avait tant de grandes qualités, sans pas un *défaut,* quoiqu'il eût bien des *vices,* qu'il eût été bien difficile que quelque armée qu'il eût commandée il n'eût été vainqueur, et qu'en quelque république qu'il fût né il ne l'eût gouvernée. (Montg., Pomp. et Cés.)[1]

Le coucou essaya plusieurs fois d'interrompre le rossignol; mais les rossignols chantent toujours et n'écoutent point; c'est un peu leur *défaut.*
(H. et B., p. 443, Diderot.)

Les inégalités de la vertu, les faiblesses qui l'accompagnent, les vices qui flétrissent les plus belles vies, ces *défauts* inséparables de notre nature, mêlée si manifestement de grandeur et de petitesse, n'en détruisent pas les perfections. (ibid. p. 456, Vauvenargues.)

Telle est l'illusion des prétextes dont on se sert pour se dispenser du devoir de l'aumône; établissons maintenant les règles qu'il faut observer en l'accomplissant: et après avoir défendu cette obligation contre toutes les vaines excuses de la cupidité, tâchons de la sauver aussi des *défauts* même de la charité. (ibid. p. 464, Massillon.)

Comment osera-t-elle leur montrer les devoirs et les servitudes de la royauté; leur faire entendre en quoi consiste leur véritable gloire; leur représenter que, s'ils veulent bien remonter jusqu'à l'origine de leur institution, ils verront clairement qu'ils sont pour les peuples, et non les peuples pour eux; les avertir de leurs *défauts,* leur faire craindre le juste jugement de la postérité, et dissiper le nuage épais que forme autour d'eux le vain fantôme de leur grandeur et l'enivrement de leur fortune?
(ibid. p. 483. Charles Rollin.)

Je lui fis remarquer, que c'est un *défaut* commun parmi les personnes de condition, de ne pouvoir arranger deux mots sur le papier. (Mém. III, p. 52.)

Au lieu que les armées romaines étoient presque toutes composées de citoyens, Carthage, au contraire, tenoit pour maxime de n'avoir que des troupes étrangères, souvent autant à craindre à ceux qui les paient qu'à ceux contre qui on les emploie.

Ces *défauts* venoient en partie de la première institution de la république de Carthage. . . . . . Ce philosophe (Aristote) ne la reprend pas de n'avoir que des milices étrangères; et il est à croire qu'elle n'est tombée que longtemps après dans ce *défaut.* (Boss., hist. univ. p. 334.)

Hélas! vous en avez honte, comme si c'étoit un *défaut.*
(id., sermons.)

Mademoiselle Merceret était une fille un peu plus âgée que moi, non pas jolie, mais assez agréable; une bonne Fribourgeoise sans malice, et à qui je n'ai connu d'autre *défaut* que d'être quelquefois un peu mutine avec sa maitresse. (J.-J. Rouss., conf. p. 134; I, IV.)

Il en est ainsi de tous les goûts auxquels je commence à me livrer; ils augmentent, deviennent passion, et bientôt je ne vois plus rien au monde que l'amusement où je suis occupé. L'âge ne m'a pas guéri de ce *défaut.*
(id. ib. I, V; p. 181.)

Il y avait treize à quatorze ans que j'en avais conçu la première idée, lorsque, étant à Venise, j'avais eu quelque occasion de remarquer les *défauts* de ce gouvernement si vanté. (id. ib. II, IX; p. 411.)

Je tombais dans le *défaut* que je reprochais à l'abbé de Saint-Pierre. (id. ib. p. 444.)

. . . . . . Ma trop longue indulgence
Pardonna ce *défaut* au feu de votre enfance.
(Volt. IV, p. 202; l'indiscret, sc. 1.)[2]

---

[1] Cf. p. 63, observ.

[2] Dans ce sens défaut se dit aussi en parlant des animaux domestiques et particulièrement du cheval; vice de leur caractère, comme la rétivité*, la méchanceté. (Littré, défaut 6.) Cf. aussi p. 62, n. 6.

* Le dict. de l'Ac. ne connaît pas ce mot, celui de Mozin-Peschier a „rétiveté."

7°. Ce qui est contraire aux règles de l'art, au goût, aux saines doctrines.

Il faut laisser à la musique son caractère, et ne lui enlever ni ses *défauts* ni ses avantages.
(H. et B., p. 840, Victor Cousin.)

Mais Lunébourg mérite au moins sa grâce.
C'est un nom sec; il n'est point dans le Tasse;
Le conserver serait un grand *défaut*:
Lunopoli c'est le nom qu'il lui faut.
(Mager, anth., t. I, p. 118, M.-J. Chénier.)

Le *défaut* capital de l'ouvrage de M. Quinet, outre le vague des symboles et des personnages symboliques qu'il fait passer devant nous, c'est une incohérence un peu générale qui ne laisse pas que de fatiguer à la lecture.
(Rev. Chrét. 1861, p. 488.)

Son style toujours assorti aux matières qu'il traite, n'a d'autres *défauts* que ceux de la langue qu'on parle à Lesbos. (Barthél. voy. d'An. ch. III, p. 103.)[1]

Le travail en est si achevé, qu'on y désire les grâces de la négligence; mais c'était le *défaut* de cet artiste trop soigneux. (id. ib. ch. XII, p. 140.)

Loin de l'admirer, on le plaint d'avoir passé tant de temps à faire de nouvelles combinaisons de syllabes, pour ne dire que ce que tout le monde dit. Ce *défaut* est celui des esprits cultivés, mais stériles; ils ont des mots en abondance, point d'idées; ils travaillent donc sur les mots, et s'imaginent avoir combiné des idées, parce qu'ils ont arrangé des phrases, et avoir épuré le langage quand ils l'ont corrompu en détournant les acceptions.
(H. et B., p. 422, Buffon.)

Le stile du premier est souvent empoulé, *défaut* dont on ne voit pas un seul exemple dans le second.
(Volt. I, préface.)

J'ai ouï dire à feu Monsieur le Duc d'Autin, que lorsqu'il fut Surintendant des bâtiments, il faisoit quelque fois mettre ce qu'on appelle des calles entre les statues, et les socles, afin que quand le roi viendroit se promener, il s'aperçût, que les statues n'étoient pas droites, et qu'il eût le mérite du coup d'oeil. En effet le Roi ne manquoit pas de trouver le *défaut*. (Volt. II, p. 364, anecd. sur Louis XIV.)

8°. Dans les arts et métiers, parties faibles en une matière, et, par extension, en un ouvrage quelconque.

Voilà où gît le *défaut* de notre machine.
(Mager, t. II, p. 281, Sainte-Aulaire.)

Quand on arrive à Versailles du côté de la Cour, on voit un vilain petit bâtiment écrasé, avec sept croisées de face, accompagné de tout ce que l'on a pu imaginer de plus ridicule et de plus mauvais goût. Quand on le regarde du côté des jardins on voit un palais immense, dont les beautés peuvent racheter les *défauts*. (Volt. I, p. 364.)

9°. Terme de grammaire ancienne, par lequel on désignait le retranchement de quelque chose, par exemple la syncope, c'est-à-dire le retranchement de lettres dans un mot, et l'ellipse,[2] c'est-à-dire le retranchement d'un ou plusieurs mots dans une phrase.[3]

L. Faillance.

Étym. Du part. prés. faillant, vfr. faillance, faillanche[4], faillentia[5], vprov. fallensa, faillensa, anc. esp. fallenza, nouv. esp. fallencia, port. fallencia, falencia, it. fallenza, angl. failance.[6]

Hist. XIe siècle.

Et senz *faillenti* altet ferir;   (Bartsch, chr. fr. p. 28, Alex.)

XIIe et XIIIe siècles.

O deu serrez vus sans *faillance*
De egal bonté, de egal puissance.
(Bartsch, chr. fr. p. 79, myst. d'Adam.)

Mès elle est, voir, de si très grant vaillance
Qu'à son ami ne doit faire *faillance*.
(Maetzn., Altfr. L. p. 94, v. 39. 40.) (ibid. p. 95 et p. 97.)

XIVe siècle.

Olivier Monteville, homme de grant puissance, et Symonnet Pachart pas n'i fera *faillance*.
(Bartsch, chr. fr. p. 582, Combat de 30 Bretons.)

Sign. et emploi.

Dans la langue d'oïl: faute, manquement, erreur, p. e. faire faillance = falir, fehlen; sans faillance = sans faille[7], ohne zweifel. Maintenant schwachheit, feigheit, pflichtvergessenheit.

---

[1] Dans ce sens défaut est aussi terme de rhétorique. Les défauts du style, vices opposés aux qualités qu'on désire y trouver. — Le défaut de clarté fait que le style est obscur, etc. (Littré, art. défaut, 7.)
[2] V. plus haut p. 43.   [3] Cf. Littré, Acad., M.-P., Rich.   [4] V. Burg., gr. III, p. 155.
[5] V. Bartsch, chr. fr. gloss.   [6] Cf. Maetzn., Altfr. L. gloss.   [7] V. ce mot.

Ce sont les significations que donne le dictionnaire de Mozin-Peschier en y ajoutant les expressions synonymes: „faiblesse“, „lâcheté de coeur“, „oubli du devoir“. Dans les dictionnaires de Littré, de Richelet et dans celui de l'Académie nous n'avons pas trouvé ce mot, aussi peu que dans les auteurs modernes.

M. Faille, s. f.[1])[2])

Étym. „La faille est l'endroit où la roche faut, manque, c'est donc le même que l'ancien français faille qui signifiait manque, défaut et dont le radical est le même que celui de faillir (voy. ce mot); sans faille est une locution très-commune dans nos vieux textes. Ce mot est pris dans la bouche des mineurs au sens particulier, du reste naturel, de manque; il n'est pas besoin de recourir à l'allemand Fall, chute, qui n'aurait donné ni un nom féminin, ni des ll mouillées.“ (Littré.)

M. Burguy (gr. III, p. 155) dit: „Dans l'ancien français ce mot signifie: faute, erreur, manque, défaut, fausseté, tromperie. Sans faille, sans faute, sûrement; à faille, en vain; faire faille vers qn., lui fausser qch., lui manquer de parole.“ Bartsch ajoute: avoir faille, manquer, verfehlen.[3])[4])

Hist. **XIIe et XIIIe siècles.**

Non iert nul qui gaires me vaille,
Jo sui perdu senz nule *faille.*
(Bartsch chr. fr. p. 81; Wace, Brut.)

Lors reconoist bien li roys sanz *faille* que la royne se velt ocirre, et de cele meisme espee. (id. p. 115, Trist.)

Por quoi ge di que bien se fust ocise sanz *faille* celui jor la royne, se ne fust li roys March qui l'en destorna.
(id. ibid. p. 116.)

Mes de ce fu seure e certe,
Se Hector s'en ist a la bataille,
Qu'il i sera ocis sanz *faille.*
(id. p. 158; Benoît, rom. de Troie.)

Berte s'en va fuiant, le cuer ot esmaié,
Car bien cuidoit sans *faille* avoir le chief trenchié.
(id. p. 349; Adenes, Berte au grand pied.)

Sor tote rien gart n'i ait *faille*
Q'il n'aut le ior a la bataille.
(id. p. 160; Benoît, rom. de Troie.)

— „Sires, consoil oi ge, cens *faille*;
Mais à consoil n'afiert bataille.
(II. et B. p. 38, Rutebeuf.)

De vostre bien, de vostre joie
Sanz *faille* joieuse seroie,
De vostre mal me peseroit.
(Cast. p. 206.)

Sanz *faille* ce que pis li fet,
Plus fort li agrée entreset.
(ibid. p. 210.)

[1]) Cf. Du Cange I, p. 177 Fallia — defectus, quo quis ibi abest, ubi ex officio deberet adesse et substractio stipendii propter absentiam.

[2]) Il ne faut le confondre ni avec faille, étoffe de soie noire à gros grains, fabriquée en Flandre ou Vêtement de tête des bourgeoises flamandes (du flamand falie; v. Littré, Richelet), ni avec l'ancien français faille, prov. falha, torch. du lat. facula, diminutif de fax, d'où vient le français falot (cf. Du Cange I, 177 falo), bourg. foilò, esp. farol, it. falò; piémontais farò; vénit. fanò du grec φαρός, brillant ou φαρός, phare; car il s'est fait une confusion entre ces deux mots. (Littré.) D'ailleurs il y a encore un mot „falot“, it. falotico, capricieux, dont l'origine est fort incertaine. Mais M. Littré dit qu'il est possible que cet adjectif soit le même que falot 1º (sorte de grande lanterne), l'individu gai, un peu fou, capricieux, ayant été comparé à quelque chose qui vacille comme la lumière d'un falot, d'une lanterne portée à la main. L'espagn. faroson, homme effronté, farota, femme dévergondée, appartient-il à falot, à falotico? (Littré). Il y a aussi des dérivés du second mot français de falot, savoir falotement et faloterie. Richelet allègue encore falotier (laternarum curator).

[3]) Diez (dict. I, p. 172) dit: „Aus fallire ist das subst. it. fallo, falla, altsp. falla Sanchez gloss., und so pr. falha, altfr. faille, selbst. altit. faglia Trucch. I, 52. 86. PPS. I. 48 mangel, fehler entstanden; freilich schon lat. bei Nonius falla, fala fuer fallacia“, — (cf. Du Cange I, p. 176 Falla) — „allein gegen diesen ursprung zeugt das erweichte ll der franz. form, da dies regelrecht nur vor oder nach i aus lat. ll entspringt. Aus dem substantif floss das vb. it. fallare taeuschen, sp. fallar verlaeugnen, chw. fallar fehlschlagen.

[4]) Cf. Du Cange fallum 1: absque fallo = sans faute.

A Bonivent fu la bataille,
Là fu occis Mainfroy sanz *faille*,
Et sa gent toute desconfite,
Et li nostre s'en vindrent quite.
                    (ibid. p. 228.)

En cele année, tot sans *faille*,
Fist-on en France deux fois taille,
De la saint Jehan dusqu'au Karesme
Prinst-on centisme et cinquantisme.
                    (ibid. p. 234.)

Bone Ordre ont et bele sanz *faille*,
Mès ne me siet pas la bataille.
                    (ibid. p. 362.)

Mès cel qui l'a feru ocirrai-je sanz *faille*.
                    (ibid. p. 442.)

Un jor par est si defaillis,
C'on dit, l'ame s'en va sanz *faille*.
                    (Cast. p. 430.)

Jà n'i feroie nule *faille*,
Fors qu'à l'ore de la bataille,
Jà lor faurroie plainement,
Que jà n'i tenroie covent.
                    (ibid. p. 363.)

XIVe siècle.

Autre chose ne demandoient,
Et je m'i acort, car sans *faille*
Trop miex vaut le grain que la paille.
        (Bartsch chr. fr. p. 385, Guill. de Machau.)

Oultrageux estes et estouz,
Thibert, de vous mettre en fermaille,
Et vous en mentirez sanz *faille*.[1]
        (id. p. 412, Miracle de Berthe.)

Sign. et emploi.

   steinwand.[2]

Terme de géologie. Rupture, solution de continuité d'une couche, d'une stratification; solution remplie de matériaux étrangers, avec ou sans fente. — Particulièrement, faille ou fausse faille, solution de continuité dans une couche de houille ou filon, solution qui est remplie par une substance sans valeur.[3]

La dépression des Aiguilles Marbrées et du chenal de la Mer de glace n'est qu'une sorte de grande *faille* interposée au milieu du mont Blanc et dépendante d'un système de ruptures.
        (Fournet, Acad. des sc. Comptes rendus.)[4]

Les plis et les replis les plus tortueux [des cours d'eaux des montagnes] se succèdent parfois avec brusquerie, et il n'est guère possible de les expliquer uniquement par les *failles* dont l'intervention aurait facilité ces sortes de tracés.
        (id. ib. t. LII, p. 1117.)[5]

N. Failli, e. adj.

Étym. Part. passé de faillir.

Hist. Le part. passé de faillir est aussi employé comme adjectif, même comme substantif, dans la langue d'oïl. Alors il a la signification de „lâche“, „traître“, „homme sans honneur.“ — Estre failli, schwach sein, zu schanden werden.[6]

XIIe et XIIIe siècles.

Qui refuse son desirier
Moult est recreans et *faillis*.
        (Maetzn., Altfr. L. XLIII, 15.)

Mais en vous sest endormie
Pities et mercis *faillie*.
        (id. ib. XXXVI, 24.)[7]

A pis asses, quant sa joie est *faillie*,
Que cil qui muert tout a une foie.
        (id. ib. VII, 15.)

---

[1] V. M.-P.: il est aussi un filet en usage en Provence.
[2] V. Littré, art. faille.   [3] ibidem.   [4] ibidem.   [5] ibidem.
[6] Cf. Maetzn., Altfr. L. gloss. et Burg. gr. I, p. 155.
[7] Voy. aussi les exemples pour faillir.

Sign. et emploi.[1])
1° verfehlt, misslungen.
Qui n'a pas réussi. — Dans quelques jours cette affaire sera faite ou faillie.[2])
2° failli de coeur, coeur failli, lâche, sans coeur.[3])

Avantages qui eussent mis la confusion dans l'État, s'ils eussent été prodigués à un homme moins *failli* de coeur et de courage. (St-Sim. 236, 14.)[4])[5])

Terme de marine: Failli gars, mauvais novice, homme sans capacité, à bord d'un bâtiment.[6])
3° A jour failli, à coup failli.[7])
4° Terme d'hippiatrique: Des tendons faillis, des tendons distendus et qui ne font plus leur office.
Terme de blason, qui se dit de deux chevrons rompus dans leurs montants.[8])

O. Failli, subst. m.

Commerçant qui a fait faillite.[9])
Réhabiliter un failli. Le bilan d'un failli.[10]) Les créanciers d'un failli. Admettre le failli au bénéfice de cession.[11])
Aussi comme adjectif dans cette acception, p. e.: Un commerçant failli.

P. Faillibilité, subst. f.

Étym. Faillible.[12])
Hist. C'est un mot de la langue moderne.
Sign. et emploi.
fehlbarkeit. Possibilité de faillir, de se tromper.[13])

L'Église de France, sans jamais rompre avec le chef, était encore regardée à Rome comme un membre séparé sur bien des articles, comme sur la supériorité des conciles, sur la *faillibilité* du premier pontife, sur quelques droits de l'épiscopat. (Volt. Moeurs, 121.)[14])

On s'est avisé de nos jours qu'il y a quelque chose de commun entre tous les hommes: le sens moral chez le plus stupide, la *faillibilité* chez le plus sage. (Dupont-White, De l'individ. et de l'État.)[15])

Q. Faillible, adj.

Étym. Faillir.[16])

---

[1]) Cf. fallitus = reus violatae fidei, dans Du Cange I, p. 177.
[2]) V. Littré, art. failli. Cependant cette acception vieillit déjà (Littré).
[3]) V. Littré, art. failli et plus haut faillir.   [4]) V. Littré, art. failli.
[5]) Acception qui vieillit dans la langue littéraire, mais qui demeure très-vivante dans le parler de plusieurs provinces.
[6]) V. Littré, art. failli.   [7]) Cf. plus haut faillir.   [8]) V. Littré, art. failli.   [9]) Cf. ce mot et failli.
[10]) Syn. La qualification de banqueroutier est injurieuse, celle de failli n'est point; le premier agit, fraude; le second souffre, et prend des tempéraments pour s'acquitter. (M.-P.)
[11]) Acad.
[12]) Car un mot, tel que „fallibilitas" ne semble pas se trouver au bas-latin; du moins Du Cange ne l'a pas inscrit.
[13]) Cf. Littré, Acad. et M.-P.   [14]) V. Littré, art. faillibilité.   [15]) ibidem.
[16]) Un mot „fallibilis" se trouve, il est vrai, dans Papias, mais dans la signification de „insidiosus, subdolus" (cf. Du Cange). Nous sommes donc d'avis que „faillible" se dérive de „faillir", à plus forte raison qu'il ne se rencontre que dans le XVIIIe siècle (v. faillible).

10*

Hist. Ce mot, comme le précédent, ne semble prendre sa naissance que dans le XVIIIe siècle; car Richelet ne les a pas encore inscrits, Littré n'en donne l'histoire non plus, tandisque Voltaire en a déjà fait usage.

Sign. et emploi.

fehlbar.

Qui est exposé à l'erreur, qui peut se tromper, faillir.[1]

Lorsqu'on est aussi *faillible* que je le suis, il y a bien peu de mérite à avouer publiquement qu'on s'est trompé.
(Bonnet, Lett. div. Oeuvres, t. XII, p. 63.)[2]

R. Faillite, subst. f.

Etym. Failli.

Hist. XVIe siècle.

Deconfiture est quand le detteur fait rupture et *faillite*, ou qu'il y a apparence notoire que ses biens, tant meubles qu'immeubles, ne suffiront pas au paiement de ses dettes.
(Loysel, 687.)[3]

Sign. et emploi.

falliment[4], fallissement.[5]

Terme de commerce. Action d'un commerçant qui cesse ses payements; état d'un commerçant qui a cessé ses payements. — Ce marchand a fait faillite[6] ou est en état de faillite[7] (hat fallirt, concurs gemacht).

C'est ainsi, bonnes gens, que fondent nos écus
Sous les doigts des jongleurs, dont l'histoire maudite
Commence par un prospectus,
Et finit par un *faillite*.
(H. et B. p. 570, Jean Guill. Viennet.)
Si nous voulions faire la liquidation de la vérité, nous la verrions peut-être en *faillite!*
(Mager, anth. t. I, p. 678, Balzac.)

En 1810, lorsque M. de Talleyrand eut perdu quatorze à quinze cent mille francs dans la *faillite* du banquier Simon, mari de mademoiselle Lange, l'empereur, bien qu'il eût contre l'ex-ministre de justes sujets de plainte, vint à son secours.
(Men. p. 132.)

Syn.[8] „Faillite, banqueroute. État d'un commerçant qui a cessé ses payements. Faillite, de faillir, manquer, se trouver en déficit, dans l'impuissance de faire honneur à ses affaires, exprime la chose simplement. Banqueroute y ajoute l'idée de circonstances qui la rendent plus ou moins odieuse. Ce mot vient de l'italien banco rotto, ou banca rotta, banc rompu: en Italie chaque banquier ou négociant avait son banc dans la place du change, et ce banc était brisé, lorsque celui à qui il appartenait se déclarait fallito.

Le failli[9] suspend ses payements, quelle que soit la cause du dérangement de ses affaires. Le banqueroutier est un failli qui a été téméraire ou de mauvaise foi. La faillite peut être forcée, innocente, malheureuse; la banqueroute est toujours coupable et déshonorante: „C'est être inconsidéré que de parler de banqueroute au milieu d'une famille où il y a cette tache." Labr. Le failli peut être un homme à excuser et à plaindre; le banqueroutier est nécessairement un homme à punir. Aussi, notre code de commerce, qui fait très-nettement cette distinction, ne parle d'aucune peine contre les faillis, et en prescrit de différentes sortes contre les banqueroutiers,

---

[1] V. ce mot. [2] V. Littré, art. faillible. [3] V. Littré, art. faillite.
[4] Il n'y a pas de rapport entre „faillite" et „fallimentum" (cf. Du Cange et plus bas).
[5] Ce mot n'est pas français, mais usité en allemand. [6] V. Littré, art. faillite.
[7] V. M.-P., art. faillite. — Richelet: inopia, penuria, dissolvendi aeris alieni.
[8] Lafaye p. 603. [9] V. ce mot.

suivant que la banqueroute est ou simple ou frauduleuse. D'ordinaire le failli est un homme ruiné qui, au lieu de fuir ses créanciers, se met à leur merci en leur abandonnant ce qui lui reste de bien; le banqueroutier est un homme qui, sentant sa faute et son crime, se dérobe ou ne désire rien tant que d'échapper aux poursuites de ses créanciers qu'il ruine."

S. Fallace, subst. f.

Étym. provenç. et ital. fallacia; esp. fallacia; du latin fallacia[1]), de fallax, trompeur, de fallere, tromper.

Hist. **XVe siècle**

Et mena tellement le pape par ses dons es par ses *fallaces* qu'ils . . .   (Froiss. I, I, 11.)[2]

XVIe siècle.

Adonc voyant que par force ou *fallace*
N'avoient pouvoir de gaigner cette place.
(J. Marot, p. 20, dans Lacurne.)[3]

Si l'esprit calomniateur, tentant à mal te tirer, eust par *fallaces*, especes, et phantasmes ludificatoires, mis en ton entendement que envers toy eussions fait chose non digne de nostre ancienne amitié: tu devois premier enquerir de la vérité, puis nous en admonnester.
(Rab. Garg. I, 31.)

Une fois nous avons trouvé
(Fallace, adj.)[4]
L'une est d'ivoire, par laquelle entrent les songes confus, *fallaces* et incertains.   (Rab. Pant. III, 13.)

Sign. et emploi.

trug, betrug. (tromperie, fraude.)
Il signifie l'action de tromper en quelque mauvaise intention. — Un homme sans fraude ni fallace.[5])

Elle lui mit au sein la ruse et la *fallace.*
(Régnier, Sat. VII.)[6]

La premiere (manière) est par venins, poisons, et intoxications. La secondes par *fallaces*[7]) et deceptions.
(Lenfant, C. d. P. II, p. 325.)

T. Fallacieusement, adv.

Étym. Fallacieuse, et le suffixe ment.

Hist. **XVIe siècle.**

Fallacieusement, Monet, Dict.[8])

Sign. et emploi.

D'une manière fallacieuse. — Agir fallacieusement.[9])

---

[1]) V. Du Cange I, p. 176: fallacia: Levior culpa ex oblivione praesertim: nostris Faute. Usus veteres Ordinis Cisterciensis cap. 68. Similiter super articulos manuum satisfaciant omnes in loco, in quo sunt, quoties Fallaciam in Oratori incurrerint non divertentes dextrorsum vel sinistrorsum. — Fallacium. Ludibrium. Barthius in Glossario, ex Hist. Palaest. Verumtamen hoc Fallacium est totum.

[2]) V. Littré.   [3]) ibidem.

[4]) Ailleurs il ne semble pas se trouver comme adjectif; aussi le substantif n'est guère en usage; L'Académie dit qu'il est vieux; mais elle donne „fallacieux", „fallacieusement" sans cette remarque, tandisque Richelet, au contraire, dit: „Fallace, s. f. (fallacia). Vice d'un argument captieux et sophistique, que la Logique enseigne à découvrir"; (Il ne semble connaitre, il est vrai, que cet emploi du mot) et continue: „On disoit aussi „autrefois" fallacieux et fallacieusement, mais ces termes ne sont plus d'usage." L'Académie y ajoute aussi, que fallacieux ne s'emploie guère que dans le style élevé.

[5]) Cf. Littré et Acad.   [6]) V. Littré, art. fallace.

[7]) L'auteur y ajoute la remarque que fallace équivaut à tromperie, ce qui nous fait conclure que le mot était alors peu usité.

[8]) V. Littré, art. fallacieusement.   [9]) ibidem.

U. Fallacieux, euse, adj.

Étym. Lat. fallaciosus, de fallacia, fallace.

Hist. XVI• siècle.

Parquoy il donna congé à ces conducteurs barbares, et laissant leur *fallacieux* destour du droit chemin, en peu de jours passa la riviere d'Euphrates et arriva en la cité d'Antioche.

(Amyot, Lucullus, 37.) [1]

Sign. et emploi. [2]

betrueglich, betruegerisch.

Qui trompe et égare pour nuire.

Le papier me manquerait, si je voulais dire tout ce que j'ai découvert depuis qu'il est parti d'ici; vous pouvez bien, sans scrupule, le traiter comme un homme *fallacieux*.

(Poussin, Lett. 3 nov. 1647.) [3]

Il se dit particulièrement des choses.

Sous la figure du serpent, dont le rampement tortueux étoit une vive image des dangereuses insinuations et des détours *fallacieux* de l'esprit malin, Dieu fait voir à Ève, nostre mère, le caractère odieux et tout ensemble le juste supplice de son ennemi vaincu.

(Boss., hist. univ. p. 115.)

Serments *fallacieux* [4]), salutaire contrainte
Que m'imposa la force et qu'accepta ma crainte,
Heureux déguisements d'un immortel courroux,
Vains fantômes d'État, évanouissez-vous!

(Corn. Rodog. II, 1.)

V. Falloise, subst. f.

Étym. faillir: le lieu où le soleil faut, [5]) manque.

Hist. Nous n'avons trouvé ce mot que dans Mozin-Peschier et dans Littré, et celui-ci le consigne comme un mot inusité.

Sign. et emploi:

abendgegend.

Terme de marine: le lieu où le soleil se couche.

---

[1]) V. Littré, art. fallacieux, hist.

[2]) Syn. Littré: „Fallacieux, Trompeur. Fallacieux enchérit sur l'idée de trompeur. Un langage trompeur nous égare et nous présente les choses autrement qu'elles ne sont; un langage fallacieux nous trompe pour nous nuire de dessein prémédité." — Cf. aussi Boiste. — Lafaye (604): „Faux, Fallacieux; Menteur, Mensonger. Qui est propre ou qui tend à jeter dans l'erreur. Faux et fallacieux, d'une part, menteur et mensonger, de l'autre, diffèrent comme la fausseté du mensonge. Faux et fallacieux sont objectifs, se disent des choses ou ont rapport aux choses; menteur et mensonger sont subjectifs, servent à qualifier les personnes ou se rapportent aux personnes. Il ne faut pas se fier aux promesses fausses ou fallacieuses d'un oracle menteur ou d'un art mensonger. Une fausse histoire n'est pas vraie, on ne doit point l'admettre; une histoire mensongère n'est pas véritable, on ne doit point point s'en rapporter à la parole du narrateur. — Outre cela, faux et fallacieux désignent un défaut de plus grande conséquence. On dit bien la menteuse renommée (Volt.), la menteuse antiquité (J. J.), l'art mensonger des poëtes et des peintres (id.), sans attacher à ces épithètes aucune idée fâcheuse; faux et fallacieux ne se prêtent pas à cette sorte de badinage. La fausse religion n'enseigne que des impostures; la menteuse antiquité s'amuse à conter des fables.

Faux et fallacieux diffèrent beaucoup; car, outre que fallacieux, du latin fallax, fallaciosus, ne s'emploie que dans le style élevé", — v. plus haut p. 70, rem. 5 — il signifie très-faux, plein de fausseté, et d'une fausseté ardente, acharnée. Un esprit faux ne se laisse pas deviner; un esprit fallacieux cherche continuellement à faire accroire le contraire de la vérité (un exemple). Un faux serment, une fausse espérance poussent et déterminent à l'erreur beaucoup moins activement et fortement qu'un serment fallacieux (Corn.), qu'une espérance fallacieuse (Boss., Vauv.). „Le serpent artificieux promet à nos pères que, s'ils mangent du fruit défendu, ils auront la science du bien et du mal; et Adam se laisse prendre à ses promesses fallacieuses." Boss. „Nous avons encore, sinon des incrédules à convaincre, au moins des sophistes adroits et fallacieux à confondre." Marm."

[3]) V. Littré, art. fallacieux.

[4]) Voltaire (comm. Corn. Rod.) dit: „Corneille reparaît ici dans toute sa pompe; l'éloquent Bossuet est le seul qui se soit servi après lui de cette belle épithète fallacieux. Pourquoi appauvrir la langue? Un mot consacré par Corneille et Bossuet peut-il être abandonné?" Nous pouvons cependant ajouter qu'il se trouve aussi dans Marmontel (v. cette page, rem. 2).

[5]) Cf. Littré et M.-P.

X. Falsifiable, adj.[1]

Etym. Falsifier.

Hist. XVIe siècle.

Il ne peut fuir que les sens ne soient les souverains maistres de sa connoissance; mais ils sont incertains et *falsifiables* à toutes circonstances.

(Mont. t. II, p. 499, dans Lacurne.)[2]

Sign. et emploi.

verfaelschbar

qui peut être falsifié.

Y. Falsificateur, subst. m.

Etym. Falsifier.

Hist. Avant l'époque de Voltaire nous n'avons pas trouvé ce mot.

Sign. et emploi.

verfaelscher, falsarius.[3]

Celui qui falsifie; (adulterator).[4]

Il cite ces vers pour faire voir combien ce métier de petits barbouilleurs, de petits folliculaires, de petits calomniateurs, de petits *falsificateurs* du coin de la rue est abominable.

(Volt. Honnêt. littér.)[5]

Z. Falsification, subst. f.[6]

Etym. Falsifier.

Hist. XVIe siècle.

Il en mit aussi en justice un autre, le chargeant de *falsification* de testament.

(Amyot, C. d'Utique, 23.)[7]

Ennemi juré de toute espèce de *falsification*.

(Mont. I, 212, liv. I, ch. 39.)

Sign. et emploi.

verfaelschung.

1° Action de falsifier, ou

2° État de la chose falsifiée, résultat de l'action.

La *falsification* des monnaies a toujours eu lieu dans tous les États et dans tous les temps.

(Rollin, Hist. anc. Oeuv. t. X, p. 538, dans Pougens.)[8]

Altération volontaire et frauduleuse des substances alimentaires, des vins, des alcools, d'une susbstance médicamenteuse par son mélange avec des substances inertes ou de qualité inférieure.[9]

---

[1] Nous n'avons trouvé ce mot que dans Littré et Mozin-Peschier.

[2] V. Littré, art. falsifiable, hist.   [3] Cf. M.-P.   [4] Cf. Rich.   [5] V. Littré.

[6] Cf. Du Cange I, p. 177, 179: „Falsamentum, adulteratio, falsificatio. Charta Guidonis Regis Hierosol. anno 1190 apud Gesnaium in Annal. Massil. Excepto furto, homicidio, tradimento, Falsamento monetae etc. — Falsificatio, adulteratio, quae fit imitando alicuius chirographum. Charta apud Th. Blount in Nomolex. Anglic. Scias quod dedimus Adae de Essex Clerico nostro, pro servicio suo, omnes terras et tenementa quae fuerunt Will. de Scrubby, cuius terrae et tenementa sunt excaëta nostra, per feloniam, quam fecit de Falsificatione sigilli nostri.“

[7] V. Littré.   [8] ibidem.

[9] Cf. encore Du Cange I, p. 180: „Falsonaria, adulteratio, depravatio, Gall. falsification de mercibus dicitur, mensuris, scripturis etc. Charta Johannis de Montegniaco in Chartulario Abbatiae B. Magdalenae de Castroduno fol. 7 verso: Contentio quae inter me ex una parte et Mauricium Abbatem et Canonicos B. Mariae Magdalenae de Castriduno ex

Altération des textes.

Sa principale application dans ces Conferences fut de lever les doutes, sur l'Ecriture Sainte, et de montrer les fausses gloses et les *falsifications* des Rabbins dans l'explication des passages.

(Lenfant, C. d. P. t. II, p. 151.)

Altération des faits.

Je l'ai placé (le lieu de la scène) dans Seville, bien que don Fernand n'en ait jamais été le maître, et j'ai été obligé à cette *falsification* pour former quelque vraisemblance à la descente des Maures.

(Corn. Ex. du Cid.)[1]

Qu'on lise à l'heure qu'il est les journaux esclavagistes des Etats-Unis du Sud, et l'on verra Jésus-Christ mis au rang des soutiens de l'esclavage colonial, et sanctionnant ces abus inouïs de la force que les planteurs appellent leurs droits. Dans ce travail de *falsification*, la morale a encore plus souffert que le dogme.

(Rev. Chrét. 1861, p. 816.)

A A. Falsifié, ée.

part. passé[2] de falsifier. V. ce mot.

---

altera vertebatur super hoc quod ego Falsonariam mensurarum ville Rothomagi que villa est Canonicorum, et iusticiam et emendationem ex eadem Falsonaria provenientem erga eosdem Canonicos reclamabam, ita pacificata fuit . . . ita tamen quod quando in supradicta villa Rothomagi pro falsitate mensurarum . . . contigerit capienda emendatio . . . sibi 5 solidos accipient et Maiori suo de eadem villa 20 denarios pro districto.“

[1] V. Littré, art. falsification.

[2] Lafaye (p. 36) dit: „Synonymie des adjectifs ordinaires avec des participes passés pris adjectivement. — Epais, épaissi. Faible, affaibli. Convive, convié. Haut, haussé. Gros, grossi. Faux, falsifié. Courbe, courbé. Froid, froidi. Uns, unis. Inquiet, inquiété. Cher, chéri. Insigne, signalé. Quitte, acquitté. Les adjectifs, ainsi que les participes passés, expriment dans les choses ou les personnes la qualité signifiée par le radical commun, mais avec des différences assez sensibles. Ils marquent cette qualité, les premiers, comme inhérente à l'objet, comme lui étant propre et naturelle; les seconds, comme lui étant, survenue, comme acquise, comme étant l'effet d'une modification accidentelle. La qualité exprimée par l'adjectif est présentée comme tenant à la constitution de l'objet, et le fait concevoir tel qu'il est; la même qualité exprimée par le participe est présentée comme tenant aux circonstances, et le dépeint tel qu'on l'a fait, tel qu'il est devenu. Le participe suppose donc un changement de l'état antérieur, idée totalement étrangère à l'adjectif, lequel au contraire désigne la qualité comme habituelle, si c'est une manière d'agir, et comme naturelle, s'il s'agit d'une manière d'être.

La règle est sans exception, elle s'étend à tous les exemples. On naît avec un esprit épais; l'esprit épaissi est l'esprit devenu épais. On dit d'un corps solide qu'il est épais; d'un corps liquide, devenu solide, qu'il est épaissi; Certains hommes ont naturellement la langue si épaisse qu'ils ne peuvent parler qu'avec peine; il arrive à beaucoup de malades d'avoir la langue épaissie. „Quand l'air est plein de brouillards épais . . .“ Fén. „Si l'air devenait plus épais, nous nous noierions dans les flots de cet air épaissi.“ Id. Un homme est faible par lui-même; il est affaibli quand il a subi une action qui l'a affaibli ou rendu faible. „Combien de vierges déjà faibles par elles-mêmes, encore plus affaiblies par les abstinences, par les jeûnes . . . n'ont pris néanmoins jamais aucun relâche?“ Bourd. Convive marque un état habituel, convié désigne une qualité reçue, une modification, le résultat d'une invitation; l'un représente l'homme tel qu'il est, l'autre tel qu'on l'a fait.

Un autre caractère distinctif consiste en ce que l'adjectif est absolu et le participe relatif. La qualité marquée par ce dernier peut aller jusqu'à un très-haut degré sans doute, mais elle n'a pas lieu constamment et sous tous les rapports. Ce qui est haussé peut bien n'être pas absolument haut. Et il en est de même de ce qui est épaissi, grossi, falsifié, courbé, affaibli, froidi, etc., à l'égard de ce qui est épais, gros, etc. „Le duc de Chevreuse et le duc de Beauvilliers étaient unis jusqu'à n'être qu'un.“ S. S. „Quelque uns, car c'est trop peu dire unis, que fussent en tout M. de Chevreuse et M. de Beauvilliers, celui-ci n'approuvait pas les chimères de son beau-frère.“ Id. „Je ne sais ce que veut dire cette douce attention distinguée du recueillement. Il ne faut pas distinguer des choses si unies, ou plutôt si unes.“ Boss.

Mais, quoique dans le participe passé la qualité n'apparaisse pas comme absolue, elle y est plus saillante que dans l'adjectif, elle y appelle davantage l'attention; précisément parce qu'elle n'y est que par accident, elle s'y fait remarquer davantage. Aussi le participe se met toujours après le substantif, au lieu que l'adjectif peut se mettre avant; et il est certain que, placé après le substantif, un qualificatif a quelque chose de plus spécial et sur quoi l'on insiste particulièrement. Sur ce vers de Racine:

La Grèce en ma faveur est trop inquiétée,

Marmontel observe que le participe inquiétée est plus expressif qu'inquiète. „On ne dit pas“, ajoute-t-il, „être inquiet en faveur de quelqu'un. En pareil cas, Mme de Sévigné dit toujours: Je suis inquiétée, inquiète lui aurait paru faible.“

Prenons, pour y appliquer ces distinctions, les deux mots cher et chéri. Ce qui nous est cher est aimé de nous dans l'ordre naturel, parce qu'il est dans nos goûts, dans nos habitudes de l'aimer; les personnes qui nous sont chères sont celles avec qui nous nous trouvons dans des rapports naturels de parenté, ou habituels d'amitié. Chéri exprime une affection qui sort du cercle commun, qui pourrait bien ne pas être, qui est plus spéciale, qui a lieu pour un fait particulier, ou dans une circonstance accidentelle, qu'on remarque davantage et dont on a, en quelque sorte; droit d'être surpris. Une

BB. Falsifier, v. a.[1])

Étym. Lat. falsificare, de falsus, faux, et facere, faire.

Hist. XVI⁰ siècle.

Ma conscience ne *falsifie* pas un iota.
(Mont. I, 208. — Littré.)

Elle estoit bien advertie comment l'edict de paix se *falsifioit* (faussait) par tout.
(D'Aub. Hist., 1, 200. — Littré.)

. . De n'ouvrir point leurs portes à gens de guerre soubs une simple lettre de cachet que l'on *falsifie* souvent.
(Carloix, VIII, 7.)[2])

Ils vendent leur theriaque *falsifié* bien et cherement.
(Paré, XXIII, 30.)[3])

Sign. et emploi.[4])
faelschen, verfaelschen.

---

mère ne parle guère de son fils, sans dire, mon c h e r fils, parce que dans son coeur l'idée de fils et celle qu'exprime c h e r sont intimement unies l'une à l'autre; mais dans un moment de tendresse elle l'appelle son fils c h é r i. „Mes parents sont partis ce matin, en accablant des plus tendres caresses une fille c h é r i e, et trop indigne de leurs bontés . . . Une secrète angoisse étouffait mon âme après le départ de ces c h e r s parents." J. J. Un roi c h e r à son peuple l'est habituellement, constamment; un roi c h é r i de son peuple s'est attiré par quelque action particulière une affection plus vive, mais qu'il peut perdre prochainement.

Deux synonymistes, Roubaud et M. Guizot, se sont déjà servis, mais l'un sans les généraliser, et l'autre sans les généraliser assez, des mêmes principes de distinction."

[1]) Cf. Du Cange, t. I, p. 179, 3. 4: Falsificare, adulterare, corrumpere scriptum, monetam etc. Gall. fal- sifier. — Falsificare curiam, idem quod falsare iudicium. (Cf. Rich., art. falsifier.)

[2]) V. Littré, art. falsifier, hist. [3]) ibidem.

[4]) Lafaye (p. 283) dit: „Quelquefois il faut remonter jusqu'au latin, d'où ils dérivent, pour trouver une différence entre deux verbes synonymes de même radical, et autrement terminés. Car c'est le moyen de s'assurer, ou que l'un d'eux a une physionomie plus latine, ou que leurs terminaisons correspondent à des terminaisons latines d'une valeur distincte. Soient d'abord pour exemples les synonymes fausser et falsifier, pourrir et putréfier. Dans fausser et pourrir, les radicaux latins, falsus et putris, se reconnaissent plus difficilement que dans falsifier et putréfier, qui sont aussi plus latins par leur composition et par leur désinence. Fier est la traduction exacte du latin ficare, venant de facere, faire: amplificare, amplum facere, faire ou rendre ample, amplifier; purificare, purum facere, faire ou rendre pur, purifier, etc. C'est pourquoi fausser et pourrir appartiennent au langage commun, et leurs synonymes au langage didactique, savoir, falsifier à celui de la jurisprudence, et putréfier à celui de la médecine ou de la physique. Sans compter que falsifier, en particulier, étant composé, tandis que son synonyme ne l'est pas, signifie une action de fausser expresse et volontaire." Dans le supplément (p. 20) nous lisons: „Altérer, Falsifier. Altérer ou falsifier des écrits, des textes, des passages, c'est en changer le vrai sens; altérer ou falsifier des monnaies, c'est les modifier de façon à en diminuer la valeur.

Mais altérer (d'alter, autre) rendre autre, signifie cette action sans imputer au sujet d'intention bien mauvaise, et même quelquefois sans lui supposer d'intention. C'est ainsi qu'il peut arriver à un copiste d'altérer un texte faute d'attention ou par ignorance. „Ces passages de saint François de Sales se trouvent (sans mauvais dessein, nous le croyons) supposés, tronqués, altérés dans les termes et pris à contre-sens par l'auteur de l'Explication des maximes des saints." Boss. „Il s'en est fait des copies; elles se sont répandues, elles se sont altérées . . . Sans dessein de mentir, il se trouve qu'on altère la vérité." Id.

Falsifier, au contraire, implique le dessein de mentir; car c'est changer ou altérer en trompant, en commettant une fausseté, en faussaire ou en fourbe (falsificus). „J'ai écrit à M. de Montmollin une lettre qu'il a fait courir, mais dont les voltairiens ont pris soin de falsifier beaucoup de copies." J. J. „On voit ici la raison pourquoi les Samaritains ont falsifié, dans leur Pentateuque, l'endroit où il est parlé de la montagne de Garizim, dans le dessein de montrer que cette montagne était bénie de Dieu et consacrée à son culte. Boss." — hist. univ. p. 42. — „Voilà l'accusation la plus formelle de mensonge et de falsification." Fén.

Une chose est plus ou moins altérée, et plus ou moins audacieusement ou artificieusement falsifiée: „On a imprimé un recueil de mes lettres à Avignon; on dit que ces lettres sont aussi altérées et aussi indignement falsifiées que celles qui ont été imprimées à Amsterdam." Volt.

En général, falsifier dit plus qu'altérer: ce n'est pas seulement produire une simple ou une légère modification, qui échappe en quelque sorte, c'est causer un changement déterminément, exprès, de propos délibéré, et par conséquent, un changement essentiel ou profond. Aussi falsifier se met-il bien après altérer pour renchérir. „Ces vils champions se cachaient sous des monceaux de textes altérés et falsifiés." Lah. „Ceux qui profanent ainsi la science du christianisme sont des ouvriers mercenaires qui altèrent et falsifient par un mélange étranger cette divine monnaie. Boss."

„Il n'y a rien que je déteste davantage que de blesser tant soit peu la vérité, et j'ai toujours pris un soin très-particulier non seulement de ne pas falsifier, ce qui serait horrible, mais de ne pas altérer ou détourner le moins du monde le sens d'un passage. Pasc."

1° Altérer avec dessein de tromper.
Falsifier l'écriture, un seing, une date, un sceau, un cachet.

J'ai pris soin de ne pas *falsifier*, le sens d'un passage.
(Pasc. Prov. 11.)[1]

On dit qu'ils (les jésuites) prouvent dans un de ces mémoires que le parlement a *falsifié* et tronqué les passages de leurs constitutions.
(D'Alemb. Lett. à Voltaire, 31 oct. 1761.)[2]

Souvent ils (les évêques) refusèrent de reconnaître les lettres de protection et d'immunité accordées par le roi;

quelquefois ils les *falsifièrent*, et par l'entremise de quelque agent, de quelque traître, les firent interpoler, ou même enlever des archives des monastères.
(Guiz., hist. mod. II p. 91.)

Boniface envoya un légat: il fut emprisonné; il lança une bulle: elle fut brûlée, pis que brûlée, mutilée, *falsifiée* par les scribes royaux: on la répandit sous cette forme.
(Mager, anth. II, p. 191, Jules Michelet.)

2° Altérer une substance par un mélange.

On n'y voit point de vin que l'on ne *falsifie*.
(Boursault, Fabl. d'Ésope, II, 6.)[3]

Celle (la civette) qu'on tire de Guinée serait la meilleure de toutes, si les nègres, ainsi que les Indiens et les Levantins, ne la *falsifiaient* en y mêlant des sucs de vé-

gétaux, comme du ladanum, du storax et d'autres drogues balsamiques et odoriférantes.
(Buff. Quadrup. t. III, p. 359, dans Pougens.)[4]

On a *falsifié* la nourriture du misérable, et il ne mange presque plus rien tel qu'il est sorti des mains de la nature.
(Id. et N. I, 598, Mercier).

3° Falsifier de la monnaie, en altérer la valeur.

4° Ne pas rendre, ne pas rapporter les choses telles qu'elles sont.

On croira même que ce n'est pas un grand mal que de *falsifier* le texte de ses sentimens et de chercher à le tourner en ridicule, en se jettant sur tout ce qu'il y a dans sa naissance, dans sa famille, dans sa personne, ou dans ses avantures, de capable d'exercer la raillerie et la satire.
(Tr. d. l. S. 164.)

Tant qu'on ne *falsifie* l'histoire que pour donner des loüanges à ceux à qui l'on veut faire la cour, on ne doit se plaindre de cette fausseté que par l'embarras où l'on se trouveroit dans les siècles à venir pour demesler la vérité, si les Romans et les histoires qui leur ressemblent, duroient assez long-temps pour causer cette confusion.
(ibid. p. 235.)

Les anciens qui ont écrit que Thémistocle et d'autres s'étaient empoisonnés avec du sang de taureau, *falsifiaient* à la fois l'histoire et la nature.
(Volt. Dict. phil. taureau.)[5]

Brumoy a déguisé autant qu'il a pu ce dialogue, comme il a *falsifié* presque toutes les pièces qu'il a traduites [des tragiques grecs].
(id. Dict. phil. Art dramatique.)[6]

Il est vrai que . . . Marcion et Manès . . . osèrent dire que trois évangiles étoient supposés, et que celui de saint

Luc, qu'ils préféroient aux autres on ne sait pourquoi, puisqu'il n'était pas venu par une autre voie, avoit été *falsifié*.
(Boss. hist. univ. p. 257.)

Quoiqu'on pût vous reprocher, me dit Euclide, d'avoir entassé trop de figures dans cet éloge, je conçois que nos exagérations *falsifient* nos pensées ainsi que nos sentiments, et qu'elles effaroucheraient un esprit qui n'y serait pas accoutumé.
(Barthél. voy. d'An. ch. 58; p. 410.)

Hors de ces doctrines décriées, l'harmonie reste impossible entre les éléments de la vérité qui nous sont donnés, et pour se faire le semblant d'un système dont il a besoin, l'esprit humain s'abaisse au triste rôle de les *falsifier*.
(Rev. Chrét. 1861; p. 790.)

Or nous ne *falsifions* pas la parole de Dieu, comme font plusieurs; mais nous parlons de Christ avec sincérité, comme de la part de Dieu, et devant Dieu.
(II. Corinth. 2, 17.)[7]

Mais nous avons entièrement rejeté les choses honteuses que l'on cache, ne marchant point avec ruse, et ne *falsifiant* point la parole de Dieu, mais nous rendant approuvés à toute conscience des hommes devant Dieu, par la manifestation de la vérité.
(II. Corinth. 4, 2.)[8]

---

[1] V. Littré, art. falsifier 1, et le dernier exemple de l'observation précédente. [2] V. Littré, ibid.
[3] V. Littré, art. falsifier, 2. [4] ibidem. [5] V. Littré, art. falsifier, 4. [6] ibidem.

[7] Non enim sumus sicut plurimi, adulterantes verbum Dei, sed ex sinceritate, sed sicut ex Deo, coram Deo, in Christo loquimur. — Ὁ γὰρ ἐσμεν ὡς οἱ πολλοὶ καπηλεύοντες τὸν λόγον τοῦ Θεοῦ, ἀλλ ὡς ἐξ εἰλικρινείας, ἀλλ ὡς ἐκ Θεοῦ κατενώπιον τοῦ Θεοῦ, ἐν Χριστῷ λαλοῦμεν. — Denn wir sind nicht, wie etlicher viele, die das wórt Gottes verfaelschen, sondern als aus lauterkeit, und als aus Gott, vor Gott, reden wir in Christo. — For we are not as many, which corrupt the word of God: but as of God, in the sight of God speak we in Christ.

[8] . . . Non ambulantes in astutia neque adulterantes verbum Dei . . . — . . . Μὴ περιπατοῦντες ἐν πανουργίᾳ μηδὲ δολοῦντες τὸν λόγον τοῦ Θεοῦ . . . — . . . Und gehen nicht mit schalkheit um, faelschen auch nicht Gottes wort . . . — . . . Not walking in craftiness, nor handling the word of God deceitfully . . .

5° Donner une fausse apparence.

> D'ailleurs, ce grand courroux pourrait-il être feint?
> Aurait-il pu sitôt *falsifier* son teint,
> Et si bien ajuster ses yeux et son langage,
> A ce que la fureur marquait sur son visage?
> (Corn. la Suiv. IV, 9.)[1]

6° Falsifier les clefs, faire de fausses clefs.

> Romulus permit au mari de répudier sa femme, si elle avait commis un adultère, préparé du poison ou *falsifié* les clefs.
> (Montesq. Esp. XVI, 16.)[2]

7° Terme de manége.

Falsifier les allures d'un cheval, les rendre fausses, les faire tourner de bien en mal.[3]

8° Se falsifier, v. réfl.

Être falsifié.

> Tout se viole et tout se *falsifie*.
> (Lamotte, Fabl. II, 7.)[4]

CC. Faubourg, subst. m.[5]

Étym. Scheler: „Les savants sont partagés entre les étymologies faux-bourg (= le bourg qui n'est pas le vrai) et for-bourg, le bourg extra muros (for = hors). On a allégué de bonnes raisons pour l'une et pour l'autre. Diez[6] est favorable à la première manière de voir; il pense que les formes forbourg, forsbourg, même horsborc (Roquefort) sont postérieures et motivées par le désir de donner un sens au mot fauxbourg, dont l'origine était incomprise. Le wallon dit fâbor (fâ = faux), le picard forbourg.[7] Ce qui est incontestable, c'est que les deux variétés répondent à deux interprétations diverses de la chose. On pourrait du reste prendre l'une et l'autre pour des interprétations du terme allemand vor-burg, qui exprime l'idée ante-urbium. On sait que le latin disait pour ce que nous appelons faubourg, suburbium, conservé par les Anglais dans suburb."[8][9]

---

[1]) V. Littré, art. falsifier, 5.   [2]) ibidem 6.   [3]) ibidem 7.   [4]) ibidem 8.

[5]) Quoiqu'il soit douteux, si faubourg est en effet composé de faux et bourg, nous croyions pourtant qu'il était nécessaire et intéressant d'insérer ce mot dans notre dissertation, parce qu'il a été souvent un objet de doctes discussions. Pour les autres composés de faux v. la préface.

[6]) Il dit (dict. II, p. 291): „Faubourg fr. vorstadt. Gilt es fuer for-bourg = foris-burgus aussenstadt, oder fuer faux-bourg = falsus burgus unrechte, uneigentliche stadt, nebenstadt, wie man faux-frais nebenkosten, faux-bois nebenzweig, fausse-clef nachschluessel sagt? Fuer beide erklaerungen fehlt es nicht an gruenden. Man findet in der aelteren litteratur einigemal forborg, forsbourg, ja Roquefort hat horsborc, offenbar von hors = foris, selbst das ahd. furi-burg duerfte angeschlagen werden. Fuer fauxbourg spricht z. B. das wallon. fâ-bor, indem fr. faux in dieser sprache mit fâ, for aber mit foû oder gleichfalls mit for ausgedrueckt wird; die nahe liegende picard. mundart hat sich dagegen fuer forbourg entschieden. Beide auffassungen koennen statt gefunden haben; dass aber das neufr. fau aus for entstellt sei, ist kaum zu glauben, da die sprache keinen anlass hatte, das seinem sinne nach ganz deutliche forbourg zu verdunkeln, und r auch in forban u. a. nicht ausstiess: eher scheint forbourg eine mundartliche umdeutung der andern ihrem sinne nach minder klaren form."

[7]) Littré (art. faubourg, étym.) dit: „Picard, forbou, forbourg; bourguig. faubor; wallon fâborg; bas-lat. foris burgum: de foris, hors, et burgus, bourg. Cette étymologie est certaine pour toutes les formes où l'r se trouve: forborc, horsborc, forbou, etc. Mais faut-il aussi y rattacher fauxbourg, faubourg, fâborg? Si on considère ces textes, on voit que fauxbourg est relativement récent; es dans le bas-latin même, du Cange ne cite falsus burgus que dans une pièce de 1380; sans doute on peut concevoir que des fors-bourgs aient été aussi appelés des faux bourgs, des bourgs faux; cependant, tant qu'on n'aura pas apporté des textes anciens qui donnent faux bourgs, il vaudra mieux croire que faubourg est une altération de forbourg; prononcé fô bourg (le parler vulgaire ayant quelquefois supprimé l'r), puis finalement pris pour faux bourg."

[8]) Richelet: „Faux-bourg. s. m. (Suburbium). Maison en forme de bourg, ou de vilage hors des portes d'une ville, et par où l'on passe ordinairement pour venir dans la ville. (Gros ou petit fauxbourg). — Vander Laer, dans le Traité des Châtelains de Lille, pag. 59. prétend qu'il faut écrire et prononcer forbourg, et non fauxbourg, hors du bourg, comme lors se disoit forbannir; et les Italiens et Espagnols disent fora, ce que nous disons hors." Voiez Mr. Ménage, mot fauxbourg. Périon estime qu'il faut écrire forsbourg; hors du bourg ou de la ville. Nous lisons dans les Ordonnances de S. Louis, raportées par Mr. Le Févre Chanterau: „Nus vavassor ne puet faire forban, etc." C'est-à-dire, bannir, et mettre hors de la Jurisdiction."

[9]) Burguy (gr. III, p. 158): „Faubourg. Je place ce mot à part et sous sa forme actuelle, parce qu'il a donné

11*

En lisant pour la première fois l'orthographe de fauxbourg ou faulxbourg au lieu de celle qui est en usage actuellement, faubourg[1], et avant de connaître l'étymologie de forbourg, nous n'étions point en doute que ce mot ne soit composé de l'adjectif faux (falsus) et du substantif bourg (burgus), et nous ne tardions pas un moment à nous l'expliquer par „le bourg qui n'est pas le vrai" (cf. Scheler). Cependant après que nous eûmes connu l'autre étymologie et comparé et examiné les différentes opinions (v. les observations), l'article de Du Cange[2] a emporté la balance, et nous nous sommes décidés à suivre celle de Littré (v. plus haut p. 76, rem. 7) disant que, tant qu'on n'aura pas apporté des textes anciens qui donnent faux bourgs[3] (cf. plus bas l'histoire de faubourg) il vaudra mieux croire que faubourg est une altération et une corruption de forbourg, prononcé[4] fôbourg, puis finalement pris, par méprise, pour faux bourg.

Hist. **XIIe et XIIIe siècles.**

A toz ceus qui justice et juridiction ont dedens la ville et dedens les *forbourgs* de Paris.   (Liv. des mét. 2.)[5]

Il revint en *fourbourc* d'Isle [à Laon].   (Bibl. des chartes, 2e série, t. III, p. 425.)[6]

XIVe et XVe siècles.

Que les maisons des *horsborcs* soient abatues.   (Du Cange, forisbarium.[7])[8]

Les Anglois vinrent loger ès *faubourgs* de Rennes.   (Froiss. II, II, 73.)[9]

Prenez les champs ou les *faulbourgs* [choisissez, décidez].   (Ch. d'Orl. Chans. 91.)[10]

lieu à de nombreuses discussions. M. Génin, qui décide tout d'un trait de plume, prétend que faubourg est faux, vu qu'il n'y a rien de faux dans un bourg. Et pourquoi faux-bourg ne pourrait-il pas s'expliquer par falsus-burgus, c'est-à-dire le bourg impropre, ce qui n'est pas proprement la ville, comme on dit une fausse clef, du faux bois? On a dit autrefois, prétendez-vous, fors-bourg, hors-bourg, c.-à-d. foris-burgus, ce qui est situé hors du bourg, et vous en concluez de suite que nôtre fau est pour fors, et que „les gens qui écrivent, abusés par leur oreille „et leur ignorance" (!), ont commis la bévue de prendre l'un pour l'autre." Oui, on a écrit quelquefois fors-borc, et les Picards disent encore for-bourg; mais les Wallons leurs voisins disent fâbor, fâbour (fâ = faux), et fors n'aurait jamais produit fâ dans leur dialecte; de plus, il n'y avait aucune raison euphonique pour changer fors en fâ ou en fau. Les deux explications étant fort logiques, quoi qu'en dise M. Génin, et la forme ne permettant pas d'admettre faux = fors, au moins pour qui n'est pas habitué à faire des tours de passe-passe dans l'étymologie, il faut en conclure que faubourg équivaut à falsus burgus et qu'on a perdu fors bourg."

[1]) Atzler (die germanischen elemente in der französischen sprache) dit p. 89: „Faubourg, m. vorstadt: s. bourg, entweder gleich for-bourg, mlat. foris-burgus (aussenstadt), oder faux-bourg: uneigentliche, falsche, nebenstadt; — fuer beide erklaerungen giebt es belege; man beachte ahd. furiburg, ags. foreburh (vestibulum); das nfr. fau ist wohl durch euphonische elision wegen des 2. r aus „for" entstellt; s. Diez, dict. II, 291; Sch. s. v. — picard. forbou, forbourg; auch ferner forborc, horsborc.

[2]) Du Cange (I, p. 753): Burgus. Suburbium, Gall. Fauxbourg. Barthii Glossar. ex Guiberti Hist. Palaes lib. 4, cap. 3. Hospitatus est extra urbem, donec iniquus Imperator iussit eum hospitari in Burgo urbis. Burgus Forensis, in Chronico S. Medardi Suession. apud Acherium Spicil. tom. 2, pag. 797. Anno 1240. Albigenses appropinquantes civitati Carcassonae a Burgensibus et illis qui manebant in Burgo forensi, iutus nocte per traditionem sunt intromissi. Ibidem: Ipsi vero Albigenses ab obsidione recedentes totum forensem Burgum inclytum Carcassonae igne combusserunt. Burgus forensis, id est, Burgus qui foris est seu extra urbem. Hinc nostrum Fauxbourg derivatum existimo. Primo Forsbourg et Forbourg, deinde Fauxbourg dictum est."

[3]) Atzler (p. 36): Bourg, m. marktflecken: mlat. burgus vom dt. burg, goth. baurgs (von bairgan, bergen), ahd. purhc, purc, mhd. burc, ags. byrig, burg, engl. borough, burg; schwed. daen. borg; s. D. I, 76 (borgo). Cf. πυργος, βυργον, πυργον dans Du Cange I, p. 752 et 753. Burgus.

[4]) A l'égard de la prononciation de bourg dans faubourg v. Gr. d. Gr. p. 44; Chifflet, gramm. p. 213 dans Littré. — Pour l's au pluriel, qui ne se lie pas, cf. de même Littré, art. faubourg.

[5]) V. Littré, art. faubourg, hist.   [6]) ibidem.

[7]) Du Cange (I, p. 334): „Forisbarium. Suburbanum, Gall. Fauxbourg, quasi foras seu extra barria vel muros civitatis. Vide Barrium. Litterae Philippi III, Reg. Franc. an. 1257, to. 3. Ordinat. p. 60. Scilicet quod dicta Maria et dictus Artusus vir suus eius nomine, haeredes seu successores dicte Marie habeant exercitum et cavalgatam in dicto castro Lemovicensi et Forisbariis et omnibus pertinentiis praedictorum . . . Homines in castro Lemovicensi, Forisbariis ac pertinentiis commorantes.

[8]) V. Littré, art. faubourg, hist.   [9]) ibidem.   [10]) ibidem.

XVIe siècle.

Pendant que nous n'en sommes qu'aux *faubourgs* [de la vieillesse]. (Mont. III, 360.)[1]

Le feu s'avance peu à peu, et a desjà consumé les *fauxbourgs* de la chrestienté. (Lanoue, 383.)[2]

Les Fidenates coururent et fourragerent les premiers son païs jusques aux *faulxbourgs* de Rome. (Amyot, Rom. 37.)[3]

Faubourgs sont toutes les maisons hors l'enceinte de la ville. (Pasquier, Recherches, p. 658, dans Lacurne.)[4]

Il se vint heurter contre la ville, presque aux *faux-bourgs* de l'hiver [à l'entrée de l'hiver]. (Id. Lettres, t. 1, p. 42.)[5]

Jardin aux *fauxbourgs* vault cent sols au rebours. (Cotgrave.)[6]

Et pour ce, il a choisi aux *faulxbourgs* sa retrette. Loin du bruit de la ville, en demeure secrette. (Barthe, p. 123, Baïf.)

Sign. et emploi:[7]

1° vorstadt.

Quartier d'une ville situé en dehors de son enceinte ou, dans certaines grandes villes, quartier qui primitivement était un des faubourgs.

Je ferai mon paquet au *Faubourg*. (Sév. Lettr. XXIV; to. 52, p. 79.)

Vous avez ici près dans le *fauxbourg* un méchant petit coin de terre que vous affermez à je ne sais qui, donnez-lui-en la jouissance. (Dacier p. 390.)[8]

A Ste. Marie du *Fauxbourg*, Vendredi 29. Janvier, jour de St. François de Sales, et jour que vous futes mariée. (Sév. Lettr. p. 231.)[9]

Le Prince Ferdinand de Prusse établit au *fauxbourg* de St. Nicolas une batterie. (Hecker, p. 174, Frédéric le Grand.)

Dans le *fauxbourg* Saint-Marcel, lieu où par excellence domine la misère, le mauvais air, conséquemment le mauvais pain, l'huile empoisonnée, une fièvre pourpreuse moissonnait les pauvres par centaines. (Id. et N. t. I. p. 603, Mercier.)

Tout est en feu jusque sur les bords de la rivière d'Oise; nous pouvons voir de nos *faubourgs* la fumée des villages qu'ils [les ennemis] nous brûlent. (Volt. Lett. 74.)[10]

La ville et les *faubourgs*, tout le monde.[11]

J'aurai pour confidents la ville et les *faubourgs*. (Destouches, Phil. marié, 1, 2.)[12]

Assembler la ville et les *faubourgs*, exciter un grand concours de monde.[13]

Fig.: Le dehors.

Il [Lassay] n'y fut [à la cour] jamais que des *faubourgs*. (St-Sim. 33, 132.)[14]

A Paris le *faubourg* Saint-Antoine, le *faubourg* Saint-Germain.[15]

Il entra [à Paris] par le *faubourg* Saint-Marceau et crut être dans le plus vilain village de Westphalie. (Volt. Candide, 22.)[16]

Ces *faubourgs* aujourd'hui si pompeux et si grands,
Que la main de la paix tient ouverts en tous temps,
D'une immense cité superbes avenues,
Où nos palais dorés se perdent dans les nues,
Étaient de longs hameaux de remparts entourés,
Par un fossé profond de Paris séparés. (Volt. Henr. VI.)[17]

Autrefois à Paris, quand on disait le *faubourg*, cela voulait dire le *faubourg* Saint-Germain. Aujourd'hui le *faubourg* Saint-Germain se nomme quelquefois le noble *faubourg*, parce que beaucoup de familles, appartenant à la noblesse, y ont des hôtels.[18]

Quelques ouvrages extérieurs et des *faubourgs* dérobent les approches des portes de Mohilef et du Dniepr. (Ség. Nap. VI, 3, p. 123.)[19]

2° vorstaedter.

La population des faubourgs de Paris. Soulever les faubourgs.[20]

---

[1]) V. Littré, art. faubourg, hist. [2]) ibid. [3]) ibid. [4]) ibid. [5]) ibid. [6]) ibid. [7]) Cf. Littré.

[8]) . . . De. Agelli est hic sub urbe paulum quod locitas foras: Huic demus qui fruatur. (Tér. Ad. Y, 8.)

[9]) Dans Mme de Sévigné, le faubourg est ordinairement le faubourg Saint-Jacques, où se retiraient les gens dans la dévotion, les Jausénistes, etc. (Littré.)

[10]) V. Littré, art. faubourg 1. [11]) ibid. [12]) ibid. [13]) ibid. [14]) ibid. [15]) ibid. 2. [16]) ibid.

[17]) ibid. [18]) ibid.

[19]) L'éditeur, M. Hauschild y ajoute la note suivante: „Faubourg, faux bourg, unrechte, uneigentliche stadt· Pour expliquer ce mot, qui a donné bien de la peine à quelques étymologistes, on n'a qu'à le comparer à fausses-fenêtres, faufiler.“ Il tombe donc dans le même défaut que M. Burguy reproche à M. Génin (cf. plus haut p. 77).

[20]) V. Littré, art. faubourg, 3.

DD. Faubourien, ne, adj.

Terme populaire. Qui appartient, qui a rapport aux faubourgs ou à ses habitants. Des manières faubouriennes.[1]

EE. Faubourien, subst. m.

Se dit des habitants des faubourgs de Paris.[2]

FF. Faussaire, subst.[3] comm.

Etym. Provenç. falsari; esp. et ital. falsario; du latin falsarius, de falsare (voy. plus bas fausser).

Hist. XIIe et XIIIe siècles.

Il met son aversaire en peril d'estre *faussaires*.

(Beaum! XXXV, 4 — Littré.)

XIVe et XVe siècles.

La contrefaçon des monnoyes que les malicieux *faussaires* ont faites, au temps passé, en coings semblables aux nostres.   (Ordonn. des rois de Fr. t. II, p. 429.)[4]

Jà est Fedris *faussairez* [qui fausse son serment]
 aprouvez clerement
A l'encontre Huon, le roy ù Franche apent.
(Hugues Capet. v. 4755.)[5]

XVIe siècle.

Bien au rebours promet l'eternel aux *faussaires*
De leur rendre sept fois et sept fois leurs salaires.
(D'Aub. Tragiques, III.)[6]

Cette gent *faussaire*.

(id. ib. IV.)[7]

Sign. et emploi.

1° faelscher, verfaelscher; falsarius.

Celui qui fait un faux acte, une fausse signature, ou qui altère un acte authentique.

Qu'ils devroient être punis comme des *faussaires*, parce qu'ils falsifient l'Écriture et les Canons.

(Lenfant, C. d. P. II, p. 233.)

Et comme Idolatres, et corrompeurs, *faulsaires* de la foy Catholicque sont dignes de double mort . . .

(id. ib. p. 320, deux fois.)

On aimera mieux qu'un *faussaire* [un homme qui aurait fabriqué les prophéties] soit prophète, qu'Isaïe, ou que Jérémie, ou que Daniel [le soit].

(Boss. Hist. III, 13.)[8]

Ne connaitrais-tu pas quelque honnête *faussaire*
Qui servît ses amis? . . .

(Rac. Plaid. I, 5.)[9]

Un calendrier universel et perpétuel qui découvrit la fausseté d'un titre qu'on donnait pour ancien, et fit condamner les *faussaires*.   (Fonten. Sauveur.)[10]

Il passait pour le plus habile *faussaire* de son temps; c'était lui qui avait fabriqué sous le nom de Calixte III, les bulles qui permettaient au comte d'Armagnac d'épouser sa soeur.

(Duclos, Hist. de Louis XI, Oeuvres, t. III, p. 275.)[11]

Ah! c'est donc toi, traître, impudent, *faussaire*.

(Volt. V, p. 290; Enf. prod. IV, 4.)

Maupertuis fit encore mieux. Il ne se trouva pas au jugement de Koënig, mais il écrivit une lettre à l'Académie pour demander la grâce du coupable, qui était à La-Haye, et qui, ne pouvant être pendu à Berlin, fut seulement déclaré *faussaire* et fripon géomètre avec toute la modération imaginable.   (St. ép. p. 58.)

---

[1] V. Littré.   [2] V. Littré et M.-P.
[3] Cf. Du Cange, II, p. 178 et suiv.: „Falsarius, Sica, pugionis vel cultelli species. — Falsador, Eadem, ni fallor, notione, apud Sanutum t. 2. part. 4. cap. 6. — Falsarius litterarum, Qui Litteras supponit vel adulterat. — Falsator, Falsarius, in Lege Salica tit. 32, § 8. — Falsator Christianus, f. Qui fidem Christianam eiuravit, Charta an. 1114 — Falsdarius, Idem qui Falsarius litterarum. — Falsonarius, Falsarius, ex Gallico Faussonnier, Charta Maioriae Rotomagensis et Falesiae. Unde Falsonarius dici potius videtur qui falsae monetae reus est, seu qui monetam adulterat.“ — Cf. aussi Klotz, falsarius.
[4] V. Littré, art. faussaire, hist.   [5] ibidem.   [6] ibidem.   [7] ibidem.
[8] V. Littré, art. faussaire, 1.   [9] ibidem.   [10] ibidem.   [11] ibidem.

Double faussaire, faussaire renforcé, faussaire sans scrupule.[1]

> Endurcis-toi le coeur, sois arabe, corsaire,
> Injuste, violent, sans foi, double [2] *faussaire*.
>
> (Boil. Sat. VIII.)[3]

Adjectivement.

Voilà ce qui s'appelle un gros mensonge imprimé; il y a même, dans cette fiction, je ne sais quoi de *faussaire* qui me fait de la peine.

> (Volt. Lett. Colini, 21 oct. 1677.)[4]

2⁰ luegner, betrueger.

Il se dit quelquefois pour „menteur“, „trompeur“.

> Ah! mes yeux . . . . Si vous ne m'abusez, si vous
> n'êtes *faussaires*.
> Vous êtes de mon heur les cruels adversaires.
> (Corn. Clit. I, 1.)[5]

> Mais pour quelques vertus si pures, si sincères,
> Combien y trouve-t-on d'impudentes *faussaires*!
> (Boil. Sat. X.)[6][7]

GG. Faussé, ée.

Étym. part. passé de fausser.

Hist. V. fausser.

Sign. et emploi.

1⁰ A quoi on a manqué.

> De quels serments *faussés* suis-je vers vous coupable?
> (Th. Corn. l'Inconnu III, 4; Littré.)

Il [François Ier] avait donné sa parole à Charles-Quint de lui remettre la Bourgogne; promesse faite par faiblesse, *faussée* par raison, mais avec honte.

> (Volt. Moeurs, 124.)[8]

2⁰ Rendu faux.

La voix faussée. — Fig. Jugement, esprit faussé.

3⁰ Courbé par quelque violence.

La cuirasse faussée par la force du coup.[9]

HH. Faussement, adv.

Étym. Fausse, et le suffixe ment; provenç. falsamen; esp. port. ital. falsamente.[10]

Hist. XII⁰ et XIII⁰ siècles.

> Mais de ce me doit savoir gre
> Conques nen chantai *faussement*.
> (Maetzn., Altfrz. L. II, 4.)

> Uns faux amans *faussement* proie
> Une qui *faussement* otroie.
> (Id. ib. XLVI, 5. 6.)

---

[1] V. Littré, art. faussaire, 1.
[2] Dans quelques éditions il se trouve une virgule entre double et faussaire, p. e. dans Hecker, p. 347.
[3] V. Littré, art. faussaire, 1. [4] ibidem. [5] ibidem 2. [6] ibidem.
[7] Richelet dit: „Faussaire, s. m. (falsarius). Qui a fait une fausseté. (Un insigne faussaire.) Là vous vous instruirez dans l'art d'être faussaire, D'avoir un esprit double, une ame mercenaire. (Vill.) — Je n'ose pas dire que Despreaux s'est servi du mot de faussaire dans un sens qui ne lui convient pas; il est dangereux de critiquer un homme qui a critiqué tout le genre-humain avec aplaudissement. Il dit dans sa satire contre les femmes: „Mais pour quelques vertus si pures, si sincères, Combien y trouve-t-on d'impudents faussaires, Qui sous un vain dehors d'austére piété, De leurs crimes secrets cherchent l'impunité.“ — Peut-on dire qu'une femme qui cache beaucoup de vices sous l'apparence de beaucoup de vertus, est une faussaire? Le terme est rude et désagréable. On le dit au Palais: mais je n'ai jamais ouï dire qu'une fausse dévote étoit une faussaire.
[8] V. Littré, art. faussé, 1. [9] ibid. 2. 3 et plus haut p. 73, rem. 2.
[10] Cf. Maetzn. Altfr. L. gloss.; Littré. Burguy (gr. III, p. 157) y ajoute encore les formes de l'ancien français falsement et faussement. Cf. aussi Bartsch, chr. r. gloss.

Cainte est de trop pute corroie
Fame qui *faussement* otroie.
(Maetzn., Altfr. L. XLVI, v. 14.)

Se vostre espoir vos pramet *faussement*,
Dont vos aura comme fol escharni.
(Maetzn., Altfr. L. XLV, 35.)

[La vieille] Qui tel dame trahit *faussement* [perfide-
ment] en recoite.
(Berte, CXXXVI.) [1]

XV· siècle.

[Les Flamands de Gand] respondirent qu'ils fuyoient comme gens trahis *faussement*. et déconfits du comte de Flandre et de ceux de Bruges.
(Froiss. II, II, 87.) [2]

Sign. et emploi. [3]

faelschlich, mit unrecht.

(contre la vérité.) [4] (falso [5]), (à faux.) [6]

Et faisant *faussement* parler les immortels.
(Rotr. Antigone, V. 5.) [7]

Cher ami, si mon père un jour désabusé
Plaint le malheur d'un fils *faussement* accusé.
(Rac. Phèdre, V. 3.) [8] [9]

Ainsi la plupart des hommes, occupés d'eux seuls dans leur jeunesse, corrompus par la paresse ou par le plaisir, croient *faussement* dans un âge plus avancé qu'il leur suffit d'être inutiles ou dans l'indigence, afin que la république soit engagée à les placer ou à les secourir.
(de la Bruy. t. I, p. 69.)

---

1) V. Littré, art. faussement, hist.   2) ibidem.

3) Le Dictionnaire de Mozin-Peschier a encore un subst. faussement = décollement, terme de charpenterie: 1° deglutinatio, action par laquelle on décolle, ou une chose collée se détache 2° tenuatio cardinum a lateribus. (Richelet).

4) Lafaye (p. 95) dit: „Faussement, à faux. On accuse quelqu'un faussement ou à faux, c'est-à-dire sans raison suffisante, sans être fondé à le faire. — Faussement regarde plutôt l'accusation et l'accusateur, à faux l'accusé. D'une part, on songe à celui et à la disposition de celui qui, sans le savoir ou le sachant peut-être, dit des choses contraires à la vérité; de l'autre on se représente celui qui est l'objet de l'accusation comme éprouvant un tort, comme blessé dans son honneur ou dans ses biens. Le calomniateur accuse faussement; l'innocent est accusé à faux. L'adverbe a plus rapport au fait, et la phrase adverbiale au droit. Aussi à faux, et non pas faussement, peut s'employer dans des cas où il n'est pas question d'action ni d'agent, d'accusation ni d'accusateur. „Ce n'est pas un ministre de J. C., c'est un usurpateur qui porte à faux ce titre honorable. Mass."

5) Cf. Du Cange II, p. 178: „Falsato, adv. Dolose, fraudulenter. Charta fundationis S. Mauritii Agaunensis tom. I. Hist. Insulae Barbarae pag. 30. Reliqua vero corpora congerantur in tutissimum locum, atque aptissimum in unum condantur locum, et sub eximia custodia sanctissimi Custodes deputentur, ne forte, quod absit, Falsato ex eis furentur."

6) Cf. plus bas.   7) V. Littré, art. faussement.   8) ibidem.

9) Lafaye (p. 289): „Les adverbes français se forment des adjectifs par l'addition de la terminaison ment. C'est ainsi que sagement, sensément, courageusement, ont été faits de sage, sensé, courageux. Il y a toutefois des exceptions. Plusieurs de nos adverbes reproduisent exactement l'adjectif quant à sa forme, et n'y ajoutent rien. Tels sont cher, ferme, fort, juste, haut, franc, net, vite, droit, dans les expressions: vendre cher, tenir ferme, frapper fort, venir juste à l'heure, parler haut, franc, net, aller vite ou droit. Or, il arrive parfois qu'à un même adjectif correspondent deux adverbes, l'un n'ayant d'autre forme que celle de l'adjectif, et l'autre pourvu de la terminaison adverbiale commune, ment. De là une source particulière de synonymes; car ces adverbes de même origine et de même radical ont d'ordinaire la plus grande analogie pour le sens. Il n'est pas facile, par exemple, d'apercevoir en quoi diffèrent cher et chèrement, dans, vendre ou payer cher ou chèrement; juste et justement, dans, voilà juste ou justement ce qu'il faut; franc et franchement, dans, parler franc ou franchement; droit et directement, dans, aller droit ou directement au but. Et ainsi de beaucoup d'autres.

Entre les synonymes de cette espèce, toute différence doit dépendre de la valeur inhérente à la particule ment, qui seule empêche les deux adverbes d'équivaloir tout à fait pour la forme.

Or, qu'elle soit adverbiale ou substantive, cette désinence entraîne pour le radical, auquel elle se joint, la même modification de sens. Elle lui donne avec le verbe un rapport particulier; elle lui imprime un certain caractère de contingence et de subjectivité. Sans cette terminaison, l'adverbe n'a de rapport qu'avec l'adjectif; il en partage l'objectivité: avec cette terminaison, il devient verbal, pour ainsi dire, ou temporel, nu phénoménal, relatif à une action et au sujet qui la fait. Si bien que nous retrouvons entre les synonymes dont il s'agit ici l'opposition reconnue par Platon et Aristote entre le substantif et le verbe, savoir, celle de la permanence et de la contingence, de l'être et du phénomène, de la substance et de l'accident, de l'idée et du fait. Pour être extrêmement abstraite et générale, cette distinction n'en est pas moins applicable et féconde." — p. 291: „Quand on raisonne faux, le raisonnement, le résultat de l'opération est mauvais, ne vaut rien; quand on raisonne ou qu'on a raisonné faussement (Pasc.), on se trompe ou on s'est trompé, on commet ou on a commis une erreur en raisonnant."

D'un zèle simulé j'ai bridé le bon sire;
Avec empressement jn suis venu lui dire,
S'il ne songeait à lui, que l'on le surprendroit;
Que l'on couchait en joue, et de plus d'un endroit,
Celle dont il a vu qu'une lettre en avance
Avait si *faussement* divulgué la naissance.
(Mol., l'Ét. IV, 1.)

De l'honneur que tu fuis elle suit trop les lois;
Et tu prends *faussement* et son nom et sa voix.
(id. éc. d. m. III, 3.)

Mais je n'ai point pris foi sur ces méchantes langues,
Et j'ai voulu gager que c'était *faussement* . . .
(id. éc. d. f. II, 6.)

Monsieur, vous voyez comme j'ai été *faussement* accusé.
(id. George Dandin I, 8.)

. . . jusqu'à employer la plus noire calomnie, et répandre *faussement* le bruit de la mort de deux Seigneurs Eduens . . .
(Roll. hist. rom. XIII, p. 182.)

Par une suite de la même bizarrerie, elle mit à cet accord les formalités les plus graves, et me donna pour y penser huit jours, dont je l'assurai *faussement* que je n'avais pas besoin.
(J.-J. Rouss. conf. I, V, p. 196.)

Il étoit souvent arrivé, que des gens s'étoient *faussement* accusez eux-mêmes dans les douleurs de la torture, afin de se racheter de plus horribles tourmens.
(Lenfant, C. d. P. I, p. 43.)

Il mit les Chartreux en liberté, protestant, quoique très-*faussement*, qu'il avoit ignoré leur Commission.
(id. ib. I, p. 58.)

Cette Conclusion attaque ceux qui pour excuser Gregoire XII prétendent *faussement* que le Pape a le pouvoir de se dispenser lui-même de son Serment, ou, de s'en faire dispenser par son Confesseur.
(id. ib. III, p. 331.)

On répond dans la sixième Conclusion qu'un Pape peut légitimement renoncer au Pontificat par Procureur, quoiqu'il y a [1]) des gens qui le nient très-*faussement*, sous le prétexte que le Papat est une Dignité personnelle, et dont la renonciation dépend de la volonté du Pape.
(id. ibid.)

Mais du surplus contenu en icelles, toy et tesdits freres avez menty, et mentez *faussement*, mauvaisement et desloyaument traistre que vous estes . .
(id. ib. IV, p. 35.)

C'étoit à qui feroit parade de ses mains sanglantes; à qui, *faussement* ou non, se vanteroit d'avoir commis ou vu ces assassinats, comme d'exploits glorieux et mémorables.
(Rouss. Tac. I, p. 67.)[2]).

Oui, je me suis *faussement* accusé, pour sauver l'ancien chancelier Schumacker, dont la mort eût laissé sa fille sans protecteur.
(V.-H., Han d'Isl. 3, p. 173.)

Il reconnut le fleuve russe, sans se déguiser, comme on l'a dit *faussement* . . .
(Ség., Nap. I, IV, ch. 2, p. 66.)

Par un effet du génie de l'architecte des mensonges, la plupart de ces sons se trouvent *faussement* reproduits.
(Mager, anth. t. I, p. 279, Châteaubriand, pal. d. l. ren.)

Voilà pourquoi, quand notre volonté n'est pas assez forte pour résister à l'attrait du plaisir, alors même que notre intelligence conçoit déjà un bien plus relevé, nous sentons cette faiblesse, nous nous figurons *faussement* que nous pourrions la vaincre et nous souffrons.
(Rev. Chrét. 1861, p. 383.)

Le divin Orphée n'a en qu'à faire entendre sa voix pour accomplir réellement les miracles *faussement* attribués au héros fabuleux de la légende grecque.
(ib. suppl. p. 262.)

Vous serez bienheureux quand on vous aura injuriés et persécutés, et quand, à cause de moi, on aura dit *faussement* contre vous toute sorte de mal.
(Matth. 5, 11.)[3])

Si quelqu'un d'eux vient me visiter, il me parle *faussement*; son coeur rassemble de mauvais desseins. Est-il sorti? Il en parle.
(Ps. 41, 7.)[4]).

Les méchans se sont égarés dès leur naissance; il se sont fourvoyés dès le ventre de leur mère, et ils ont parlé *faussement*.
(Ps. 58, 4.)[5]).

La bouche de ceux qui parlent *faussement* sera fermée.
(Ps. 63, 12.)[6]).

---

[1]) pour le subj.   [2]) Praefixa contis capita gestabantur, inter signa cohortium iuxta Aquilam legionis, certatim ostentantibus cruentas manus qui occiderant, qui interfuerant, qui vere, qui falso, ut pulchrum et memorabile facinus iactabant.

[3]) Beati estis, cum maledixerint vobis et persecuti vos fuerint et dixerint omne malum adversum vos mentientes, propter me. — Μακάριοί ἐστε, ὅταν ὀνειδίσωσιν ὑμᾶς καὶ διώξωσι, καὶ εἴπωσι πᾶν πονηρὸν καθ᾽ ὑμῶν ψευδόμενοι, ἕνεκεν ἐμοῦ. — Selig seid ihr, wenn euch die menschen um meinetwillen schmaehen und verfolgen, und reden allerley uebels wider euch, so sie daran luegen. — Blessed are ye when men shall revile you, and persecute you, and shall say all manner of evil against you falsely, for my sake.

[5]) זֵרוּ רְשָׁעִים מֵרֶחֶם תָּעוּ מִבֶּטֶן דֹּבְרֵי כָזָב׃

[4]) וְאִם־בָּא לִרְאוֹת שָׁוְא יְדַבֵּר׃

[6]) כִּי יִסָּכֵר פִּי דוֹבְרֵי־שָׁקֶר׃

II. Fausser, v. a.

Étym. [1]) Wall. fâser, faire manquement; anc. provenç. anc. port. anc. esp. falsar; nouv. esp. falsear; ital. falsare; angl. to false (Spenser), du lat. falsare[2]), de falsus, faux; anc. franç. fauser, fausser, fauceir, falser = tromper, manquer à sa parole, rompre, déclarer faux; taeuschen, faelschen, luegen, nicht wort halten, brechen, fuer falsch erklaeren, beluegen, uebertreten, verletzen.

Hist. XIe siècle.

Je si li *fals* [le jugement], od li m'en combatrai.

(Ch. de Rol. CCLXXX.)[3])

XIIe et XIIIe siècles.

Si fine amour ne doit faus cuer volaje
Qui partout proie et partout *fausse* et ment,
Se tout conquiert par son *fausant* langaje,
La mencoigne li desfait et desment.

(Maetzn., Altfr. L. VIII, 21—25.)

Car mais ne cuit que veoir doie
Hom qui tant laint de fin cuer sans *fausser.*

(id. ib. XV, 35—36.)

Et sainques [4]) de riens li *fausai*
Ja ni puisse jou recouvrer.

(id. ib. XXVI, 10. 21. 32. 43. 54.)

Et sele cuide que la pais
Velle *fauser,*
Jel baiserai pour le mieus afremer.

(id. ib. XI, 34.)

Esperance, ki mapetise
Mes maus et fait entroublier,
Me tesmoigne bien et devise
Kamours ne veut sa loi *fausser*
Ne remuer
Pour vaillantise.

(Maetzn. Altfr. L. XXXIV, 19—25.)

Que jà nus hom n'en doutera,
Ne jà por rien ne *fausera.*

(Cast. p. 328. v. 644. 645.)

Sele fontaine, un serpent le gardoit:
Ja nus mauvais n'i metera le doit
Qui soit traitres ne qui *fause* sa loi,
Et s'il i vient . . . est mors orendroit.

(Bartsch, chr. fr. p. 53, Huon de Bordeaux.)

Je criem mon veu ne m'aient fet *fauser.*

(id. p. 67, Guillaume d'Orenge.)

Et ce fist il meismes enz ou fons avaler
En un vessel de voirre, ce ne puet n'on *fausser.*

(id. p. 108, Roman d'Alixandre.)

Car j'ai el cors la rasine
Ke ne puis desrasineir,
Ke m'est a cuer enterine
Sens *fauceir.*

(id. p. 314, Ch. d'une Dame.)

Ne jà de par moi n'ert *faussée*
L'amors que Diex m'a commandée.

(Cast. p. 206, v. 694.)

Et les commandemenz *faussez*
Que Diex nous avoit commandez.

(ib. p. 401, v. 233.)

XIVe et XVe siècles.

Et est moult plus à accuser que ne sont ceulz qui corrumpent on *falsent* la monnoie.

(Oresme, Eth. 264.)[5])

Le quel compaignon avait *faulsé* on fait *faulser* à un jeune clerc certaines lettres royaulx.

(Du Cange, falsare.)[6])

Ce fut chose moult estrange à luy de ainsi *faulser* sa foi et soy ainsi abaisser.

(J. de Troyes, Chron. 1472.)[7])

Judas, plus ne te celeray,
C'est de Jhesu qui tout *fausse*
Notre loy et la seue [la sienne] essauce.

(la Passion de N. S. J. C.)[6])

Prestement recommencerent leurs armes, et de celle rencontre le seigneur de Ternant donna si grand coup qu'il *fauça* le bacinet à jour.

(O. de la Marche, Mém. liv. I, p. 248.)[9])

---

[1]) Cf. Littré, art. fausser, étym.; Maetzn. Altfr. L. gloss. p. 333; Bartsch gloss.; Scheler, art. faux; Diez, gr. I, p. 16.

[2]) Cf. Klotz, lex.; Du Cange in falsare (II, p. 772) et falsare (II, p. 177). 1. decipere. 2. adulterare, scriptum corrumpere, pondera minuere. 3. falsam esse rem quampiam contendere. 4. falsare Curiam et falsare Judicium, appellare à judicio.

[3]) v. Littré, art. fausser, hist. [4]) Aussi „sainkes" (v. 10.) ou „sonques", (v. 21.). Pour „jou" aussi „je" (v. 11.)

[5]) v. Littré, art. fausser, hist. [6]) ibidem. [7]) ibidem. [8]) ibidem. [9]) ibidem.

XVIᵉ siècle.

Ce Dieu Pan (Daphnis) est un Dieu amoureux auquel il n'y a point de fiance, il a aymé Pitys, il a aymé Syringe, et ne cesse jamais de pourchasser les Nymphes Dryades, et de rompre la teste aux Epinélides, de sorte que si tu me faulsois la foy que tu m'as jurée par luy, il ne s'en feroit que rire, voire quand bien tu serois amoureux de plus de Femmes qu'il n'y a de chalumeaux en son Flageolet.

(Am. D. et Chl., p. 105.)

Il r'alluma son courage, et, faulsant la presse, donna jusques à . . . .

(Mont. II, 33.)[1]

Nostre intelligence se conduisant par la seule voye de la parole, celuy qui la faulse trahit la société.

(id. III, 78.)[2]

L'amende qui du commun consentement de nous tous avoit esté prescripte à l'encontre de celuy qui fausseroit compagnie.

(Cholières, Contes, après-dînée 4.)[3]

Sign. et emploi.[4]

1°. **Rendre faux, rendre contraire à la vérité, en parlant des promesses faites, de la foi donnée.** (sein versprechen nicht halten, sein wort brechen.)

. . . Si beaux . . . .
Qu'il faille pour son bien que tu fausses ta foi.

(Régnier, Ép. I.)[5]

Tu fausses ton serment
Pour donner à son crime un juste châtiment.

(Mairet, Mort d'Asdrubal, I, 4.)[6]

Damon . . . .
Ne pouvait se résoudre à fausser la promesse
D'être fidèle à sa moitié.   - (La Font. Coups.)[7]

. . . . parce qu'il avoit faussé le serment de fidelité qu'il avoit fait à Nabuchodonosor.

(Lenfant, C. à. P. l. II, p. 190.)

. . . Non, non, n'ayez pas peur
Que je fausse parole.

(Mol. Dép. am. IV, 3.)

Mais je ne retirerai pas tout-à-fait de lui ma bonté, et ne lui fausserai point ma foi.

(Ps. 89, 34.)[8]

Fausser le sens de la loi, d'un texte, donner une fausse interprétation à une loi, à un texte. (entstellen.)

Familièrement: Fausser compagnie, proprement être faux, infidèle à une compagnie, et, par suite, quitter une compagnie sans prendre congé, ne pas se trouver à un rendez-vous. (mit dem polnischen abschiede davongehen, sich aus einer gesellschaft wegschleichen; wider die verabredung sich nicht einfinden.)

Amis, moins de cérémonie,
Ou bien je fausse compagnie.

(Scarron, Virg. V.)[9]

Quand je fausse pour vous compagnie à tout autre.

(Th. Corn. Baron d'Albikrac, IV, 2.)[10]

On le dit aussi pour signifier: ne pas faire ce qui était promis ou attendu.

Lorsque, par impuissance ou par mépris, la nuit
On fausse compagnie . . . .

(Régnier, Sat. XI.)[11]

2°. **Rendre faux, détruire la justesse. — Fausser la voix, l'esprit etc.**

Je sentais qu'aucune corde ne manquait à cette haute et ferme intelligence, et que toutes les touches du clavier rendaient un son juste, fort et plein, — excepté peut-être la corde métaphysique, que trop de tension et de solitude avaient faussée ou élevée à un diapason trop haut pour l'intelligence mortelle.

(Lamart. voy. en Or., p. 23.)

Toute tentative de systématiser ce temps sous le point de vue moral, de le réduire à quelque fait général et éclatant, le fausserait infailliblement.

(Guiz., hist. mod., vol. II, p. 291.)

Saint-Cyran a été une conscience, une liberté, une âme vivantes dans ce siècle où toute âme était courbée, toute liberté morte, toute conscience faussée.

(Rev. Chrét. 1861, p. 96.)

---

[1] v. Littré, art. fausser, hist.   [2] ibidem.   [3] ibidem.   [4] Cf. Littré.   [5] ibidem.   [6] ibid.   [7] ibid.

[8] וְחַסְדִּי לֹא־אָפִיר מֵעִמּוֹ וְלֹא אֲשַׁקֵּר בֶּאֱמוּנָתִי׃

[9] v. Littré, art. fausser, 1.   [10] ibidem.   [11] ibidem.

3⁰. Terme de jurisprudence féodale[1]). — Fausser la cour ou le jugement, soutenir qu'un jugement n'est pas équitable. (behaupten, es sei ein falsches urtheil gefaellt worden; appelliren.)

On s'exposait beaucoup en *faussant* un jugement des pairs. (Montesq. Espr. XXVIII, 17.)[2]

4⁰. Courber, tordre un corps solide, de sorte qu'il ne se redresse plus de lui-même. — Fausser une clef, une lame. (verbiegen.)

Je forçais une boutanche, je *faussais* une tournante. (V.-H., cond. p. 133.)

Fausser une serrure, en gâter les ressorts par quelque effort. (verdrehen.)
Enfoncer sans traverser.

Ils y revinrent ainsi jusqu' à sept fois, toujours avec une force et une fermeté merveilleuses, brisant leurs lances, et *faussant* profondément leurs armures.
(Mager, anth. t. II, p. 267, Barante.)

Les coups d'épée *faussèrent* ses armes en divers endroits.
(Bouhours, Aubusson, liv. III.)[3]

Enfoncer en traversant.

La flèche *faussant* la cuirasse, lui entra bien avant dans le corps. (Quint. Curce, l. 9, ch. 5.)[4]

5⁰. Chanter faux, jouer faux, **v. n.**

Un aveugle y chante en *faussant*
La faridondaine. (Bér. Farid.)[5]

D'une lame d'épée qui s'est courbée. (krumm bleiben.)

6⁰. Se fausser, **v. réfl.** — Être faussé. Des promesses qui se faussent, des serments qui se violent.

Devenir faux. — La voix de cet acteur commence à se fausser. — Être tordu, enfoncé. — La lame se faussa par la violence du coup. (verbogen sein.)

Terme militaire. — Ne plus former une ligne droite, en parlant des rangs. Redresser les rangs qui se sont faussés. (aus der richtung kommen.)

JJ. Fausset, subst. m.

Étym. It. falsetto.[6]) J. J. Rousseau[7]) croit, sans l'affirmer, que ce mot vient du latin faux, faucis, la gorge, et il propose, en conséquence, de l'écrire faucet[8]). Mais l'italien falsetto prouve qu'il vient du latin falsus, cette voix étant sans doute ainsi dite parce qu'elle est moins pleine que la voix de poitrine.[9]

Hist. **XIII⁰ siècle.**

Et dant Renart chante en *fausset*.
(Ren. 13305.)[10]

N'aurai voisin en sus de moi
Qui bien n'entende mon *fausset*.
(ib. 1583.)[11]

XV⁰ siècle.

Il commença sifler en *fausset*. (Froiss. II, III, 99.)[12]

---

[1]) Cf. Du Cange, falsare, 4.   [2]) v. Littré, art. fausser, 3.
[3]) v. Richelet.   [4]) ibidem.   [5]) v. Littré, art. fausser, 5.
[6]) Cf. Coutelle; Du Cange; 1. Falsetum, Tonus acutus, Gall. Fausset. 2. Fausetum, ex Gallico Fausset. In musica cantus acutioris species. — V. aussi Falscetus. Fistula, vel qui canit fistula, Gall. Sifflet. (Frascetus.)
[7]). „Si ce mot vient du François faux opposé à juste, il faut l'écrire comme je fais ici (fausset), en suivant l'orthographe de l'Encyclopédie: mais s'il vient, comme je le crois, du Latin faux, faucis, la gorge, il falloit, au lieu des deux ss qu'on a substituées, laisser le c que j'y avois mis: faucet. (Rouss. dict. de mus., p. 234.)
[8]) Quelques auteurs suivent cette orthographe (v. Littré, faucet.)
[9]) v. Littré, art. 1. fausset.   [10]) v. Littré, art. 1. fausset, hist.   [11]) ibidem.   [12]) ibidem.

Sign. et emploi.[1]

1°. Terme de musique.

Littré: „Voix de tête, c'est-à-dire voix que prend un homme imitant les notes aiguës de la voix de femme ou d'enfant, ou, plus exactement, voix qui se produit quand on fait vibrer les cordes supérieures du larynx, ce qui donne le registre de tête ou **fausset**, tandis que la vibration des cordes inférieures donne le registre de poitrine."

Rousseau[2]): „C'est cette espèce de voix par laquelle un homme, sortant à l'aigu du Diapason de sa voix naturelle, imite celle de la femme. Un homme fait, à-peu-près, quand il chante le **fausset**, ce que fait un tuyau d'Orgue quand il octavie"[3]).

fistel, falsett.

L'un dispute qu'ils ont bien fait, d'autres qu'ils ont mal fait, la Comtesse s'égosille, le Comte de Guiche prend son *fausset*, il les faut separer, c'est une Comédie.
(Sév. Lett. 71; t. J, p. 259.)

La reine se mit en colère, proférant de son ton de *fausset* aigre et élevé ces propres mots . . .
(Retz II, 122.)[4]

Chacun voulant parler le premier, et les femmes plus que les hommes avec leur voix de *fausset*.
(Scarron, Rom. com. II, 7.)[5]

Au temps qu'on était réduit aux pièces de Hardy, il jouait en *fausset* et sous les masques les rôles de nourrice.
(id. ib. I, 5.)[6]

Ou sa façon de rire et son ton de *fausset*
Ont-ils de vous toucher su trouver le secret?
(Mol. Mis. II, 1.)[7]

L'un traîne en longs fredons une voix glapissante;
Et l'autre, l'appuyant de son aigre *fausset*,
Semble un violon faux qui jure sous l'archet.
(Boil. Sat. III.)[8]

Je n'ai jamais pu m'accoutumer à voir les rôles de César et d'Alexandre fredonnés en *fausset* par un chapon.[9]
(Volt. Lett. Prince de Prusse, 51, 24 Févr. 1764.)

Tel vint avec sa basse, tel avec son *fausset*.
(V.-H., cond. p. 9.)

Familièrement: Avoir une voix de fausset, parler d'un ton de fausset, se dit d'un homme fait dont la voix est grêle et désagréable.[10]

Le marquis, la voix haute, aigre et tranchante, comme dans presque tout le rôle. . . . . Comment?
Un laquais hardiment et d'une voix de *fausset*.
. . . . . . La Loi l'a déchirée [la livrée].
(Mager, anth., t. I, p. 152, Fabre d'Églantine.)

2°. Celui qui a une voix de fausset.

fistelsaenger, falsettist.

(vocem acutam ementiens.)[11]

Et Gorillou la basse et Grandin le *fausset*.
(Boil. Lutrin, V.)[12]

Figurément:

Loin de ces *faussets* du Parnasse,
Qui, pour avoir glapi parfois
Quelque épithalame à la glace
Dans un petit monde bourgeois,
Ne causent plus qu'en folles rimes,
Ne vous parlent que d'Apollon . . .
(Gresset, la Chartreuse.)[13]

---

[1]) Il y a encore un mot **fausset** dont l'origine est inconnue et qu'on trouve aussi écrit **fosset**, **fouet** (mais cela n'éclaircit rien). Il signifie 1° petite broche de bois servant à boucher le trou fait avec un foret à un tonneau. 2° Bec d'une plume qui se termine en pointe très-effilée (terme de calligraphie). — Littré allègue encore un troisième mot **fausset** („fausset du safran, voy. exostose"), mais il le marque comme inusité.
[2]) Dict. de mus. I, p. 234.   [3]) Dict. de mus. II, p. 22: „**Octavier**, v. n. Quand on force le vent dans un Instrument à vent, le ton monte aussi-tôt à l'Octave; c'est ce qu'on appelle **Octavier**. En renforçant ainsi l'inspiration, l'air renfermé dans le tuyau et contraint par l'air extérieur, est obligé pour céder à la vitesse des oscillations de se partager en deux colonnes égales, ayant chacune la moitié de la longueur du tuyau; et c'est ainsi que chacune de ces moitiés sonne l'Octave du tout. Une Corde de Violoncelle **Octavie** par un principe semblable, quand le coup d'Archet est trop brusque ou trop voisin du Chevalet. C'est un défaut dans l'Orgue quand un tuyau **Octavie**, cela vient de ce qu'il prend trop de vent."
[4]) v. Littré, art. 1. fausset, 1.   [5]) ibid.   [6]) ibid.   [7]) v. Littré et Richelet.   [8]) ibid.   [9]) ibid.
[10]) Cf. Littré et Mozin-Peschier.   [11]) Cf. Richelet.   [12]) v. Littré, art. 1. fausset, 2.   [13]) v. ibidem.

KK. Fausseté, subst. f.

Étym.[1]) Wallon. fâseté, provenç. falsetat, falsedat; esp. falsedad; port. falsidade; ital. falsitate, falsitade, falsità; angl. falsity, du lat. falsitatem[2]) de falsus, faux. Au XIVe et au XVIe siècle on refit le mot sur le latin, disant falsité qui n'existe plus. Ordinairement nous trouvons dans l'ancien français les formes: falsete, falsite, falseteit, fausete, faussete, faulseté, falcité, fausseté, fausceté.

Hist. XIIe et XIIIe siècles.

Si me doinst dius mon desir achiever,
Que jaim trop mieus son plaisir endurer
Kestre avancies en *faussete* tenir.
(Maetzn., Altfr. L. XXVIII, 16.)

Dame, jou sai tout de voir
Bien lai esprouve,
Que vous ne porries avoir
Cuer de *faussete*.
(id. ib. XLI, 56.)

Mais morir
Aim mieus ainsi en esperer
Ken *fausete* mon grief furnir
De kanque sauroie rouver,
Et sainques de riens li fausai,
Ja ni puisse jou recouvrer.
(id. ib. XXVI, 41.)

Et la foi et la loiautez
Sont changiez en *faussetez*.
(Cast. p. 400, v. 210.)

Lor guile s'est tant avant traite,
Que la *fausetez* se descuevre.
(ib. p. 372, v. 2018.)

Por la *faussete* qu'il trova
En cels . . .
(ib. p. 409, v. 490.)

Moult hai li rois yrezie,
Fausete et ypocrezie
Et vot severer de sainte glise
Tout leur afaire par devise.
(Burg. gr. II, p. 97.)

Ensi totes voies si ju del tot renoye l'aperceue *falseteit*,
et si ju m'ahert à la veriteit cuy ju averai deconue.
(id. ib. p. 121.)

Ge vodroie morir ainçois
Qu' amors m'eüst de *faussete*
Ne de traïson areté [accusé].
(la Rose, 3103.)[3])

XIVe et XVe siècles.

Or disons après de ceulx qui monstrent verité et de ceulx qui dient ou monstrent *falsité* en conversation humaine.
(Oresme, Eth. 132.)[4])

Il confessa la dite *fausseté* de rasure.
(Du Cange, falsare.)[5])

Et que je ne vueil point me faire fort, ou obligier de monstrer que telle Doctrine ait esté publiée, par tels ou tels, mais seulement je veuil publier nuement la verité et la *faulseté* reprouver.
(Lenfant, C. d. P., l. VII, p. 200.)

XVIe siècle.

La *falcité* desquelles opinions . . .
(Paré, IX, Préf.)[6])

Deslogeant la *faulseté* qui n'y peult avoir le pied si ferme ny si rassis.
(Mont. Ess. I, 9.)

Sign. et emploi.[7])

1º falschheit, unrichtigkeit, unwahrheit — qualité de ce qui est faux.

---

[1]) Cf. Littré; Maetzn., Altfr. L. gloss.; Bartsch, chr. fr. gloss.; Burguy, gr. III, p. 157.

[2]) Du Cange n'a pas falsitas, mais „falsitia, Falsum, ex Gall. Fausseté. Henr. Ruyghton: Accusatus est de multis transgressionibus, fraudibus, Falsitiis et traditionibus“. Cependant Klotz' (lex., falsitas) cite l'auteur Ammianus Marcellinus qui a fait usage de ce mot.

[3]) V. Littré, art. fausseté, hist.   [4]) ibidem.   [5]) ibidem.   [6]) ibidem.

[7]) Lafaye (p. 31): „Le faux, la fausseté. Le faux est absolu, comme le vrai, est un idéal, quelque chose de vague et d'étendu qui s'applique sans exception à tout ce qui est faux, et à l'aide de quoi on distingue la fausseté partout où elle se trouve. La fausseté, au contraire, est le faux qui se fait voir, qui se manifeste effectivement dans les êtres particuliers. On dit le faux d'une manière toute générale, sans penser à rien de réel: discerner le vrai d'avec le faux (Acad.); „le faux est toujours fade“. Boil. On dit bien la fausseté avec détermination des personnes ou des choses: la fausseté d'un homme ou d'une nouvelle. — Toutefois le faux se prend aussi relativement, mais c'est seulement dans la sphère de l'idéal, dans les matières abstraites, à l'égard des choses pensées et non à l'égard des choses existantes: on dit bien le faux d'un système (Cond.), le faux d'une conséquence (Buff.), le faux des expériences d'un physicien (Volt.); mais on ne dit point le faux, comme on dit la fausseté d'un homme, de son caractère, de son visage. Et encore même alors le faux n'est qu'incomplétement relatif; car on ne dira point le grand faux, mais la grande fausseté d'un

Taschant a descouvrir la *fausseté* ou l'incertitude des propositions que l'examinois . . .
(H. et B. p. 218, Descartes.)

Tant qu'on ne falsifie l'histoire que pour donner des loüanges à ceux à qui l'on veut faire la cour, on ne doit se plaindre de cette *fausseté* que par l'embarras où l'on se trouveroit . . . (Tr. d. l. S. p. 235 — v. plus haut p. 75.)

Il rend l'aspect de la mort mille fois plus affreux qu'il ne peut être; et n'y eût-il qu'un très-petit nombre de gens trompés par l'apparence spécieuse de ces idées, il serait toujours utile de les détruire, et d'en faire voir la *fausseté*.
(H. et B. p. 425, Buffon.)

Avouons que la tradition de Moïse est trop manifeste et trop suivie pour donner le moindre soupçon de *fausseté*.
(Boss., hist. univ. p. 271.)

Au second siècle du christianisme . . . il n'y avoit pas seulement un indice de *fausseté*, ni la moindre conjecture qu'on pût opposer à la tradition de l'Église.
(id. ib. p. 237.)

On y presse victorieusement les Cardinaux de Gregoire, sur la *fausseté* des dates, et sur les contradictions de leurs Lettres de convocation, en Allemagne.
(Lenfant, C. d. P. p. 337.)

2° unwahrheit, falsche angabe. — Chose fausse.

De sorte qu'en dix mois de temps que ce Pape siegea, il se fit quantité de *faussetez* dans ces Suppliques par la fourberie de gens qui ne demandoient pas mieux que de pêcher en eau trouble. (Lenfant, C. d. P., l. III, p. 309.)

Des témoins contre vous en secret écoutés
Font pour vrais attentats passer des *faussetés*.
(Th. Corn., Comte d'Ess. I, 2.)

. . . . Madame, je le voi,
Des traîtres, des méchants accoutumés au crime,
M'ont par leurs *faussetés* arraché votre estime.
(id. ib. II, 5.)

Parbleu! je le ferais mourir sous le bâton,
S'il m'avait soutenu des *faussetés* pareilles.
(Mol., l'Ét. III, 3.)

J'ai sur le coeur ces deux *faussetez* . . .
(Sév. Lett. 162; II, 214.)

3° falschheit, heuchelei.
Duplicité: hypocrisie. [1]

On distingue différentes espèces d'énonciations. Nous dirons un mot de celles qui, roulant sur un même sujet, sont opposées par l'affirmation et par la négation. Il semble que la vérité de l'une doit établir la *fausseté* de l'autre.
(Barthél., voy. d'An. p. 398.)

Il en est de même des qualités de l'esprit: donnez-lui la vue la plus perçante, et la justesse la plus rigoureuse; combien serait-il révolté de l'impuissance et de la *fausseté* des signes qui représentent nos idées. (id. ib. p. 411.)

Le siècle véritablement barbare, n'est pas celui où il y a le plus d'impétuosité dans les désirs, mais celui où l'on trouve le plus de *fausseté* dans les sentiments.
(id. ib. p. 15, introd.)

Voilà une pétition de principe: il ne falloit rien dire de cette absurde proposition, ou en prouver la *fausseté*.
(Montq. Espr. I, 1; p. 90, rem.)

Ce ne serait assurément pas dans la Réforme, en dépit d'une thèse trop accréditée qui a le malheur de réunir aujourd'hui à toute la *fausseté* du paradoxe tout l'ennui du lieu commun. (Rev. Chrét. 1861, p. 326.)

Elles [les choses surprenantes] se chargent encore de diverses *faussetés* en passant par plusieurs bouches.
(H. et B. p. 390, Fontenelle.)

Il soutient qu'il n'y a nulle *fausseté* dans les Lettres de convocation des Cardinaux, parce que les délibérations, dont on parle, avoient été prises au jour exprimé dans la datte.
(Lenfant, C. d. P., l. III, p. 341.)

. . . . . il auroit fait un Livre plein de paralogismes éloquens et de *faussetez* admirablement déduites.
(Volt. II, p. 126.)

Dès le premier chapitre on voit une *fausseté* révoltante. On y suppose la paix faite, et non-seulement on étoit alors en guerre, mais le Cardinal de Richelieu n'avoit nulle envie de faire la paix. (Volt. IX, p. 142.)

Les notaires étaient contraints d'admettre les réponses favorables, et à grand' peine pouvaient-ils se défendre d'insérer des *faussetés*. (Mager, anth. t. II, p. 256.)

---

système ou d'un raisonnement. A quoi on peut ajouter que le **faux** se sent et que la **fausseté** se démontre. Le **faux** est plus vague et l'objet d'une aperception presque instinctive; „A la lecture, le **faux** de cette conception saute aux yeux.“ Lah. La **fausseté** est mieux délimitée, mieux circonscrite, plus définissable et quelquefois moins essentielle que dépendante de la forme.“ (Cf. plus bas.)

[1] Lafaye (suppl. p. 147); „**Fausseté, duplicité, patelinage**. Caractère d'un homme qui n'est pas vrai, qui trompe. Pour ce qui concerne d'abord **fausseté** et **duplicité**, la **duplicité** est une espèce de **fausseté** qui consiste à jouer deux rôles, à parler d'une manière et à agir d'une autre (Cond.), à louer quelqu'un en face et à le déchirer en secret (Mass.). Qu'une femme simule de l'amour, n'en ayant pas, ou qu'elle cache l'amour qu'elle a, elle n'est que

Dire qu'il pervertit l'ordre de la nature,
Et fait du jour la nuit, ô la grande imposture!
Qu'il n'a considéré père ni parenté
En vingt occasions; horrible *fausseté*.
(Mol., Dép. am. III, 6.)

Tout ce grand raffinement n'est qu'un vice, que l'on appelle *fausseté*, quelquefois aussi inutile au courtisan pour sa fortune, que la franchise, la sincérité et la vertu.
(de la Bruy., t. II, p. 21; ch. VIII.)

Soit défiance ou *fausseté*, ils prennent [les chats] des détours pour en approcher, pour chercher des caresses auxquelles ils ne sont sensibles que pour le plaisir qu'elles leur font.
(H. et B. p. 427, Buffon.)

Nous ne pensons pas.... que la perfidie et la *fausseté* de ses amitiés, nous fait chercher en Dieu seul un ami éternel et fidèle.
(Mass., p. 11.)

Mais il voulut faire supprimer cet Article dans les Instrumens du Traité dressé par les Notaires, et sur le refus qu'un d'entr'eux fit de cette suppression, comme d'une *fausseté*, il le tint en prison un an, et le menaçoit de le faire brûler, s'il n'obeissoit, mais le Notaire tint bon.
(Lenfant, C. d. P., l. III, p. 263.)

Je n'enverrai pas ma lettre, puisque vous vous y opposez; mais me sentant très grièvement offensé, il y aurait, à convenir que j'ai tort, une bassesse et une *fausseté* que je ne saurais me permettre. (J. J. Rouss. conf. II, IX, p. 468.)

fausse. Mais une femme est double, si elle fait accroire qu'elle aime un homme tandis qu'elle en aime un autre. Ainsi, dans les Ménechmes de Regnard, Araminte accuse le chevalier de duplicité, parce qu'elle croit qu'il est infidèle, qu'il joue un double jeu, qu'il en conte à deux. Pareillement, l'hypocrite n'est pas proprement faux, mais double; les sentiments qu'il affecte sont en contradiction avec ceux qu'il a: „Ce n'est pas l'hypocrisie et la duplicité qui fait la grande plaie de la religion." Mass. Nous apprenons aux enfants, suivant J. J. Rousseau, à devenir faux, c'est-à-dire, comme il l'explique fort bien, menteurs ou dissimulés, pour extorquer des récompenses ou se dérober des châtiments. Mais il dit ailleurs que l'éducation du monde n'est propre qu'à faire des hommes doubles, qui paraissent toujours rapporter tout aux autres, mais qui en réalité ne rapportent jamais rien qu'à eux seuls. — Il suit de là que duplicité renchérit sur fausseté: la duplicité est une fausseté odieuse, par laquelle un homme se met sciemment en opposition avec lui-même, avec ce qu'il a dit ou fait, avec ce qu'il fait ou éprouve. „Ce prince se trouvait dès lors en état de confondre le faux et le double, et de porter une lumière aussi pénétrante qu'inconnue dans l'épaisseur de ces ténèbres." S. S. „Ils le connaissaient ouvert et franc, détestant le mystère et la fausseté; ils l'ont entouré de trahisons, de mensonges, de ténèbres, de duplicité." J. J.

Patelinage annonce par sa terminaison un défaut, plus relatif encore à la conduite qu'au caractère. C'est la fausseté d'un homme qui par des manières doucereuses et câlines cherche à s'insinuer auprès des gens, ou à les faire venir à ses fins. „Ces moyens (d'accès) sont de s'insinuer à force d'adresse, de patelinage, d'opiniâtre importunité, de le cajoler sans cesse, de lui parler avec transport de ses talents ." J. J. „La façon dont se présentent ceux qui cherchent à s'insinuer dans sa confiance, les fades louanges qu'il lui donnent, le patelinage qu'ils y joignent." Id.

Fausseté, mensonge, imposture, tromperie. Ces mots expriment quelque chose contraire à la bonne foi, quelque chose par quoi on fait accroire ce qui n'est pas, ou on représente ce qui est autrement qu'il n'est.

La fausseté est proprement contraire à la vérité ou à la réalité; le mensonge, à la véracité; l'imposture, à la sincérité; la tromperie, à la probité. Ce qui est faux n'est pas vrai ou réel; ce qui est menteur ou mensonger, n'est pas véritable; ce qui est imposteur ment par les apparences, au public ou en public; ce qui est trompeur met dedans, fait tomber dans le piège.

La fausseté est objective, elle controuve; le mensonge est subjectif, il parle contre sa pensée; l'imposture est spécieuse, elle éblouit ou jette de la poudre aux yeux; la tromperie est frauduleuse, elle attrape, abuse, joue des tours.

C'est une fausseté, a rapport à la chose dite ou inventée. C'est un mensonge, regarde la personne qui a parlé ou dit la chose. C'est une imposture, est relatif aux apparences ou au masque dont on se sert pour en faire accroire, ou bien à l'éclat, à la publicité de ce qui est dit ou fait pour égarer l'opinion. C'est une tromperie, indique une manière d'agir destinée ou propre à faire une dupe.

On dit, les faussetés d'un témoin ou d'un historien ignorant ou corrompu, d'un fabricateur d'actes, de faits ou de nouvelles; les mensonges d'un hâbleur ou d'un enfant pris en faute; les impostures d'un charlatan, d'un hypocrite, d'un calomniateur; les tromperies d'un fripon.

Les rapports, les allégations, les faits doivent être exempts de fausseté; les discours, les aveux, de mensonge; l'air, d'imposture; les pratiques, de tromperie.

Quant à la gravité, la fausseté en a plus que le mensonge, car c'est dans les personnes une qualité permanente, et elle consiste à donner aux choses une valeur, une existence, objective; au lieu que le mensonge est passager, et se réduit quelquefois à un mot qui échappe dans une situation critique; ou bien en un conte fait pour amuser, à une fiction, à une fable, telles que les poëtes en imaginent." Jamais la fausseté ne dicta mes mensonges; ils sont tous venus de faiblesse." J. J. „La fausseté d'un acte est un crime plus grand que le simple mensonge: elle désigne une imposture juridique, un larcin fait avec la plume." Volt. L'imposture, à son tour, est encore plus sérieuse et plus criminelle que la fausseté, parce qu'elle est plus audacieuse, plus effrontée, plus noire, plus incapable de rougir et de lâcher prise. „En voilà assez pour des faussetés si vaines. Ce ne sont là que des coups d'essai de vos novices... Je viens à cette calomnie, l'une des plus noires qui soient sorties de votre esprit. Je parle de cette audace insupportable avec laquelle vous avez osé imputer à de saintes religieuses de ne pas croire la présence réelle. Voilà une imposture digne de vous, voilà un crime que Dieu seul est capable de punir." Pasc. — La tromperie a seul un caractère pratique: elle ne consiste pas à dire, mais à faire. Un ennemi, pour vous décrier, emploie la fausseté, le mensonge et l'imposture; votre domestique, pour vous dérober, ou un concurrent, pour nuire au succès de vos affaires, use de tromperies: c'est-à-dire de manœuvres."

Pour les synonymes fausseté, mensonge, erreur v. encore Littré, art. fausseté, syn. —

Autrement on auroit fait sonner bien haut cette *fausseté* contre la Ligue. (Volt. I, p. 260.)

Ce ne fut que long-tems après lui, que les hommes avisèrent de se faire appeler „vous“ au lieu de „tu“, comme s'ils étoient doubles, et d'usurper les titres impertinens de Grandeur, d'Eminence, de Sainteté, de Divinité même, que des vers de terre donnent à d'autres vers de terre, en les assurant, qu'ils sont avec un profond respect, et avec une *fausseté* infâme, leurs très-humbles et très-obéïssans serviteurs. (Volt. II, p. 15.)

Voyez un homme dans l'affliction; voyez ces consolateurs que la bienséance entraine malgré eux à ses côtés. Quelle contrainte dans leur maintien! quelle *fausseté* dans leurs discours! (Barthél. voy. d'An. ch. 78; p. 621.)

Je ne suis pas de ceux qui ne voient que *faussetés* et que trahisons parmi les hommes. (Rev. Chrét. 1861, p. 61.)

On peut tout passer à Henri IV, son manque de sérieux, ses entraînements au plaisir, ses allures d'étourdi à barbe grise; mais ce qu'on ne lui pardonne pas, c'est la *fausseté*, ce vice bas qui nous attriste chez le fils de la loyale Jeanne d'Albret. (ib. p. 88.)

Eux qui ont changé la vérité de Dieu en *fausseté*, et qui ont adoré et servi la créature, en abandonnant le Créateur, qui est béni éternellement. Amen! (Rom. 1. 25.)[1]

. . . Vous m'aimez! *fausseté* manifeste!
Mensonge! Sois maudite, ou suis-moi!
(Ponsard, le Lion amoureux III, 7. 8 dans Ploetz, man.)

Qui soit moins vive que touchante,
Instruite sans être savante,
Pénétrante sans *fausseté*,
Plus intéressante que belle.
(Id. et N., t. II, p. 517, Dorat.)

L'enchainement du vice et de la *fausseté* est inévitable. (Nager, anth. t. II, p. 736, Mme. Necker-de-Saussure.)

Ce sera l'homme qui a les mains purs et le coeur net, dont l'âme n'est point portée à la *fausseté*, et qui ne jure point pour tromper. (Ps. 24, 4.)[2]

Celui qui use de tromperie ne demeurera point dans sa maison; celui qui prononce des *faussetés*[3] ne sera point affermi devant mes yeux. (Ps. 101, 7.)[4]

Les orgueilleux ont forgé des *faussetés*[5] contre moi; mais je garderai de tout mon coeur tes commandemens. (Ps. 119, 69.)[6]

4° Terme féodal. — Fausseté de jugement, accusation que l'on portait contre le juge, d'avoir menti à sa foi.

On ne doit pas confondre **fausseté** et **faussette**, quoique ces deux mots aient souvent la même orthographe dans les anciens textes. Nous n'avons trouvé ce mot dans aucun autre dictionnaire que dans celui de Richelet et dans le glossaire de Bartsch. Il prend son origine du lat. fossa; pour l'ordinaire, ou plutôt d'abord il était écrit fosete, fossette, p. e.

Et après fourcelé menton,
Dont naissoit li blanque gorgete,

Trusk' as espaules sans *fosete*,
Ounie et grosse en avalant.
(Bartsch, chr. fr. p. 356, Adans de la Halle.)

Il signifie vertiefung, petite fente au menton:

La bouche petite et grossette,
Et au menton une *faussette*.
(Richelet, le Roman de la Rose.)

Il signifie aussi un „petit creux dans terre où les enfans jettent des noïaux pour se divertir. (Joüer à la fossette.)“ [7]

---

[1] Qui commutaverunt veritatem Dei in mendacium, et coluerunt et servierunt creaturae potius quam creatori, qui est benedictus in saecula. Amen. — Οἵτινες μετήλλαξαν τὴν ἀλήθειαν τοῦ θεοῦ ἐν τῷ ψεύδει, καὶ ἐσεβάσθησαν καὶ ἐλάτρευσαν τῇ κτίσει παρὰ τὸν κτίσαντα, ὅς ἐστιν εὐλογητὸς εἰς τοὺς αἰῶνας, ἀμήν. — Die Gottes wahrheit haben verwandelt in die luegen, und haben geehret und gedienet dem geschoepf mehr, denn dem schoepfer, der da gelobet ist in ewigkeit. Amen. — Who changed the truth of God into a lie, and worshipped and served the creature more than the Creator, who is blessed for ever. Amen. (Tetragl.)

[2] נְקִי כַפַּיִם וּבַר־לֵבָב אֲשֶׁר לֹא־נָשָׂא לַשָּׁוְא נַפְשִׁי וְלֹא נִשְׁבַּע לְמִרְמָה :

[3] A proprement parler, toutes les fois qu'il y a le pluriel de fausseté, ce mot a la seconde signification, savoir celle d'une chose fausse, celle d'un concret, quand même il a l'idée accessoire de l'hypocrisie, de la duplicité.

[4] לֹא־יֵשֵׁב בְּקֶרֶב בֵּיתִי עֹשֵׂה רְמִיָּה דֹּבֵר שְׁקָרִים לֹא־יִכּוֹן לְנֶגֶד עֵינָי :

[5] V. cette page, rem. 3.

[6] טָפְלוּ עָלַי שֶׁקֶר זֵדִים אֲנִי בְּכָל־לֵב אֶצֹּר פִּקּוּדֶיךָ :

[7] Cf. Richelet.

J'arrive, je ramasse tous ces pauvres membres, je les remets à leur place, et puis je le frotte de mon baume, et l'envoie jouer à la *faussette;* que vous semble de cette cure? La Grèce me doit des autels. (St. ép. p. 331.)

LL. Fausseur, subst. m.

Nous n'avons trouvé ce mot que dans le dictionnaire de Littré.

Étym. Fausser.

Hist. **XVI**ᵉ siècle.

Pourquoi la terre ne s'ouvrit-elle pour engloutir ce *fausseur* de foi? (Marg. Nouv. LXX.)[1]

Sign. et emploi.

1⁰ Terme d'ancienne pratique. Celui qui attaquait un jugement en taxant les juges de mauvaise foi.[2]

Le *fausseur* qui avait appelé un des juges, pouvait perdre par le combat son procès. (Montesq. Esp. XXVIII, 33.)[3]

2⁰ Celui qui fausse une promesse, un serment.

MM. Faussonnier, subst. m.

Nous n'avons trouvé ce mot que dans Du Cange. Il dit (II, p. 180): „Falsonarius[4], Falsarius, ex Gallico Faussonnier. Charta Maioriae Rotomagensis et Falesiae; Latro, Falsonarius iudicabitur per communiam, et ponetur in pillorico, ut omnes eum videant et cognoscant. Falsonarii et retonsores denariorum, apud Bractonum lib. 3. tract. 2. cap. 1. §. 3. Unde Falsonarius dici potius videtur qui falsae monetae reus est, seu qui monetam adulterat. Certe non alia notione accipitur in Charta ann. 1194. è Chartul. Latiniac. Si quis Falsonarius inventus et captus fuerit non ad cambitores, sed ad Abbatem tantum de illo tota justicia spectabit".

NN. Faussure, subst. f.[5]

Le dictionnaire de l'Académie ne connaît pas ce mot; et nous ne l'avons pas rencontré dans les auteurs.

Étym. Fausser.

Hist. **XV**ᵉ siècle.

À l'environ de l'estage qui estoit comme ung palais tout rond, avoit fenestres, et entour y avoit ung cercle de fer de merveilleuse grandeur; car il environnoit toutes les fenestres, et pendoit à tout des fillets de fer qui tenoient à la *faulsure* de la tour. (Perceforest, t. III, f. 69.)[6]

Sign. et emploi.

schweifung.

courbure d'un vase, d'une cloche, à l'endroit où elle commence à s'élargir. (terme de fondeur.)

OO. Faut, subst. m.

Nous n'avons lu ce substantif que dans Mozin-Peschier.

Terme féodal: ungehorsam, verweigerung der pflicht.

(défaut de foi.)[7]

---

[1] V. Littré, art. fausseur, hist. [2] Cf. plus haut. [3] V. Littré, art. fausser, 1.
[4] Cf. plus haut p. 79, rem. 3. [5] V. Littré, Mozin-Peschier, Richelet.
[6] V. Littré, art. faussure, hist. [7] Cf. plus haut.

PP. Faute, subst. f.

Étym. [1]) D'un réitératif ou fréquentatif roman de fallere, fallitare, que les Italiens ont dans faltare, les Espagnols, les Portugais et les Provençaux dans faltar manquer, mangeln, fehlen, on forma le substantif falta (it. esp. port.), fr. falte, faulte, faute, mangel, fehler, schuld, (sans faute, vraiment, fuerwahr), d'où l'adjectif esp. port. falto, mangelhaft, et le substantif composé it. diffalta, prov. defauta, anc. franç. defaute, nouv. franç. défaut. [2]) [3]) Une fois nous avons trouvé la signification: „ende" (v. plus bas cette page et cf. plus haut faillir).

Hist. XIIIe siècle.

Cist message [ces messagers] aus amirans d'Egypte prierent le roy que il leur dounast une journée, par quoy il peussent venir vers le roy, et il y envoieroient sans *faute*.
(Joinv. 269 dans Littré.)

En ving en la Peleterie
Mainte penne i vit estorie.
En la *faute* [au bout] du pont m'asis.
(Cast. p. 252.)

XVe siècle.

Des miens le moindre, je dy voir,
De me desadvouer s'avance,
Oublyans naturel devoir,
Par *faulte* d'ung peu de chevance.
(H. et B. p. 72, Villon.)

Allez, Lettres, facites un sault,
Combien que n'ayez pied ne langue:
Remonstrez, en vostre harengue,
Que *faulte* d'argent si m'assault.
(ib. p. 73, id.)

Car j'ay à luy parle sans *faute*.
(ib. p. 75, Pathelin.)

Sans *faute*, si me voulez croire,
Vous irez un pou reposer.
(ib. p. 76, id.)

Mais entre nous curiaulx qui sommes serfz a fortune vivons desordonnecment et si vieillissons, plus par force de cures que par nombre d'ans, et par *faulte* de bien vivre sommes frustrez de la souffrecte de nostre vie que tant desirons et nous hastons d'aller a la mort que tant redoubtons.
(Bartsch, chr. fr. p. 480, Alain Chartier.)

Elle, qui jeune estoit et en bon point et qui point n'avoit de *faulte* des biens de dieu, fors seulement de la presence de son mary, fut contrainte par son trop demourer de prendre ung lieutenant, qui en peu d'heure luy fist ung tresbeau filz.
(ibid. p. 433, 1. cent nouv. nouvelles.)

Je congnois vision en somne,
Je congnois la *faulte* des Boesmes,
Je congnois le povoir de Romme —
Je congnois tout fors que moy mesme.
(ib. p. 440, Fr. Villon.)

Il en a faict un tel deluge
De brebis et de mes moutons,
Que sans *faulte* . . . .
(ib. p. 449, Pathelin.)

Je puisse dieu desavouer,
Si n'estes vous, sans nulle *faulte*.
(ib.)

Sans *faulte* il estoit jeune d'aage, car il n'avoit encores ne barbe ne grenon fors ung pou de poil volage.
(ib. p. 404, 8, Perceforest.)

Car se *faute* y estoit trouvée ou autrement entendue ...
(Magn. chr., p. 42, Enguerrand de Monstrelet.)

XVIe siècle.

Car vostre argent [tres debonnaire Prince]
Sans point de *faulte* est subject à la pince.
(Barthe, p. 102, Cl. Marot.)

---

[1]) Cf. Burguy, gr. III, p. 155; Bartsch, chr. fr. gloss.; Littré; Scheler; Diez, dict. I, p. 172.

[2]) Cf. plus haut.

[3]) Du Cange n'a pas un verbe fallitare; mais cf. „Fallimentum, culpa, Gall. faute. Usatici Barcinonenses cap. 61. Et qui honorem per illum non tenuerit, emendet illi Fallimentum et desonores, quos ei fecit cum avere et sacramento manibus propriis iurando. Adde cap. 61. — Fallum 1., ex Anglico Faile, deficere: failing, defectus. Parliamentum de depositione Regis Ricardi II. Citra Pascha proxima extunc sequens sine fallo rediret in Angliam. Galli dicunt sans faute. — Instrum. anni 1413 ex Archivo Castri Nannett. Cognoscimus nos esse obligatos realiter absque Fallo ad unam Missam semel in ebdomada dicendam. Miracula S. Zitae Virg. April. to. 3 pag. 519. Ego feceram nimis magnum Fallum (i. delictum) quod subterraveram bindam S. Zitae in ista terra. Vetus Poëta MS. ô Bibl. Coislin. Demain ferons une bataille Enmi ces chaus sans faille." (Cf. plus haut.)

Vous me debvrez [si je puis] de retour,
Et je vous feray encores un bon tour,
A celle fin, qu'il n'y ayt *faulte* nulle,
Je vous ferai une belle cedule,
A vous payer [sans usure il s'entend]
Quand on verra tout le monde content.
(id. p. 103, id.)

Quand le philosophe Diogenes auoit *faute* d'argent, il disoit qu'il le redemandoit à ses amis, non qu'il le demandoit. (H. et B. p. 129, Montaigne.)

[Il parla] si bien que, la teste nue, il lui annonça que pour sa *faute* d'avoir voulu voir ses ennemis, il faloit qu'elle fust estranglée par ses esclaves.
(ib. p. 147, Agrippa d'Aubigné.)

D'où vient que ta seuerité
Moindre qu'en la *faute* d'Atrée,
Ne punit point cette contrée,
D'vne eternelle obscurité?
(ib. p. 156, Malherbe.)

Et faut qu' à la longue la vanité de telle entreprise soit la fable du peuple, quand ayant basti une grande et superbe maison elle demeure vuide par *faute* de reveuu, et qu'il faille employer plus de temps à la ballier [balayer] qu' à en labourer les terres.
(Magn. chr., p. 164. Olivier de Serres.)

Ne laissoit toutefois celuy qui s'estoit rendu fuitif [avait fui] d'estre proclamé à son de trompe et cry public, et à *faute* de comparoir estoit déclaré ou faux denonciateur, ou attaint, et convaincu du cas que l'on luy imputoit.
(id. ib. p. 170, Etienne Pasquier.)

Car *faute* de ce est cause sans laquelle, non cause unique, de faire les maris coquus. (Rab. Pant. III, 14.)

Sans *faute* tu en seras presentement puny.
(id. ib. III, 23.)

La premiere fois sera une *faute*, et vaudra quinze, au desjucher vous l'amenderez, par ce moyen serout seize.
(id. ib. III, 11.)

Au sachet derriere pendant, sont les *fautes* et malheurs propres, et jamais ne sont vuës ny entenduës, fors de ceux qui des cieux ont le benevole aspect. (id. ib. III, 15.)

Sans point de *faute* y estoit de vivres abondance.
(id. Garg. I, 37.)

Il n'y aura point de *faute*. (id. Pant. III, 27.)

Elle est morte sans point de *faute*. (id. ib. III, 30.)

Mais par malheur l'un d'eux tastant avecques son bourdon le païs, à sçavoir s'ils estoient en seureté, frappa rudement en la *faute* d'une dent creuse, et ferut le nerf de la mandibule, dont fit tres forte douleur à Gargantua, et commença crier de rage qu'il enduroit. (id. Garg. I, 38.)

Feit elle pas encores ce miracle en Cio, qu'il s'y passa sept cents ans, sans memoire que femme ny fille y eust faict *faulte* à son honneur. (Mont. Ess. I, 22.)

Toute-fois si j'ay failly, que ma mort soit l'expiation de mes fautes. (Magn., chr. p. 75, Brantôme.)[1]

Il escrivit une lettre au Roy d'Espagne, par laquelle il luy demandoit pardon de ses *fautes*. (ibidem.)

Mais encore en ce faisant ie commettois une *faute* plus lourde que la susdite. (ib. p. 153, Bernard Blissy.)

Je vous en supplie tres-humblement, Monseigneur, et de croire que si jusques à cette heure je n'ay rien fait qui vous y oblige, ce n'a esté qu'à *faute* d'estre en estat de ne pouvoir penser qu'à vous. (Malh. III, p. 99.)

Il pensa qu'il valoit mieux tout hasarder, que d'en laisser perdre une partie à *faute* de la secourir.
(id. III, p. 307.)[2]

Vous n'avez jamais *faute* be belles paroles.
(id. III, p. 73.)

C'est beaucoup de jetter les yeux sur leurs *fautes*; ce seroit trop de les y arrester. (id. III, p. 78.)

Je vous en crie mercy, et vous promets que cette *faute* ne m'arrivera plus. (id. III, p. 122.)

Mais certainement si je ne vous ay fait response à deux lettres que j'ay receuës de vous, toute la *faute* n'en est pas à elle. (id. III, p. 135.)

Il disoit que la premiere *faute* de s'estre laissé surprendre estoit venuë de leurs sentinelles.
(id. III, p. 300.)[3]

Comme il vit que pour toute satisfaction les Beociens répondoient que c'estoient *fautes* personnelles, et qu'ils ne se treuvoit point que les corps des villes y eussent trempé, il fit partir Publius Claudius avecque une partie de ses forces pour attaquer Acrephie, et luy avecque l'autre s'en alla devant Coronée. (id. III, p. 356.)[4]

J'ay fait la *faute* en ma personne, je la veux reparer en la personne de mon fils. (id. III. p. 156.)

Il se résolut de mettre toute son armée en bataille, avecque protestation neanmoins, qu'il faisoit une *faute*, et que le temps ny le lieu ne luy plaisoient point.
(id. III, p. 308.)[5]

---

[1] Cf. plus haut.   [2] Committendam rerum summam in discrimen utcumque ratus, ne partis indefensae iactura fieret. — (T.-Live l. XXXIII, ch. 7.)
[3] Primam culpam fuisse eorum, qui neglegenter custodias servassent (ib. ch. 4.)
[4] Quorum cum fieret neutrum, verbis tantum civitates excusarent nihil publico consilio factum esse, missis Athenas et in Achaiam legatis, qui testarentur socios iusto pioque se bello persecuturum Boeotos, et cum parte copiarum Ap. Claudio Acraephiam ire iusso, ipse cum parte Coroueam circumsedit vastatis prius agris, qua ab Elatia duo diversa agmina iere. (ib. ch. 29.)   [5] Laetior res quam pro successu pugnae nuntiata, cum alii super alios recurrentes

Sign. et emploi.

1º Action de faillir, manquement contre.

fehler.

a. manquement contre le devoir, contre la loi morale, ou, moins rigoureusement, contre la prudence. — fehler, vergehen, suende, schuld (peccatum, delictum, culpa; péché, délit, crime, forfait, contravention, infraction à qc.). ¹) versehen, irrthum (error; méprise erreur.)

l'eusse pensé commettre vne graude *faute* contre le bon sens, si pourceque i'approuuois alors quelque chose, ie me fusse obligé de la prendre pour bonne encore aprés, lorsqu'elle auroit peutestre cessé de l'estre, ou que i'aurois cessé de l'estimer telle. (H. et B. p. 216, Descartes.)

C'est beaucoup de bonté à vous de vouloir ainsi excuser ses *fautes*. (ib. p. 297; Mol., Av. III, 11.)

Quelle bonté à vous d'oublier si vite ma *faute*. (ib. p. 302; Mol., Av. V, 4.)

---

ex proelio clamarent fugere pavidos Romanos, invitum et cunctabundum et dicentem ** temere fieri, non locum sibi placere, non tempus, perpulit, ut educeret omnes copias in aciem. (T.-Live, XXXIII, ch. 8.)

¹) Lafaye (p. 482) dit: „Crime; — Faute, Forfait; — Péché, Délit. Mauvaise action.

Crime est l'expression commune, qu'il s'agisse du degré ou de l'espèce. Au contraire, faute et forfait ont rapport au degré et désignent, faute quelque chose de léger, et forfait quelque chose de grave ou d'énorme, tandis que, de leur côté, péché et délit signifient des espèces, savoir: péché un violement de la loi divine ou des préceptes de la religion; et délit, une violation des lois positives ou civiles.

1º Quant au degré, crime (latin crimen) ne le détermine point: il y a de grands crimes comme il y en a de petits, d'irrémissibles comme il y en a de pardonnables. — Il n'en est pas de même des fautes: elles n'ont de leur nature aucune gravité; ce sont des faiblesses, comme l'indique l'étymologie, fallere, faillir, être en faute, défaillir, manquer. Elles peuvent être involontaires, provenir d'ignorance ou d'inadvertance, et dans tous les cas, ne supposant point la malice du coeur, elles rendent blâmable et répréhensible plutôt que punissable. „Ce ministre était dur. Des plus petites fautes il en faisait des crimes, et les punissait avec la dernière rigueur." Roll. „Je hais les lois de Dracon, qui punissaient également les crimes et les fautes, la méchanceté et la folie." Volt. „L'impératrice Catherine n'hésite pas de mettre l'intolérance au rang des fautes, j'ai presque dit des délits". Id. „J'étais homme et j'ai péché; j'ai fait de grandes fautes que j'ai bien expiées, mais le crime jamais n'approcha de mon coeur." J. J. „Si j'ai écrit des choses répréhensibles, on peut m'en blâmer, ou peut supprimer le livre. Mais pour le flétrir, pour m'attaquer personnellement, il faut plus; la faute ne suffit pas, il faut un délit, un crime." Id. Les fautes excitent des regrets; les crimes des remords. — D'autre part, le forfait (faire fors ou hors, excéder, faire quelque chose d'excessif ou d'énorme), est le comble du crime, le crime horrible, inouï. „Je dirai les crimes de Benjamin et les vengeances d'Israël; je dirai des forfaits inouïs et des châtiments encore plus terribles." J. J. „Quand l'inégalité est grande, c'est le siècle des attentats. On commet hardiment les plus grands crimes, et les succès paraissent justifier les forfaits." Cond. „Si jamais vous avez rencontré des suppliciés, par la qualité de la peine vous avez souvent jugé de l'horreur du crime, et il vous a semblé voir quelque idée de leurs forfaits dans leurs faces défigurées." Boss. Du reste, forfait exprime quelquefois un crime grand, non pas dans le sens d'atroce, d'exécrable, mais dans celui d'illustre; le forfait emporte alors l'idée d'une sorte d'élévation. „Dans le Triumvirat, Fulvie n'a aucun des caractères et des grands motifs qui peuvent ennoblir au théâtre la scélératesse et les forfaits." Lah. „Dans les premiers temps où brillaient de si beaux exemples d'humanité, on vit éclore des crimes atroces et inouïs. Quelques-uns de ces forfaits ont existé sans doute; mais les autres ne durent leur origine qu'à la poésie qui, chargeant les caractères des principaux personnages de l'antiquité de couleurs effrayantes, a transformé les faiblesses en crimes et les crimes en forfaits." Barth.

2º Quant à l'espèce, crime la fait tout aussi peu connaître; il représente de mauvaises actions de toutes sortes, au lieu que péché et délit sont spéciaux, ont chacun son domaine distinct, le péché offensant Dieu, et le délit la société, péché étant exclusivement du style religieux, et délit, exclusivement du langage de la jurisprudence. Au crime le remords sert d'expiation; au péché, la pénitence prescrite par le prêtre; au délit, la punition infligée par le juge. Dans le monde, dans la société, dans l'histoire, on parle de crimes, dans l'Eglise, de péchés; devant les tribunaux, de délits. — Que, dans le droit français actuel, crime s'emploie concurremment avec délit et signifie spécialement une violation grave de la loi ou la violation d'une loi importante, il n'est pas besoin de le remarquer ici. La langue ordinaire ne reconnaît d'autre différence entre le crime et le délit, sinon que crime est un mot commun, qui convient dans toutes les bouches, tandis que délit est un terme de droit et de palais, qui se dit seulement en parlant des lois humaines, de leurs dispositions ou de leur application. „Médée et Jason, coupables de la mort d'Absyrte, allèrent se faire expier dans l'Aea par Circé. Jason enfonça son épée en terre; ce qui signifiait que sa femme et lui avaient commis un crime avec l'épée... Les Juifs étaient obligés par la loi d'avouer leur délit lorsqu'ils avaient volé leurs frères." Volt. „On a gravé quelques lois pénales sur des colonnes. Si de pareils monuments pouvaient se multiplier au point d'offrir l'échelle exacte de tous les délits, et celle des peines correspondantes, on verrait plus d'équité dans les jugements, et moins de crimes dans la société." Barth." — Cf. Boiste, syn. p. 16.

Nous oublions aisément nos *fautes,* lorsqu'elles ne sont dues que de nous.　(H. et B. ib. p. 335, La Rochefoucauld.)

La *faute* que nous faisons n'est donc pas de nous être servis de ces noms; c'est de les avoir appliqués à des objets trop indignes.　(ib. p. 342, Bossuet.)

Elle se conformait aux ordres de Dieu; elle lui offrait ses souffrances en expiation de ses *fautes.*　(ib. p. 346, Bossuet.)

Si vous connaissez votre *faute,* hâtez-vous de la réparer.　(ib. p. 352, Fénelon.)

Ses moindres *fautes* [les fautes d'un roi] sont d'une conséquence infinie, parce qu'elles causent le malheur des peuples, et quelquefois pendant plusieurs siècles.　(ib. p. 355, Fénelon.)

Car s'il a cru qu'il devoit ménager le prochain jusqu'à ne désigner personne, quoy qu'il ne s'agit que de *fautes* legeres qui n'interessent ni la réputation ni la conduite.　(Tr. d. l. S. p. 87.)

Il n'y a pour l'homme qu'un vrai malheur, qui est de se trouver en *faute,* et d'avoir quelque chose à se reprocher.　(de la Bruy. t. II, p. 176.)

Un homme partial est exposé à de petites mortifications; car comme il est également impossible que ceux qu'il favorise soient toujours heureux ou sages, et que ceux contre qui il se déclare, soient toujours en *faute* ou malheureux, il . . .　(id. t. II, p. 203.)

Est-ce moi qui dois porter la peine de ces *fautes?*　(Dacier p. 97.)[1]

Si c'est une *faute,* notre Poëte l'a faite sans le savoir.　(ib. p. 113.)[2]

N'étois-tu pas content de la *faute* que tu avois fait faire à ce jeune homme?　(ib. p. 204.)[3]

Il vous fuit à cause de la *faute* qu'il a faite.　(ib. p. 244.)[4]

Dans cette seule occasion combien de *fautes* de jugement!　(ib. p. 261.)[5]

C'est une aussi grande honte pour nous de faire une *faute* comme celle-là.　(ib. p. 340.)[6]

Comme il est vrai que j'ai une tres sensible douleur d'avoir fait cette *faute,* et que je suis confus de paraître devant vous.　(ib. p. 362.)[7]

Voilà déjà une grande *faute,* je dis fort grande, cependant pardonnable, car c'est un malheur qui est arrivé à bien d'autres, et même à de fort honnêtes gens.　(ib. p. 363.)[8]

S'il fait jamais la moindre *faute,* je ne prierai plus pour lui.　(ib. p. 410,)[9]

Je me connois, je sais la *faute* que j'ai faite.　(ib. p. 418.)[10]

Je trouve que d'aimer les gens qui nous haïssent, c'est faire une double *faute;* on prend une peine inutile, et l'on ne fait que les incommoder.　(ib. p. 506.)[11]

Quoi par sa *faute* vous serez obligée de vous en aller demeurer aux champs?　(ib. p. 541.)[12]

Pour moi, je me blâmais, et croyais faire *faute,*
Quand je n'avais pour vous qu' une estime très-haute.　(Mol. l'ét. V, 15.)

P. Et Lucile tombée en *faute* avec mon fils,
Comme on vous voit puissant et de biens et d'amis
A. Eh! que parlez-vous là de *faute* et de Lucile?　(Mol., Dép. am. III, 4.)

Il excuse ma *faute,* il approuve mes feux.　(id. ib. III, 7.)

Nous vous y surprenons en *faute* contre nous,
En diffamant l'honneur de votre cher époux.　(Mol. Sgan. sc. 6.)

Je ne demande qu'assez de vie pour pouvoir expier la *faute* que j'ai faite.　(id. fest. d. P. IV, 9.)

Les Dieux permirent que je fisse une *faute,* qui devoit servir à me corriger de ma présomption.　(Fén. Tél., liv. I, p. 15.)

A peine a-t-il réparé une *faute,* qu'il retombe dans une autre.　(id. ib. liv. XII, p. 17.)

---

[1] An ut pro huius peccatis ego supplicium sufferam. (Tér. Andr. V, 3.)
[2] Si id est peccatum, peccatum imprudentiast Poëtae. (id. Eun. prol.).
[3] An poenitebat flagitii, te auctore quod fecisset Adulescens . . . ? (id. ib. V, 6.)
[4] Propter peccatum hoc timet. (id. heautontim. III, 1.)
[5] Tot peccata in hac re ostendis. (id. ib. IV, 1.)
[6] Nam id nobis tam flagitiumst, quam illa, Demea, Non facere vobis, quae modo dixti. (id. Ad. III, 3.)
[7] Ut me hoc delictum admisisse in me, id mihi vehementer dolet: Et me tui pudet. (id. ib. IV, 5.)
[8] Jam id peccatum primum magnum, magnum, at humanum tamen: Fecere alii saepe item boni. (id. ib.)
[9] Ceterum Posthac si quicquam, nihil precor. (id. Phorm. I, 2.)
[10] Egomet me novi et peccatum meum (id. ib. I, 4.)
[11] Nam qui amat cui odio ipsus est, bis facere stulte duco. Laborem inanem ipsus capit, et illi molestiam adfert. (id. Hec. III, 2.)
[12] Illius stultitia victa, ex urbe tu rus habitatum migres? (id. ib. IV, 2.)

Le plus grand service que vous puissiez en tirer, est de l'obliger à vous dire tous vous défauts sans adoucissement. Voilà en quoi consiste le plus grand courage d'un bon Roi, que de chercher de vrais amis qui lui fassent remarquer ses *fautes*. (Fén. Tél. liv. XXIII, p. 307.)

Il n'est pas question ici d'examiner s'il est bien de mettre tant d'amour dans les Piéces de Théatre. Je veux que ce soit une *faute*, elle est et sera universelle; et je ne sai quel nom donner aux *fautes* qui sont le charme du Genre humain. Ce qui est certain, c'est que dans ce défaut les François ont réussi plus que toutes les autres Nations anciennes et modernes mises ensemble. (Volt. V, p. 20.)

J'ai prétendu m'arracher à moi-même,
Et déchirer dans les austérités,
Ce coeur trop haut, trop fier de vos boutés,
Venger sur lui sa *faute* involontaire.
(id. IX, p. 257; Nanine II, 3.)

Il lui fit voir que lui et son collégue étoient les seuls en *faute*. (Roll., hist. rom., t. XIII, p. 373.)

Pardonnez-lui, Messieurs, il a fait une *faute*; il s'est oublié, il n'y retombera plus. (id. ib. t. XIV, p. 239.)

On les mettoit à la torture pour la moindre *faute*. (Hœcker, p. 108 Raynal.)

On croira que je commençai par me livrer à un désespoir d'autant plus cruel que le regret de mes *fautes* devait s'irriter en me reprochant que tout mon malheur était mon ouvrage. (J.-J. Rouss. conf. I, II, p. 69.)

Il me questionnait de l'air d'un homme sûr de me prendre en *faute*, et puis souriait malignement. (id. ib. I, IV, p. 154.)

Dans l'espoir de le ramener, il tâchait de jeter un voile sur ses *fautes*, et de relever l'éclat de quelques actions honnêtes qui lui échappaient par hasard. (Barthél., voy. d'An. ch. IX, p. 126.)

Il n'est point de sujet qui ne leur apprenne à supporter leurs maux, à se garantir des *fautes* qui peuvent les leur attirer. (ib. ch. LXXI, p. 558.)

Rien de si touchant que cette candeur avec laquelle il rend compte de ses malheurs et de ses *fautes*. (ib. ch. LXXIII, p. 579.)

Vous comptez pour inutiles les vertus ignorées, et pour excusables les *fautes* impunies. (ib. ch. LXXIX, p. 622.)

Il faut . . . nous prémunir contre leur [des ennemis] prudence, ainsi que contre leur valeur, et moins compter sur leurs *fautes* que sur la sagesse de nos précautions. (ib. introd. p. 72.)

Il convient qu'il faut autant que l'on peut couvrir les *fautes* d'autrui pour éviter le scandale. (Lenfant, C. d. P. liv. VI, p. 121.)

Néantmoins envers la fin de ses jours il feit deux grans *fautes*. (id. ib. t. II, p. 312.)[1]

Vive un médecin de faubourg! ses *fautes* sont moins en vue, et ses assassinats ne font point de bruit. (H. et B. p. 472, Le Sage.)

Il s'efforça de tout brouiller et d'ensevelir ses *fautes* sous les ruines de la République. (Rouss. Tac. p. 83.)[2]

Ah! pense, pense à tes *fautes* et au digne prix que Dieu promet aux fidèles. (id. Ol. et Sophr., t. IV, p. 197.)

Sa destinée fut telle, que les événemens tournèrent à son avantage, souvent par le concours de sa bonne conduite, quelquefois malgré ses *fautes*. (Mager, anth., t. II, p. 13, Mirabeau.)

Nous sacrifierez-vous à ce mot si nouveau et si scandaleux de notre langue, à l'agiotage, qui, après avoir honteusement trafiqué des besoins et des *fautes* de l'administration, veut aujourd'hui s'emparer du sanctuaire même, et s'approprier le patrimoine sacré des pauvres et du clergé? (ib. p. 31, Maury.)

Villon, au quinzième siècle, ayant voulu, par un jeu de talent, composer une ballade en „vieil langage françois, y laissait échapper, par désuétude et par ignorance, nombre de *fautes* qu'a découvertes l'érudition moderne. (Acad. préf. p. VIII.)

. . . .parce que des *fautes* de négligence et de lenteur, qui ne seraient regardées que comme des *fautes* légères dans d'autres circonstances, peuvent être aujourd'hui des *fautes* irréparables . . . (Ploetz, man. p. 647, Girardin.)

Nos *fautes*, mon pauvre ange, ont causé nos souffrances. (Luedecking p. 170, V. Hugo.)

S'il a commis des *fautes* [eh! quel est l'homme infaillible[3]], elles ont toujours eu ce noble sentiment — [amour de la patrie] — pour cause et pour excuse. (Men., Nap. t. II, p. 27.)

Je crois qu'il est plus sage et qu'il convient mieux à la dignité de notre empire de pardonner à leur jeunesse et de les unir en légitime mariage, et de donner ainsi à leur honteuse *faute* une couleur d'honnêteté. (Guiz., hist. mod. t. II, p. 346.)

D'un seul mot, Jésus lui fait sentir sa *faute* capitale: il a une trop petite idée de la bonté. (Rev. Chrét. 1861, suppl. p. 241.)

---

[1] Dans la „Justification du duc de Bourgogne" qui est du quinzième siècle.
[2] Miscere cuncta, et privata vulnera, Reipublicae malis operire statuit. (Tac. hist. lib. I.).
[3] Cf. plus bas.

Laissant l'Europe vide, et la Victoire en deuil,
Ainsi, de *faute* en *faute* et d'orage en orage,
Il est venu mourir sur un dernier écueil,
Où sa grandeur a fait naufrage.
La vaste mer murmure autour de son cercueil.
(C. Delavigne.)

Elle en obtint l'oubli d'une *faute* excusable.
(H. et B. p. 590, Andrieux.)

Un jeune homme peut bien être étourdi, léger;
Aux travers de l'esprit aisément on fait grâce;
Mais les *fautes* du cœur, jamais on ne le passe.
(ib. p. 597, id.)

Mesdames, je viens réparer ma *faute* involontaire, et
qui nous a causé bien du souci. (ib. p. 602, Leclerq.)

. . ., grâce à la *faute* commise la veille par les
Autrichiens de n'avoir pas occupé Marengo, *faute* qui d'ailleurs avait eu pour eux ses avantages . . .
(ib. p. 626, Thiers.)

Le cercle des calamités et des *fautes* humaines est
plus borne qu'on ne le croit. (ib. p. 144, Villemain.)

Dans l'âge des passions, il est sous la garde de la sagesse, qui le laisse souvent faillir[1]) parce que les *fautes*
sont l'éducation des hommes. (ib. p. 348, id.)

Ils ont admiré dans l'Achille d'Homère, dans le Renaud
du Tasse, l'intérêt des *fautes* et des passions.
(ib. p. 649, id.)

Il est inutile de discuter les *fautes* qui ont été commises, soit par des résistances intempestives, soit par une
précipitation et une impatience furieuse pour parvenir à un
but inconnu. (ib. p. 670, Ballanche.)

Ainsi la *faute* que Ney avait fait commettre la veille
à un bataillon venait d'être répétée par l'armée entière.
(Ség., Nap. liv. VI, ch. 4.)

L'armée française est tombée quelquefois dans cette
faute. (id. ib. liv. VIII, 8.)

Aussi n'avait-elle [cette pointe sur Moscou] manqué
que par des *fautes* de détail. (id. ib. liv. XI, ch. 1.)

Tout devient *faute* quand le but en est manqué.
(id. ib. p. 341.)

Ainsi qu'il arrive souvent, les *fautes* d'ensemble avaient
entraîné les *fautes* de détail.
(id. ib. liv. XI, ch. 2, p. 342.)

Pardonnez-lui, afin que votre Père qui est aux cieux
vous pardonne aussi vos *fautes*. (Marc. 11. 25. 26.)[2]

La condamnation vient d'une seule *faute*.
(Rom. 5, 16.)[3]

Ai-je commis une *faute* en ce que je me suis abaissé
moi-même, afin que vous fussiez élevés?
(II. Cor. 11, 7)[4]

Mes frères, lorsqu'un homme est surpris en quelque
faute, vous qui êtes spirituels, redressez un tel homme avec
un esprit de douceur. (Gal. 6, 1.)[5]

Il faut aussi qu'il ait un bon témoignage de ceux de
dehors; qu'il ne tombe point dans des *fautes* qui puissent
lui être reprochées, ni dans le piège du diable.
(I. Tim. 3, 7.)[6]

Le seul souverain sacrificateur entre dans le second une
fois l'an, mais non sans y porter du sang, lequel il offre
pour lui-même, et pour les *fautes* du peuple.
(Hébr. 9, 7.)[7]

Confessez vos *fautes* l'un à l'autre. (Jacques 5, 16.)[8]

---

[1]) Cf. plus haut.

[2]) Ut et pater vester, qui in coelis est, dimittat vobis peccata vestra. — Ἵνα καὶ ὁ πατὴρ ὑμῶν ὁ ἐν τοῖς οὐρανοῖς ἀφῇ ὑμῖν τὰ παραπτώματα ὑμῶν. — Auf dass euch der vater im himmel auch vergebe eure fehle. — That your Father also which is in heaven may forgive you your trespasses. —

[3]) Judicium quidem ex uno (peccato) in condemnationem. — Τὸ μὲν γὰρ κρίμα ἐξ ἑνὸς (παραπτώματος) εἰς κατάκριμα. — Suende. — Offence.

[4]) Aut numquid peccatum feci, me ipsum humilians, ut vos exaltemini? — Ἢ ἁμαρτίαν ἐποίησα, ἐμαυτὸν ταπεινῶν ἵνα ὑμεῖς ὑψωθῆτε; — Oder habe ich gesuendiget, dass ich mich erniedriget habe, auf dass ihr erhoehet werdet? — Have J committed an offence in abasing myself that ye might be exalted?

[5]) Fratres! et si praeoccupatus fuerit homo in aliquo delicto, vos, qui spirituales estis, huiusmodi instruite in spiritu lenitatis. — Ἀδελφοί, ἐὰν καὶ προληφθῇ ἄνθρωπος ἔν τινι παραπτώματι, ὑμεῖς οἱ πνευματικοὶ καταρτίζετε τὸν τοιοῦτον ἐν πνεύματι πραότητος. — Lieben brueder, so ein mensch etwa von einem fehler uebereilet werde, so helfet ihm wieder zurecht mit sanftmuethigem geist, die ihr geistlich seid. — Brethren, if a man be overtaken in a fault, ye which are spiritual, restore such an one in the spirit of meekness.

[6]) Oportet autem illum et testimonium habere bonum ab iis, qui foris sunt, ut non in opprobrium incidat et in laqueum diaboli. — Δεῖ δὲ αὐτὸν καὶ μαρτυρίαν καλὴν ἔχειν ἀπὸ τῶν ἔξωθεν, ἵνα μὴ εἰς ὀνειδισμὸν ἐμπέσῃ καὶ παγίδα τοῦ διαβόλου. — Er muss aber auch ein gutes zeugniss haben von denen, die draussen sind, auf dass er nicht falle dem laesterer in die schmach und strick. — Moreover he must have a good report of them which are without; lest he fall into reproach and the snare of the devil.

[7]) In secundo autem semel in anno solus pontifex, non sine sanguine, quem offert pro sua et populi ignorantia. — Εἰς δὲ τὴν δευτέραν ἅπαξ τοῦ ἐνιαυτοῦ μόνος ὁ ἀρχιερεύς, οὐ χωρὶς αἵματος, ὃ προσφέρει ὑπὲρ ἑαυτοῦ καὶ τῶν τοῦ λαοῦ ἀγνοημάτων. — In die andere aber ging nur einmal im jahr allein der hohepriester, nicht ohne blut, das er opferte fuer sein selbst und des volks unwissenheit. — But into the second went the high priest alone once every year, not without blood, which he offered for himself, and for the errors of the people.

[8]) Confitemini ergo alterutrum peccata vestra. — Ἐξομολογεῖσθε ἀλλήλοις τὰ παραπτώματα. — Bekenne einer dem andern seine suenden. — Confess your faults one to another.

Nétoie-moi des *fautes* cachées.   (Ps. 19, 12.)[1]

O Dieu, tu connois ma folie, et mes *fautes* ne te sont point cachées.   (Ps. 69, 6.)[2]

Tu as mis devant toi nos iniquités, et devant la clarté de ta face nos *fautes* cachées.   (Ps. 90, 8.)[3]

Ce n'est pas ma faute, c'est-à-dire je n'ai pu y mettre obstacle, prévenir la chose, elle ne m'est pas imputable.

Premierement, Monsieur, je vous prie d'être bien persuadé de cette vérité, que tout ce qui vient d'arriver ici, n'est point du tout arrivé par ma *faute*.   (Dacier, p. 198.)[4]

C'est ta *faute*.   (ib. p. 321.)[5]

J'avoue que ce malheur m'est bien arrivé par ma *faute*.   (ib. p. 358.)[6]

C'est par notre *faute* que les méchans trouvent leur compte à être méchans.   (ib. p. 447.)[7]

Mon père, ce n'est pas ma *faute*.   (H. et B. p. 298 ; Mol. Av. III, 12.)

Ce n'est pas ta *faute;* c'est la sienne.   (H. et B. p. 351, Fénelon.)

Même, si cela fait à votre allégement, J'avouerai qu'à lui seul en est toute la *faute*.   (Mol. dép. am. III, 4.)

Je savois que ce n'étoit pas ma *faute*.   (La Font. Coupe ench. sc. 17.)

Jusqu' ici les premiers hommes ont donné naissance aux fables sans qu'il y ait, pour ainsi dire, de leur *faute*.   (H. et B. p. 390, Fontenelle.)

Est-ce ma *faute*, répond Don Quichotte, si le maudit enchanteur qui me persécute, pour me dérober la gloire de les vaincre, a changé tous les soldats en moutons ?   (ib. p. 476, Florian.)

Est-ce ma *faute*, à moi, puisqu'ils sont applaudis ?   (Id. et N. t. II, p. 556, Nivernois.)

Il n'y avait point de ma *faute;* la bonne volonté y était tout entière, l'assiduité y était.   (J.-J. Rouss. conf. I. III, p. 124.)

Certainement ce n'est pas de la *faute* de madame de Saint-Ange.   (H. et B. p. 599, Leclerq.)

b. Terme de jurisprudence.

Négligence ou incurie sans intention de nuire.[8]

c. Il se dit aussi au jeu de paume, quand celui qui sert ne touche pas le premier toit. — Deux fautes valent quinze.

Dans ce sens plusieurs locutions figurées et proverbiales sont en usage:

Marquez quinze, c'est une faute, se dit pour faire apercevoir qu'on a commis quelque faute.

Les fautes sont pour les joueurs contre les joueurs; C'est aux joueurs à porter la peine des fautes qu'ils font dans le jeu.

Qui fait la faute, la boit; Celui qui a fait une faute, en doit porter la peine. De même:

Puisque la faute est faite, il faut la boire.

---

1) מִנִּסְתָּרוֹת נַקֵּנִי :   2) אֱלֹהִים אַתָּה יָדַעְתָּ לְאִוַּלְתִּי וְאַשְׁמוֹתַי מִמְּךָ לֹא־נִכְחָדוּ :

3) שַׁתָּ עֲוֹנֹתֵינוּ לְנֶגְדֶּךָ עֲלֻמֵנוּ לִמְאוֹר פָּנֶיךָ :

4) Here, primum te arbitrari, quod res est, velim: Quicquid huius factumst, c u l p a non factumst mea. (Tér. Eun. V, 5.)

5) Tua c u l p a. (Tér. Ad. II, 2.)   6) Haec adeo mea c u l p a fateor fieri. (Tér. Ad. IV, 4.)

7) Nostrapte c u l p a facimus, ut malis expediat esse: Dum nimium dici nos bonos studemus et benignos. (Tér. Phorm. V, 2.)

8) Richelet dit: „Les jurisconsultes parlent de trois espèces de f a u t e: l'une est l a t a c u l p a, une f a u t e grossière, qui part d'une négligence absolue, et d'une ignorance des choses qui sont connuës et pratiquées par les personnes les moins habiles: elle est presque toujours accompagnée de dol. La seconde espéce est une f a u t e légère, levis c u l p a, qui consiste dans l'omission et dans la négligence des précautions que les péres de famille ont accoûtumé d'observer. C'est, à proprement parler, une imprudence, exemte de malice, et qui produit seulement un dédommagement à celui qui en souffre: l'ignorance du Droit n'est point une excuse légitime, parce qu'on a dû s'instruire de ce que l'on doit faire, et il ne manque pas des gens que l'on peut consulter. Enfin la troisiéme et derniére espèce, est une f a u t e très-légére, levissima c u l p a; elle consiste dans la négligence et dans l'omission des précautions que les plus sages et les plus avisez ont accoûtumé d'observer, et cette f a u t e a lieu. Quelques-uns confondent le c a s f o r t u i t, et la f a u t e trè s légére: cependant la plus grande partie des Jurisconsultes tiennent que ces deux n'ont aucun raport ensemble.“

14

Les pêcheurs, les chasseurs et les preneurs de taupes feraient de beaux coups sans les fautes.

d. Manquement contre un principe, une règle. Faute d'orthographe. Faute de style. Faute d'impression. Faute d'accord.

(verstoss; bévue.)

C'est ce grand nombre de *fautes* grossières, qui fit sans doute dire à Dryden dans sa Préface sur l'Enéïde, que Milton ne vaut guères mieux que notre Chapelain et notre le Moine. (Volt. I, p. 364.)

Lorsque j'étois à Londres, j'osai composer en Anglais un petit Essai sur la Poésie épique, dans lequel je pris la liberté de dire, que nos bons Juges français ne manqueroient pas de relever toutes les *fautes* dont je viens de parler. (ibidem.)

Un petit nombre de véritablement Grands-Hommes s'occupoient à corriger ces *fautes* de leurs Ecrits excellens, qui seroient des beautez dans des Ecrits médiocres. (Id. III, p. 368.)

Mais il paroit par les Actes que c'étoit une *faute* qui s'étoit glissée dans la Copie communiquée à l'Université, puis que les paroles que je viens d'alléguer se trouvent dans les autres Exemplaires. (Lenfant, C. d. P. liv. VII, p. 211.)

Ce Savant dit qu'il y a autant de *fautes* que de mots dans l'Ouvrage de Pierre d'Ailli. (id. ib. liv. V, p. 56.)

Il n'y a pas une seule *faute* de langage dans la grande scène de Cinna et d'Émilie, où Cinna rend compte de son entrevue avec les conjurés; et à peine en trouve-t-on une ou deux dans cette autre scène immortelle où Auguste délibère s'il se démettra de l'empire. (Volt. Dict. phil. Langues.)[1]

On peut être un très-bon auteur avec quelques *fautes*, mais non avec beaucoup de *fautes*. (Id. Dict. phil. Société roy. de Londres.)[2]

On voit mieux ses *fautes* quand elles sont imprimées. (Id. Lett. Lacombe, 7. août 1767.[3])

Ce ne sont pas les grandes *fautes* des Boyer, des Dauchet, des Pellegrin, ces *fautes* ignorées qu'il faut relever, mais les petites *fautes* des grands écrivains; car ils sont nos modèles, et il faut craindre de ne leur ressembler que par leurs mauvais côtés. (Id. Lett. d'Argens, 21. juin 1739.)[4]

e. fehlerhafte beschaffenheit,

pl. maengel (mendositas, vitiositas, pravitas; défaut, défectuosité, vice, imperfection.)[5]

Dans ce sens faute signifie déjà, à proprement parler, une qualité, un état, mais on voit encore le rapport à l'action de ce qui a failli. Il s'emploie dans cette signification particulièrement, quand on parle de l'imperfection dans un ouvrage. — Il y a bien des fautes dans cette toile, dans cette broderie.

2° État de ce qui a failli,

mangel[6]

a. (inopia, penuria; manque, défaut, besoin, disette, pénurie, indigence, dénuement, privation, absence.) Il y a faute de vivres.

Les lionceaux ont disette et ont faim; mais ceux qui cherchent d'Eternel n'auront *faute* d'aucun bien. (Ps. 34, 11.)[7]

Ils n'ont pas *faute* de bon sens et d'expérience. (Balzac 5e Disc. sur la cour.)[8]

Alexandre n'eut point *faute* de soldats. (Vangel. Q. C. 167.)[9]

Il n'y a point d'animal tant parfait et tant heureusement né qu'il puisse être, qui fasse le semblable (qui parle comme l'homme); ce qui n'arrive pas de ce qu'ils ont *faute* d'organe. (Desc. Méth. V, 9.)[10]

Je n'ai ni *faute* d'yeux ni *faute* de courage. (Corn. Rodog. IV, 6.)[11]

---

[1] V. Littré, art. faute, 4.   [2] ibidem.   [3] ibidem.   [4] ibidem.

[5] Faute a rapport à l'auteur de la chose; défaut exprime le mal qu'il y a dans la chose; défectuosité marque le mal qui nuit au but ou au service de la chose, vice dit un mal du fond même; imperfection, un mal de moindre conséquence (Boiste). Cf. aussi plus haut p. 188. et Mozin-Peschier, faute syn.

[6] Cf. plus haut et Mozin-Peschier.

[7] כְּפִירִים רָשׁוּ וְרָעֵבוּ וְדֹרְשֵׁי יְהֹוָה לֹא־יַחְסְרוּ כָל־טוֹב׃

[8] V. Littré, art. faute, 5.   [9] ibidem.   [10] ibidem.   [11] ibidem.

Or le laissons, il n'en viendra pas *faute* (l'on n'en aura pas besoin). (La Font. Papef.) [1]

Cambyse s'en revint à Thèbes avec *faute* d'un grand nombre de ses gens. (P.-L. Courier, Trad. d'Hérod.) [2]

b. Dans la phrase que l'Académie nomme familière:

S'il arrivait faute de lui, s'il venait faute de lui,
s'il venait à mourir, [3]
wenn er etwa sterben sollte.

S'il fût arrivé *faute* de ce prince. (L'Ablancourt, Tacite 167.) [4]

S'il vient *faute* de vous, mon fils, je ne veux plus rester au monde. (Mol. Mal. imag. I, 9.) [5]

On a vu la passion du roi et de la reine d'Espagne de venir régner en France, s'il arrivait *faute* de roi. (St.-Sim. 480, 201.) [6]

c. Faire faute,

manquer, être en moins, être absent, faire défaut [7]), être regretté (fehlen, vermisst werden). — Vous nous avez fait faute, vous n'êtes pas venus. Ses conseils nous ont fait faute.

. . . Air noble, mine haute,
Et vive flamme dans les yeux,
Passion ne lui faisait *faute*. (Lamotte, Fabl. IV, 18.) [8]

d. Faire faute à ou de,

manquer à, ne pas faire.

L'une de lui sourire au retour ne fit *faute*. (La Font. Remois.) [9]

Les gens des pays des fables
Donnent ordinairement

Noms et titres agréables
Assez libéralement . . .
Horace n'y faisait *faute*. (Id. Cas de consc.) [10]

e. Si n'y faites faute, formule dont on se servait dans les lettres de cachets pour dire: n'y manquez pas, et où „si" signifie „ainsi". [11]

f. Se faire faute de,

s'abstenir de.

Pourquoi se feraient-ils *faute* de pleurer? (J.-J. Rouss. Ém. 1.) [12]

g. Ne pas se faire faute de qc.,

user de qc. sans ménagement, sans réserve, s'en procurer tant qu'on en veut. [13]) — Ne vous faites pas faute de mes services.

Enflammés d'un beau zèle, ils se sont cotisés et ont formé une somme de cinquante mille écus, qu'ils ont prié M. d'Erchigny d'accepter, en lui marquant qu'il ne s'en fît *faute*. (Bachaumont Mém. secrets, t. XXVII, p. 196.) [14]

Quant aux signatures [à apposer à un procès-verbal mensonger] vous pensez bien qu'il ne s'en fera *faute*. (P.-L. Cour. Pierre Clavier à MM les juges.) [15]

En abattant les images des saints et les châteaux catholiques, le soldat huguenot apprit à piller et à détruire, et ne s'en fit *faute*. (Rev. Chrét. 1861, p. 86.)

h. Crevasse

qui s'est faite dans un tuyau de conduite en plomb (sprung, riss).

---

[1] V. Littré, art. faute, 5.   [2] ibidem.   [3] Cf. plus haut.
[4] V. Littré, art. faute, 5.   [5] ibidem.   [6] ibidem.
[7] Cf. plus haut.
[8] V. Littré, art. faute, 5.   [9] ibidem.   [10] ibidem.   [11] ibidem.   [12] ibidem.
[13] D'après de Caillères, en 1690, „ne pas se faire faute de" . . . est bas et populaire. L'usage n'a pas ratifié cet arrêt des puristes; et la locution est restée dans le bon usage. (Littré).
[14] V. Littré, art. faute, 5.   [15] ibidem.

i. Les locutions prépositives¹) faute de, à faute de, par faute de.
aa. Faute de.

Malayseement le feroy ie, lors que ie donnerois à iuger l'avoir plustost faict par desespoir et *faulte de* coeur, que par franchise et fiance de sa loyauté.
(Mont. Ess. I, 5.)²)

L'injustice du ciel, *faute* d'autres objets,
Me forçait d'abaisser mes yeux sur mes sujets.
(Corn. Don Sanche, III, 6.)

Et le combat cessa *faute de* combattants.
(id. Cid IV, 3; cf. Mme. Sév. t. II, p. 222.)

Faute de cultiver la nature et ses dons.
(La Font. fab. liv. VIII, 34.)

Et, *faute de* servir ce plat,
Rarement un festin demeure.
(id. fab. liv. VIII, 17.)

Il est bon que les Chrétiens ... ne s'égarent pas *faute* d'instruction.
(Tr. d. l. S. p. 4.)

Tous les malheurs des hommes, tous les revers funestes dont les histoires sont remplies, les bévues des politiques, et les manquements des grands capitaines, tout cela n'est venu que *faute de* savoir danser.
(Mol. bourg. gent. I, 2.)

J'ai un procès que je suis sur le point de perdre, *faute* d'un peu d'argent.
(id. Av. II, 6.)

Vous alliez vous quereller, *faute de* vous entendre.
(id. ib. IV, 4.)

Il faut que je vous demande pardon de l'avoir mariée, dans l'abandonnement où, *faute de* vous rencontrer, je me suis trouvée avec elle.
(id. fourb. d. Sc. III, 8.)

Cambyse ... vit périr son armée, *faute de* vivres, au milieu des sables, avant que d'approcher l'ennemi.
(Boss. hist. univ. p. 289.)

La pièce manque son effet, *faute de* vraisemblance.
(Volt. t. IX, p. 15.)

Alonzo employa les intervalles de loisir que la guerre lui laissoit, à en chanter les évenemens, et *faute de* papier il écrivit la première partie de son Poëme sur de petits morceaux de cuir, qu'il eut ensuite bien de la peine à arranger.
(id. t. I, p. 251.)

Favonius remarqua que Pompée, *faute d'*esclaves, se lavoit lui-même.
(Roll. hist. rom. t. XIV, p. 30.)

Distrait par un autre attachement, je sentis relâcher le mien pour elle, *faute d'*espoir de pouvoir le lui rendre utile.
(J.-J. Rouss. conf. II, VIII, p. 398.)

*Faute d'*un ami qui fût à moi tout entier, il me fallait des amis dont l'impulsion surmontât mon inertie.
(id. ib. II, IX, p. 423.)

Cette lettre, où, *faute de* pouvoir dire nettement mes raisons, je fus forcé de battre souvent la campagne, m'aurait donné dans le public l'apparence de bien des torts.
(id. ib. II, IX, p. 454.)

Il laissait toutes sortes de métiers *faute d'*en savoir aucun.
(id. ib. I, II, p. 56.)

Avec de la patience et du sang-froid peut-être aurais-je pu réussir; mais *faute de* l'une et de l'autre je ne fis rien qui vaille, et mes élèves tournaient très-mal.
(id. ib. I, VI, p. 271.)

Il est même arrivé que, *faute d'*aliments, le soleil ne s'est pas rallumé pendant un mois entier.
(Barthél. voy. d'An. ch. XXXI, p. 240.)

Un jour, qu'assiégés par les Athéniens ils étaient près de se rendre *faute de* vivres. (id. ib. ch. LXXVI, p. 801.)

Faute de mouvement et de variété, l'églogue ne flattera jamais autant notre goût que cette poésie où le coeur se déploie dans l'instant du plaisir, dans celui de la peine.
(id. ib. ch. LXXX, p. 633.)

Un blocus qui dura près de deux ans, força les habitants à se rendre, *faute de* vivres. (id. ib. introd. p. 74.)

---

¹) Littré et l'Académie ne connaissent pas par faute de. A l'égard des locutions faute de et à faute de celui-là dit que faute de signifie „par manque", et à faute de, „dans le cas où manquerait ... si on ne pouvoit pas. Le Dictionnaire de l'Académie ne connaît à faute de que dans certaines phrases de Pratique: A faute de quoi il sera contraint de ... Voici ce que dit la Grammaire des grammaires: „Faute. Manquement contre le devoir, contre la loi, contre les règles de quelque art: Il a fait cette faute par inattention (Acad.) Mais faute de est une locution prépositive qui signifie par manque de, à défaut de. C'est faute d'attention qu'il n'a pas relevé cette erreur. (Acad.) Ainsi l'on ne peut dire, en parlant d'une erreur commise par quelqu'un, c'est une faute d'attention; il faudrait dire dans ce cas, c'est une faute d'inattention, ou plutôt commise par inattention, A. L." (rem. dét. p. 1151). Elle ne fait pas mention de à faute de; concernant les expressions faute d'attention et faute d'inattention Littré nous donne la même remarque, et nous y ajoutons qu'il faut traduire une faute d'attention en allemand par „mangel an aufmerksamkeit" et faute d'inattention par „unaufmerksamkeitsfehler." — Cf. aussi Orelli, gr. p. 371 etc. ... — Pour ce qui regarde par faute de, nous lisons dans Richelet les mots suivants: „C'est la même chose que faute, mais on ne dit guère par faute de paier; on dit simplement faute de paier. Vaug. rem." — Et Vaugelas lui-même (rem. p. 345) dit: „On dit par exemple faute d'argent on manque à faire beaucoup de choses, et à faute d'argent on manque etc., et encore par faute d'argent on manque etc. Tous les trois sont bons, mais le meilleur c'est de dire faute d'argent, après celuy-là, à faute est le meilleur, et par faute est le moins bon des trois: Cela s'entend, quand faute est devant un nom, mais quand il est devant un verbe à l'infinitif, il est mieux de dire à que par, uy que faute, tout seul, comme à faute de payer les intérêts, il a doublé le principal, est beaucoup mieux dit que par faute de payer, ny que faute de payer, quoy que ce dernier me semble assez bon."

²) Cependant peut-être il faut supposer ici par faute de, parce qu'il manque devant „fiance" la préposition par. Aussi est-il un exemple du XVIe siècle.

Avant qu'ils fussent écoulés, les Athéniens vaincus par terre et par mer, ne pouvant rester sous les murs de Syracuse, *faute de* vivres, ni sortir du port dont les Syracusains avaient fermé l'issue, prirent enfin le parti d'abandonner leur camp, leurs malades, leurs vaisseaux, et de se retirer par terre dans quelque ville de Sicile.

(Barthél. voy. d'An. introd. p. 81.)

Les plus lâches, et comme l'effet le prouva, les moins capables d'affronter le danger, téméraires en paroles et braves de la langue, affirmoient tellement ce qu'ils savoient le moins, que, *faute d'avis* certains, et vaincu par ces clameurs, Galba prit une cuirasse, et n'étant ni d'âge, ni de force à soutenir le choc de la foule, se fit porter dans sa chaise.

(Rouss. Tac. p. 55.)[1]

Furieux et troublés d'une aveugle terreur, *faute de* savoir à qui s'en prendre, ils en vouloient à tout le monde.

(id. ib. p. 123.)[2]

En vain, vous les avertiriez qu'une famille va tomber *faute d'un* léger secours.

(H. et B. p. 465, Massillon.)

Faute de veilles elles [les misères] leur échappent.

(ib. p. 466.)

Eu les [sociétés populaires] laissant aller, elles s'éteindront *faute d'alimens.*

(Mager, anth. t. II, p. 649, Benj. Constant.)

Si j'ai vu un homme périr *faute d'être* vêtu, et le pauvre *faute de* couverture . . .

(Job. 31, 19.)

On a cru voir dans Saffredant, dont les cheveux commencent à blanchir, qui se dit malheureux en amour, *faute d'avoir* su conduire avec prudence ses entreprises, l'amiral Bonnivet, dont les aventures galantes sont le texte de quelques-unes des nouvelles de l'Heptaméron.

(Rev. Chrét. 1861, p. 360.)

Ils ne pouvaient suivre à pied, *faute d'habitude* et de chaussure.

(Ség., Nap. liv. VII, ch. III, p. 160.)

Ce prince n'était point de ces généraux nés de la faveur, pour qui tout est imprévu et cause d'étonnement *faute d'expérience.*

(id. ib. liv. IX, ch. X, p. 277.)

. . . des fragmens de sculpture, que nous sommes obligés de laisser ensuite sur la place, *faute de* moyens de transport.

(Lamart., voy. en Or. p. 88.)

Beaucoup de voyageurs modernes ont été induits en erreur, *faute de* connaître ce pieux usage des anciens . . .

(id. ib. p. 164.)

bb. A faute de.

Par indigestions empirer le mauvais teint que vous avez à *faute de* vous exercer.

(Malh. le Traité des bienf. de Sénèque, IV, 13. — Littré.)

Hérodote . . . *faute d'avoir* su son rudiment par coeur, n'accorde pas toujours très-bien le substantif et l'adjectif.

(Mager, anth. t. I, p. 364, Courier.)

Si nous laissons trôner Mahmoud à Constantinople, c'est par pure bonne volonté, *faute d'argent* ou *de* soldats . . .

(id. ib. t. I, p. 677, Balzac.)

Faute de mieux, il a demandé un prêtre.

(id. ib. p. 694, Bazin.)

Les candidats manquant, vous paraissiez en peine et aviez ajourné déjà deux élections, *faute de* sujets recevables.

(Ploetz, man. p. 502, P.-L. Courier.)

Dire que je ne peux pas grappiller à ta suite, *faute d'un* petit capital.

(ib. p. 782, Augier.)

. . . . . . C'est un dernier moyen
Que j'ai voulu tenter, *faute d'autre* ressource.

(H. et B. p. 579, Andrieux.)

Quand malheureusement la lanterne ne montre rien, c'est bien une nécessité de traiter avec soi-même, et de se prendre, *faute d'autre,* pour ami et pour confident.

(St. ép. p. 238.)

Lorsque enfin les blessures de ces infortunés s'améliorent, et qu'il ne faut plus qu'une nourriture saine pour achever leur guérison, ils périssent *faute de* subsistance.

(Ség. Nap. liv. VI, ch. VIII, p. 143.)

Un grand nombre d'anciens Grammairiens ont pris les voyelles *eu* et *ou* pour des diphthongues, s'étant laisser tromper par la vue de deux lettres dont on se sert pour les représenter, *faute de* caractères simples.

(Gr. d. Gr. p. 17.)

Faute de vin d'élite,
Sabler ceux du canton;
. . . . . .
Eh gai! c'est la sagesse
Du gros Roger Bontemps.

(Bér. chans. Roger Bontemps.)

Qu'il lui faille, en décembre,
Souffleur, *faute de* bois,
Dans ses doigts,
Il dit: Moi, je m'en ris . . . . !

(id. le petit homme gris.)

J'exige de vous, madame, que vous ne me direz pas un seul mot ni du mérite de mon travail, ni à *faute de* mérite, de la façon avec laquelle je vous en parle.

(Balz. liv. VII, lett. 11. — Littré.)

---

[1] Ignavissimus quisque (et ut res docuit), in periculo non ausurus, nimii verbis, linguae feroces: nemo scire, et omnes affirmare, donec in o p i â veri, et consensu errantium victus, sumpto thorace Galba, irruenti turbae neque aetate neque corpore sistens, sellâ levaretur (Tac. liv. I.)

[2] Lymphatis caeco pavore animis, et qu i a n e m i n e m unum destinare irae poterant, licentiam in omnes poscentibus. . . . (ibid.)

A faute d'être aimée on peut se faire craindre.
(Corn. Tois. d'or, III, 4. — Littré.)

A faute de trouver les lieux propres.
(Boss. Hist. III, 6. — Littré.)

Tant est merveilleux l'effort de la conscience: Elle nous faict trahir, accuser, et combattre nous-mesmes: et *à faute de* tesmoing estranger, elle nous produit contre nous, Occultum quatiens animo tortore flagellum.
(Id. et N., t. pros. p. 14, Montaigne.)

cc. Par faute de.

Ces beaux fouaciers glorieux avoient trouvé mal-encontre, *par faute de* s'estre signez de la bonne main au matin.
(Rab., Garg. I, 25.)

Il mourut là *par faute de* gouvernement on autrement.
(id. Pant. II, 15.)

Par discontinuation d'officier, et *par faute* d'opérer, il est par ma foy plus rouillé, que la claveure d'un vieil charnier.
(id. ib. IIR. 23.)

D'où il advient que *par faulte* d'avoir bien choisi leur route, pour neant se travaille on souvent, et employe lón beaucoup d'aage, à dresser des enfants aux choses ausquelles ils ne peuvent prendre pied.
(Mont. Ess. I, 25.)

Plutarque dict, à propos de ceulx qui s'affectionnent aux guenons et petits chiens, que la partie amoureuse qui est en nous, *à faulte de* prinse legitime, plustost que de demourer en vain, s'en forge ainsin une faulse et frivole.
(Mont. Ess. I, 4.)

Ce ne fut pas *à faute* ni *de* le desirer avecque passion, ni *de* le rechercher avecque diligence; mais il ne plût pas à la fortune de me donner ce contentement.
(Malh. III, p. 3; Lett. liv. I, 2.)

Faut qu'à la longue la vanité de telle entreprise soit la fable du peuple, quand ayant basti une grande et superbe maison elle demeure vuide *par faute de* revenu.
(Magn. chr. p. 164, Olivier de Serres.)[1]

Les autres presque tous avoient des piques qu'ils brandoient souvent, *par faute de* meilleur passe temps.
(ib. p. 146, precession de la Ligue.)

Il fallut faire un fourneau et donner congé au potier, auquel *par faute* d'argent je fus contraint donner de mes vestemens pour son salaire.
(ib. p. 136, Bernard Palissy.)

Un linx eût fait, *par faute* d'étiquette,
Le qui-pro-quo.
(Id. et N., t. poët. p. 445, Piron.)

Suivant les passages que nous venons de citer il faut croire que à faute de aussi bien que par faute de ont presque tout-à-fait vieilli depuis le dix-septième et le dix-huitième siècle et que la différence que fait Littré entre ces deux locutions n'existe pas en vérité.

Il reste encore la locution adverbiale:

k. Sans faute,[2)]

immanquablement, sans faillir[3)], assurément, certainement; unfehlbar, zweifelsohne. — Je me rendrai sans faute, où je vous promets de me rendre.

> Quiconque avec elle [l'humeur contre-disante] naitra,
> *Sans faute* avec elle mourra,
> Et jusqu' au bout contredira,
> Et, s'il peut, encor par-delà.
(La Font. fab. liv. III, 16.)

> Une montagne en mal d'enfant
> Jetoit une clameur si haute,
> Que chacun, au bruit accourant,
> Crut qu'elle accoucheroit, *sans faute*,
> D'une cité plus grosse que Paris:
> Elle accoucha d'une souris.
(La Font. fab. liv. V, 10.)

> Car il te donnera *sans faute* à son réveil.
> Ta portion accoutumée.
(id. ib. liv. VIII, 17.)

Elle y viendra *sans faute*,
(id. Ragotin, II, 4.)

Je serai *sans faute* à Paris mercredi.
(Boss. Lett. quiét. 458.)[4)]

[1)] V. plus haut.

[2)] Après sans on supprime pas et point; „Il a fait le relevé de tout ce registre sans faute." — Sans point de faute est une locution que l'on employait autrefois, mais qui est rejetée depuis longtemps. (Gr. d. Gr. p. 876.)

[3)] Cf. plus haut ce mot.   [4)] V. Littré, faute, 9.

Q Q. Fautif, ive, adj.

Étym.[1]) Faute; génev. fautif, coupable (ne persiste pas à nier, avoue que tu es fautif).[2])
Le XVIᵉ siècle se sert non de fautif, mais de faultier.

Sign. et emploi.

1⁰ unzuverlaessig

obnoxius culpae, fallax[3]); qui est sujet à faillir, à faire des fautes. — La nature humaine est fautive.

Il est manifeste que, nonobstant la souveraine bonté de Dieu, la nature de l'homme, en tant qu'il est composé de l'esprit et du corps, ne peut qu'elle ne soit quelquefois *fautive* et trompeuse. (Desc. Médit. VI, 22.)[4])

L'homme est *fautif*; nul vivant ne peut dire N'avoir failli . . .
(Pibrac, dans le Dict. de Frévoux.)[5])

La vue est de tous les sens le plus *fautif*.
(J.-J. Rouss. Ém. 11.)[6])

De là cette extension, si *fautive* et si dangereuse, donnée au sens de quelques termes, extension plus contraire encore à la pureté du langage que l'introduction de mots nouveaux.
(Gr. d. Gr. préf. p. XI.)

2⁰ fehlerhaft,

scatens erroribus; plein de fautes. — La première édition de ce livre est fautive.

Rien n'est si *fautif* que ces lois qui redressent les fautes.
(Pasc. Vrai bien, 4, éd. Faugère.)[7])

On ne peut montrer plus de respect pour ses ancêtres; mais on ne peut supputer les temps d'une manière plus *fautive* en comparaison de nos nations modernes.
(Volt. Dict. phil. Chronologie.)[8])

Si l'on doutait que „lierre“ fût une production *fautive* née de l'agglutination de l'article avec le mot (l'-ierre), les patois suffiraient à en fournir la preuve.
(Littré, préf. p. XXVII.)

En élaguant les expressions *fautives* et les mots hasardés, on eût bien fait, je crois, de les remplacer par d'autres.
(Rev. Chrét. 1861, p. 449.)

3⁰ Pièce de bois fautive,

celle qui a quelque défaut, ou qui n'est pas carrée.[9])

Fautivement, adv.[10])

Étym. Fautive, et le suffixe ment.

Sign. et emploi.

D'une manière fautive. — Il y a des mots qui sont écrits fautivement.

R R. Faux, fausse, adj.

Étym. Du lat. falsus (p. p. de fallere, tromper); wall. fâs, fâse; provenç. fals; esp. et ital. falso; angl. false; allem. falsch; anc. franç. faus, fax, fals, fauc, faux, faulx, fauls, fauz, fém. fausse etc.[11])

Hist. XIᵉ siècle.

Altresi ki *faus* jugement fait pert sa were, s'il ne pot prover sor seinz, que melz uel sont juger.
(Bartsch chr. fr. p. 41, lois de Guill. le Conq.)

---

[1]) V. Littré, fautif.

[2]) Aussi à Paris dit-on souvent et populairement, mais à tort, fautif dans le sens de qui a failli: J'ai été réprimandé, et pourtant je n'étais pas fautif. (Littré, rem.)

[3]) Cf. Richelet qui y ajoute encore que fautif est un mot bas.

[4]) V. Littré, art. fautif, 1.   [5]) ibidem.   [6]) ibidem.   [7]) V. Littré, art. fautif, 2.   [8]) ibidem.

[9]) Cf. Littré et Richelet.   [10]) Nous n'avons trouvé ce mot que seulement dans Littré.

[11]) Cf. Bartsch gloss.; Littré; Maetzn. Altfr. L. gloss.; Burguy gr. III, p. 157.

XIIe et XIIIe siècles.

Legierement puet on entendre
Lor diz, lor moz et lor poinz *faux*
De ce dont hom doit estre saux.
(Bartsch chr. fr., p. 205, La Bible Guiot.)
Mais son cuer voi si forment esmaiie,
Quele croit bien que cil ait deservie

Samour ki la par ses *faus* dis traie,
Et mi bien fait sont a noient jugie,
(Maetzn. Altfr. L. p. 36, v. 15.)
Des Romains n'est-il pas merveille
S'il sont *fax* et malicieux,
La terre le doit et li lieux. (Cast. p. 331.)

XIVe et XVe siècles.

Ha vielle, *faulx* cuer desloyal,
Bien m'as traie a ceste foiz,
Quant me fault aler par ce boiz
Comme povre fille esgaree.
(Bartsch, chr. fr. p. 414, Miracle de Berthe.)
Et si m'a renouvellee
M'amour, qui

M'auroit par rapport hay
Et par *fausse* renommee.
(ib. p. 391, Eust. Deschamps.)

Car *faux* dangier, avecque son alliance,
L'a assiégé en la tour de douleur.
(Barthe p. 70, Charles d'Orléans.)

XVIe siècle.

Et de combien est le langage *faulx* moins sociable que
le silence! (Mont. Ess. I, 9.)
C'est dire chose *faulse*, mais qu'on a prins pour vraye.
(ib. p. 35.)

Auquel quelquefois sont engendrez certaines humeurs
falses, nitreuses, boracineuses, acres, mordicantes, lancinan-
tes, chatouillantes amerement.
(Rab. Pant. III, 32.)

Sign. et emploi.[1]

Littré énumère dix-neuf différentes acceptions principales de l'adjectif faux, et nous avons amassé un grand nombre de passages où se trouve ce mot dans les auteurs. Mais ce serait un traité à part, si nous voulions entrer dans cette discussion, d'autant plus qu'il faudrait y ajouter encore tous les mots composés de faux, tels que faux-du-corps, faux-fuyant, faux-marcher, faux-marqué, faux-monnayeur, faux-saunage, faux-saunier etc.[2] C'est pourquoi nous voulons dire seulement que faux s'emploie comme adjectif aussi bien que comme substantif et adverbe, et qu'il y a une locution adverbiale à faux.

Quant à l'adjectif faux, la Grammaire des Grammaires[3] donne beaucoup d'exemples où il faut le placer avant ou après le substantif. Cependant qu'il nous soit permis d'insérer ici une règle qui, abstraction faite des cas où il faut consulter l'oreille, nous semble être d'une grande portée pour la place des adjectifs en général; la voici: exprime l'espèce définie d'un genre, quand il est, pour ainsi dire, une phrase relative raccourcie, il faut le placer après le substantif; d'ailleurs le substantif est précédé de l'adjectif.

Pour ce qui regarde les significations du substantif faux, Littré en donne cinq:

1º Ce qui n'est pas vrai.

2º Ce qui n'est pas naturel (terme de littérature.)

3º Ce qui n'est pas dans le ton (terme de musique.)

4º Altération, supposition d'actes, de pièces, de signatures (terme de jurisprudence.)

5º Ce qui n'a que l'apparence d'être précieux, en parlant de certains objets de parure ou d'utilité.

L'adverbe faux[4] est de ces adverbes qui, joints à des verbes dans certaines significations, conservent la forme de l'adjectif. On dit p. e. chanter faux, raisonner faux, dater faux, c'est-à-dire d'une manière fausse.

---

[1] Cf. Lafaye p. 605. 604. 36. 291. 31. 95; suppl. p. 148. 141. 158. [2] Cf. aussi p. e. Quinte-fausse et Fausse-Quinte dans Rouss. dict. de mus. p. 233. [3] Gr. d. Gr. p. 265. 269; cf. encore Ploetz. synt. p. 274. [4] Cf. Orelli, gr. p. 353; Maetzn. synt. I. p. 365; Ploetz, synt. p. 60.

A faux signifie le même que „à tort“, „d'une manière fautive“, p. e. accuser à faux. — Cette locution se dit aussi substantivement et figurément, p. e. un porte à faux, porter à faux.

SS. Infaillibiliste,[1]) subst. et adj.

Étym. Infaillible.

Sign. et emploi.

vertheidiger der unfehlbarkeit des papstes, qui soutient l'infallibilité du pape. (terme de théologie.)

TT. Infaillibilité, subst. f.[2])

Étym. Infaillible.

Sign. et emploi.

untrueglichkeit, unfehlbarkeit.

1º Qualité de ce qui ne peut faillir, manquer d'arriver. — L'infaillibilité d'un succès.

Admettre la possibilité d'un retour à Dieu du sein même de ces gouffres sans fond ou affirmer *l'infaillibilité* de ce retour sont deux choses bien différentes.
(Rev. Chrét. 1861, p. 603.)

Cette foi, c'est la raison générale; la parole est son organe; la presse est son apôtre; elle se répand sur le monde avec *l'infaillibilité* et l'intensité d'une religion nouvelle.
(Lamart., voy. en Or., p. 244.)

On aperçoit clairement, en réfléchissant sur ces lois [de morale], qu'elles gouvernent le monde tôt ou tard avec non moins *d'infaillibilité* que les forces physiques.
(Mager, anth., t. I, p. 302, Mme. de Staël.)

2º Qualité de qui ne peut faillir, commettre une faute, se tromper.

Les auteurs appliquent très-souvent ce mot à Napoléon, p. e.

Il [Napoléon] n'avait plus la conscience de son *infaillibilité*, ni cette assurance guerrière que donnent la force et le feu de la jeunesse, ni ce sentiment du succès qui l'assure.
(Ség., Nap. 1. III, ch. I, p. 53.)

Jusques à quand pourra-t-il prolonger cette position incertaine, sans diminuer le prestige de son *infaillibilité*, qu'affaiblissait déjà la résistance de l'Espagne, et sans faire naitre en Europe un dangereux espoir.
(id. ib. 1. V, ch. I, p. 105.)

Ce même homme qui l'année d'après dicta de Paris, avec la même *infaillibilité*, tous les mouvements de son armée jusqu' à Berlin, le jour fixe de son entrée dans cette capitale, et la nomination du gouverneur qu'il lui destinait; c'est lui qui, à son tour étonné, reste incertain.
(id. ib. 1, VIII, ch. VII, p. 225.)

Appréciant alors toute la force qu'il tire du prestige de son *infaillibilité*, il frémit d'y porter une première atteinte.
(id. ib. 1. VIII, ch. X, p. 241.)

Cette foi presque superstitieuse de l'Europe dans *l'infaillibilité* du génie de Napoléon le servit contre ses alliés.
(id. ib. 1. XII, ch. III, p. 385.)

J'étais éloigné de partager les illusions de ceux de ses [de Napoléon] partisans les plus exagérés, qui s'obstinaient à lui attribuer *l'infaillibilité* que la nature n'a jusqu' à ce moment accordée à personne.
(Mager anth., t. II, p. 365, Gouvion St.-Cyr.)

---

[1]) Nous n'avons trouvé ce mot que dans Mozin-Peschier.

[2]) Dans le langage du bas-latin nous n'avons pas trouvé le mot „infallibilis“ ou „infallibilitas“, ni dans Du Cange ni ailleurs. Richelet cependant le connaît, car il dit: „Infaillibilité, s. f. (infallibilitas)“ et il ajoute à l'égard de la signification: „Sorte de qualité qui consiste à être infaillible, à ne pouvoir faillir ni errer. (L'infaillibilité de Dieu. Dieu a promis l'infaillibilité à l'Église.) Plusieurs attribuent l'infaillibilité au Pape, mais ils ne le sçauroient prouver. Dupin, Docteur en Sorbonne, dans son livre intitulé „De antiqua Ecclesiae disciplina“, nie l'infaillibilité du Pape, et apuie son sentiment de plusieurs raisons qu'on peut voir dans son livre, p. 353. Parmi les Catholiques Romains, les uns par pure politique, soutiennent l'infaillibilité du Pape, et les autres la lui disputent, parce qu'ils ne le croient pas véritablement infaillible.“

Ajoutons quelques exemples où ce mot s'appliqué à d'autres personnes:

Qui [Ramus] a troublé le monde moral, en mettant le premier en doute *l'infaillibilité* d'Aristote.

(ibid. t. II, p. 268, Audin.)

Son clergé [celui de l'Angleterre] érigeait en dogme *l'infaillibilité* royale.

(Rev. Chrét. 1861, p. 18.)

Qualité de ne point faillir, de ne point errer en matière de foi, qui, suivant les catholiques, appartient à l'Église, aux conciles et au pape. — L'infaillibilité de l'Église. [1])

Ainsi avant de partir de *l'infaillibilité*, l'église [2]) catholique se trouve dans la nécessité de la prouver.

(Mager, anth. t. II, p. 637, Ancillon.)

Louis, représentant du droit divin et chef de l'Église gallicane, voyait dans *l'infaillibilité* papale une atteinte à ce double droit. (Rev. Chrét. 1861, p. 101.)

Il enterra, sous les fleurs de sa rhétorique, *l'infaillibilité* personnelle du pape, tout en proclamant „l'indéfectibilité" du saint-siége, énigme que nous laissons à comprendre à de plus habiles que nous. (ib. p. 102.)

Il faut que cette autorité soit infaillible: l'Église catholique seule possède cette *infaillibilité*. (ib. p. 148.)

Quel abime entre les théories modernes et Bossuet ou Pascal refusant nettement *l'infaillibilité* au pape pour ne l'attribuer qu'à l'Église. (ib. p. 426.)

Aussi assume-t-elle [l'autorité du clergé] le caractère *d'infaillibilité*, à la grande satisfaction de celui pour qui tout travail de l'âme est un fardeau. (ib. p. 556.)

La personne même qui possède cette qualité.

Deux pontifes, également infaillibles, se partagent l'obéissance des fidèles. De ces deux *infaillibilités* rivales, l'une fonctionne à Avignon, au service du roi de France; l'autre s'est inféodée aux monarques anglais; toutes deux reprennent pour leur compte, dans le domaine spirituel, la querelle séculaire des deux couronnes. (Rev. Chrét. 1861, p. 79.)

UU. Infaillible, adj.

Étym. In . . (grec: a privatif), et faillible; lat. infallibilis [3]), de in . ., et fallere.

Hist. XIVe et XVe siècles.

Mais la matiere de quoi j'euvre,
Est *infaillible* à toute espreuve,
Quelque feu ardent que ce soit.
(Nat. à l'alch. err. 762.) [4])

Dieu par amour et union s'entretient *infaillible* et inremuable.

(G. Chast. Exp. sur verité mal prise.) [5])

XVIe siècle.

La philosophie a bien armé l'homme, pour la souffrance, ou de patience, ou, si elle couste trop à trouver, d'une desfaicte *infaillible*, en se desrobbant tout à faict du sentiment. (Mont. II, 301.) [6])

Sign. et emploi.

1° untrueglich, zuverlaessig, ganz gewiss, unausbleiblich; certain, immanquable; certus. Qui ne peut faillir, manquer d'arriver.

L'autre [porte] est de corne, par laquelle entrent les songes certains, vrais et *infaillibles.* (Rab. Pant. III, 13.)

Mais ce Roy, des bons Rois l'eternel exemplaire,
Qui de nostre salut est l'ange tutelaire,
L'infaillible refuge, et l'asseuré secours,
Son extréme douceur ayant dompté l'enuie,
De quels iours assez longs peut-il borner sa vie,
Que nostre affection ne les iuges trop cours?
(H. et B. p. 153, Malherbe.)

On doit regarder comme des desordres dignes de censure, tout ce qui n'est établi parmi eux que par un mauvais goust, suite *infaillible* ou de l'ignorance ou de la prévention.

(Tr. d. l. S. p. 56.)

Je n'ai pas dit la principale cause
De sa ruine, *infaillible* accident;
Et j'oubliois qu'il eut un intendant.
(La Font., t. II, p. 230, Belphégor.)

---

[1]) Le dictionnaire de Mozin-Peschier fait encore distinction entre une infaillibilité active, qui appartient à l'Église enseignante, au corps des pasteurs; et une infaillibilité passive, par laquelle toute la société des fidèles ne peut jamais errer.   [2]) Il faudroit ici la lettre initiale.   [3]) Nous n'avons trouvé ce mot latin que dans Littré qui cite „Quicherat, Addenda".   [4]) V. Littré, art. infaillible, hist.   [5]) ibidem.   [6]) ibidem.

De ces tièdes galants, de qui les coeurs paisibles
Tiennent déjà pour eux les choses *infaillibles*,
N'ont point peur de nous perdre, et laissent chaque jour
Sur trop de confiance endormir leur amour.
(Mol. Fach. II, 4.)

. . . . . Certes son visage
Porte de sa grandeur *l'infaillible* présage.
(Rac. Alex. III, 3.)

Oui, je lui ferai voir, par *d'infaillibles* marques,
Qu'un véritable amour brave la main des Parques.
(Corn. Hor. IV, 4.)

Plus fiers d'une mort *infaillible*,
Sans peur, sans désespoir, calmes dans leurs combats,

De ces républicains l'âme n'est plus sensible
Qu'à l'ivresse d'un beau trépas. (Barthe p. 276, Lebrun.)

Pour vous acquitter de ce devoir avec un succès *infaillible*, vous joindrez aux prieres que vous faites journellement pour les peuples, des prieres particulieres pour les rois. (Clém. XIV, Lett., t. 52, b, p. 247.)

Cette sanction est tantôt médiate, tantôt immédiate; mais elle inévitable, *infaillible* et illimitée.
(Rev. Chrét. 1861, p. 815.)

Lorsqu'elle [l'antithèse] trouve dans le fond même des pensées et dans les masses, les couleurs qui constituent l'opposition, cette figure est d'un effet *infaillible*.
(St. ép. p. 50.)

Une recette, un secret, un remède infaillible, recette, procédé, remède
qui ne manque jamais de réussir.

Sachons perdre dans l'occassion, la recette est *infaillible*, et je consens à l'éprouver. (d. l. Bruy., t. II, p. 85.)

Monsieur de Montesquieu lui demanda pourquoi on n'avoit pas essayé de vaincre cette résistance par un moyen presque toujours *infaillible* en Angleterre, par le grand mobile des actions des hommes, en un mot par l'argent.
(Montq., t. I, él. de M. de Montq., p. 21.)

Ils ont, disent-ils, des secrets *infaillibles* pour enchaîner le pouvoir des mauvais génies. (Barthél. voy. en Gr., p. 172.)

A-t-il trouvé *l'infaillible* remède qui doit sauver de sa ruine notre pauvre société? (Rev. Chrét. 1861, p. 509.)

Pourtant mon art est *infaillible*.
(V.-H. Bug-Jargal, p. 128.)

Dieu exerce par ce moyen ses redoutables jugements, selon les règles de sa justice toujours *infaillible*.
(Boss. hist. univ. p. 353.)

2⁰ unfehlbar,
d'une personne qui ne peut faillir, ni errer, ni tromper; omnis erroris expers.

Tous les rebelles, . . . se confiant aveuglément à leur sorcier *infaillible* et à leur général prédestiné, se mirent à hurler à l'envi: Vive l'obi! Vive Biassou.
(V.-H. Bug-Jargal, p. 135.)

Elle [la conscience] ne peut donc pas nous servir de guide *infaillible* du bien et du mal.
(Rev. Chrét. 1861, p. 813.)

Particulièrement, chez les catholiques, qui ne peut errer dans les matières de foi.

Et comment ne se seraient-ils [les papes Innocent III et Grégoire VII] pas cru tout permis quand les trônes de la terre s'inclinaient devant eux, et que la chrétienté à genoux leur répétait: „Vous êtes *infaillibles*!“ (Rev. Chrét. 1861, p. 72.)

Quelque cas que nous puissions faire de ses docteurs [de ceux de l'Église catholique], ils ne sont pas *infaillibles* pour nous.
(ib. p. 593.)

3⁰ Qui ne peut commettre de mauvaise action.
Cependant moi qu'environnaient les occasions de faillir, je n'étais rien moins qu'*infaillible*. (Marmontel, Mém. IV.)[1]

VV. Infailliblement, adv.

Étym. Infaillible, et le suffixe ment.

Hist. XVIᵉ siècle.

Ayans cette persuasion en leurs caboches, elles feront leurs maris coquus *infailliblement*. (Rab., Pant. III, 33.)

Sign. et emploi:
sicherlich, unzweifelhaft;
immanquablement, indubitablement, assurément; certe, certissime. D'une manière infaillible.

Il avoit . . . secours important contre les premiers troubles qu'exciteroit *infailliblement* dans la ville la mort du Dictateur.
(Roll. hist. rom., t. XIV, p. 310.)

L'expression dont brillent les chefs-d'oeuvre en ce genre, saisit *infailliblement* tout homme de génie. (Montq., t. I, p. 22.)

Celui qui porte ce signe se noiera *infailliblement*, s'il n'évite l'eau avec le plus grand soin. (V.-H., Bug-Jargal, p.125.)

---

[1] V. Littré. art. infaillible 3.

APPENDICE.

Voici les mots provençaux qui ont rapport à notre monographie, et que nous avons trouvés dans les monuments de la langue provençale depuis le dixième jusqu'au seizième siècle et dans le vocabulaire français-provençal, publié par S.-J. Honnorat:

A. Faillir.

Ce verbe se conjugue en provençal sur partir, c'est-à-dire il présente la forme pure de la troisième conjugaison faible.[1]

1º Infinitif.

Que no crei ges qe merces aus *faillir*
Lai ou Deus volc totz autres bes aizir.
(Delius, Folqet de Marseilha III, p. 29.)

Auc mais no l dis, tan tem a lei *faillir*,
Si' es a leis autriatz mos volers.
(id. ib. IV, p. 32.)

Tan tem *faillir* al sen voler,
Perq' en planh e sospire.
(ib. Peirol d'Alvernha, IX, p. 49.)

Ges en bon vers non posc *falhir*
A l'ora que de mi dons chan.
(Bartsch, chr. pr., p. 77, Peire Rogier.)

E no siatz leugeira,
Que parletz ges promeira
De negu gran solatz,
Que *falhir* i pogratz.
(ib. p. 87, Garin le Brun, Ensenhamen.)

Bartsch, dans le glossaire provençal, dit: Falhir, faillir, failhir, falir, faillir, manquer, faire une faute, prendre fin, abandonner, fehlen, suendigen, mangeln, es fehlen lassen, irren, im stiche lassen, verfehlen.

2º La troisième personne du présent de l'indicatif au singulier et la deuxième personne du singulier de l'impératif se forment en retranchant la terminaison ir de l'infinitif; la première personne singulière du présent de l'indicatif se fait ordinairement de la même manière, mais quelquefois elle se termine par i, comme la première et la troisième personne du singulier du parfait.

Bel N'Azimauz, Deus mi gart de faillir
Vas lei, qi *falh* ves mi, s'en l'anses dir.
(Delius, Folqet de Marseilha III, p. 31.)

Lei non *falh* res qi a pro domna tanha,
Q'om no la ve qi de lei lans non port.
(ib. Peirol d'Alvernha II, p. 36.)

Mas vos, me par, poscatz far fallimen[2]),
Pero, q'auc *faill* cels q'es pros ni prisatz.
(ib. F. de Mars. I, p. 26.)

Pos del tot m'en *faill* aizuia,
Nom meravill s'en n'aflam.
(Bartsch, ch. pr., p. 61, Jaufre Rudel.)

---

[1] Pour les détails cf. la 1ère partie de cette dissertation et Bartsch chr. pr. p. 422 suivv.   [2] V. plus bas ce mot.

No *faill* nuill temps, tan gen se sap aizir . . .
(Bartsch, chr. pr., p. 162, Guiraut de Calanso.)

Car outra rason m'ausi ben
Amors, qu'en me no *faill* de ren,
Qu'ieu fas tot so quem manda far
E am cel cui mi mand' amar.
(ib. p. 251, Roman de Jaufre.)

E pot se dir propriamens
Quar sitot non defalh ense,
Falh quant a nos, quar om nol ve . . .

So qu'en *failh*, per qu'en fa folia
Qui mai despen que non ha de poder.
(ib. p. 265, Bertran Carbonel.)

L'us passet cercle, l'autre sail:
Negus a so mestier no *fail*.
(ib. p. 292, Roman de Flamenca.)

(H. A. 33, p. 254, Breviari d'amor.)

3° La première personne du singulier du présent de l'indicatif terminant en i, et la première ou la troisième personne du singulier du parfait:

Et en aissi o fes tot lan entier que anc non *failli* dia.
(Mahn, Troub. LXXXVI.)

Que anc a negun non *failli*
Qu'eu sai jogar sobre coissi
A toz tocaz.
(Bartsch, chr. pr., p. 27, Guillaume IX, Conte de Poitiers.)

4° La première personne du singulier du parfait a quelquefois la terminaison ic ou ii:

Que nostre senher el mezeis
Ab pauc de far non i *falhic* . . . .
(ib. p. 64, Raimbaut III, Conte d'Orange.)

5° La troisième personne du pluriel du présent de l'indicatif:

Que ben ai so que m'a mestier,
E vos vei que *faillon* denier . . . .
(ib. p. 156, N Uc de sain Circ et coms de Rodes.)

6° La troisième personne du pluriel du parfait a pour l'ordinaire la terminaison -iron ou -iro, mais il se trouve aussi -iren:

Cil li *faliren* quel solient ajudar,
Fez lo lo reis e sa charcer gitar.
(ib. p. 3, Poëme sur Boece.)

7° La troisième personne du singulier du futur et la première personne du singulier du conditionnel se termine en -ira; mais la dernière peut aussi avoir la désinence -iria.

E cui *falhira* fazenda sega autre comandamen.
(ib., p. 228, Règle de St. Bénoit.)

8° La première personne du singulier du futur a la terminaison -irai.

Faillirai lor? Meilhs voill qe'l mon mi failla.[1]
(Delius, Bernard de Ventadorn IV, p. 23.)

9° La deuxième personne du pluriel du présent du subjonctif se termine en atz ou ats:

Ja non crei quei *falhatz* en re;
C'anc domna mielh no s'en captenc.
(Bartsch, chr. pr., p. 216, Raimon Vidal.)

Vas vos om ren no m defen,
Tem qe *faillatz* fallimen.[2]
(Delius, B. de Ventadorn V, p. 25.)

10° La première et la troisième personne du singulier de l'imparfait du subjonctif a la terminaison -is:

Plagues a deu ja la noitz non *falhis*,
Nil meus amics lonh de mi nos partis,
Ni la gaita jorn ni alba no vis!
(Bartsch, chr. pr., p. 97, Alba.)

Et aissi fesses tot un an que non *faillis* dia ella uenria, uiua.
(Mahn, Troub., LXXXVI.)

11° Le participe passé et la troisième personne du singulier du parfait, qui pour l'ordinaire se termine en i[3], a la désinence it.

---

[1] V. plus bas.   [2] V. plus bas.   [3] V. cette page 3°.

Ants a ben *faillit* endret me,
Q'en no la posc entroblidar,
La bella, cui non ans pregar.
(Pellis, Peirol d'Alvernha IX, s. 49.)

Chantan volgra mon ferm cor descobrir
L... on m'es ops qe [illegible]
Mas per dreich gauta, m'es *falhit* mos sabers.
(b. Folquet de Marselha IV, s. 31.)

B. Defalhir, defaillir,
manquer, fehlen.

Car tan grans es li virtut de charitat que ses leis non
[illegible] a re profecia ni martirni, e si li virtur de charitat
defaill las autras virtut [illegible], e s'il i es las autras
sunt bonas. [illegible]

E quem portetz tal guirensa
Qu'eu au lay, ses *defalhensa*,
Qu'il [illegible] non es *defalhens*.
(ib. p. 88, Arnaut Vidal.)

C. Defalhensa,
defaut, fehler, suende.

Per cass o per joc, per satiers
A son tort pren *defalhensa*.
(ib. p. 80, Folquet de Lunel.)

D. Falha, failha, failla,
faute, manquement, fehler, verfehlen, mangel.

Pero contra febres dirai,
Per so que sauchar nol vos caills
Metzina que non aura *failla*.
(ib. p. 117, Daude de Pradas.)

Mas si qu'es totz ples de merce
Li plai que sas *falhas* reve.
(ib. [illegible])

En aisi que per la *falha* [illegible]
la ongla del dit menor.
(ib. [illegible])

Ses falha,
sans doute, ohne zweifel.

Ait d'amor ses *falha*
Mais non m'o greu.
(Bartsch, [illegible] Peirol.)

E. Falhensa, falh, failh, fall, faillancha,
[illegible] manquer, fehler, fehle, vergehen, mangel.

[illegible] *faillensa*
Amics vas vos per guilla captenensa.
([illegible] Beatrice.)

[illegible] vos per *faillensa*
Intrer en paradis.
(ib. p. 20, Guillem de Cabestaing.)

[illegible] *faillensa*
[illegible]
Don la nom [illegible]. (ib. p. 30, Daude.)

Tu ay [illegible]
Ce que [illegible] *falharic*.
(ib. [illegible] Aimeric [illegible].)

[illegible] *failhira*
A vos Rainier ses *failhira*.
(ib. [illegible])

F. Falhida, faillida,
faute, fehlt.

E [illegible] falhida, se comes la *falhida*
[illegible]

[illegible]

G. Falhimen (-t, -s), faill-, fall-, fal-,

faute, péché, erreur; fehler, vergehen, irrthum.

Q'an tal dompna m chansit,
Don an fait *fallimen* . . .
(Delius, Folquet de M. III, p. 29.)

Ma dompna nalmucs lacals uolia ben an gigo de torno si era mout dolenta car el non demandaua perdon del *fail-limen*. (Mahn, Troub. LIII.)

Per que sai be qu'es *falhimen*
Lo repropchiers c'om dire sol.
(Bartsch, chr. pr., p. 91, Arnant de Maroill.)

En Ugo mante *falhimen*,
Quel teners del man non es res,
Ni non cre qu'anc d'amor mogues.
(ib. p. 153, Jeu-parti.)

Mais on qu'eu sia seus mi son,
E vauc m'en lai ad esperon
Per descolpar de *falliment*.
(ib. p. 239, Ballade.)

Per mi peccador prejar
Dejaç deu, que perdonar
Me deja mos *falimens*
Qu'ai faiç vers lui longamens.
(ib. p. 273, Poésies religieuses.)

E si mostra con lo *faillimen* de l'auta dompna es majer qe cel de la bassa.
(ib. p. 291, Traité de Poétique.)

H. Falhizo -s,

faute; fehler, suende.

E cel que long' atendensa
Blasma fai gran *falhizo*.
(ib. p. 105, Peire Vidal.)

I. Fals, faus,

faux; falsch, treulos.

Filla del rei, be m pres,
Qant per lei *fals'* amor
Q'en gazagnei meillor
Et qi meills sap valer
Et far et dir plazer.
(Delius, Peire Vidal III, p. 6.)

Q'aizo m tol tot mon afaire,
Q'anc no fui *fals* ni trichaire.
(ib., Bernard de Ventadorn I, p. 16.)

Car auia crezudas las *falsas* promessas de lieis per aquesta canso. (Mahn, Troub. LXXVI.)

Senor ni par, sill mena malament,
Ni l'us ves l'aitre sis fai *fals* sacrament.
(Bartsch, chr. pr., p. 1, Poëme sur Boece.)

D'aisso foron fort corrossat
Li *fals* juzeu et an cridat
„Prengam lo, que trop a parlat,
Gittem lo for de la ciutat."
(ib. p. 22, Le Martyre de St. Étienne.)

Car tan prenon cabaus
Domnas entrels fis los *faus* . . .
(ib. p. 145, Raimon de Miraval.)

Et es *fals* e fora de fe
Qui fermamen aisso no cre.
(ib. p. 288, Gui Folqueys.)

J. Falsament,

avec fausseté; mit falschheit.

Aras es temptz que le rey d'Anglaterra
Layse lo crit qu'a portat *falsament* . . .
(ib. p. 390, Marti de Mons.)

So es a dire qu'el no fos vengut *falsament* o per falsa color per espiar . . .
(ib. p. 392, Honoré Bonnet.)

K. Falsar, fausar,

fausser, rompre; faelschen, verfaelschen, verletzen.

Ac vestit un ausberc gran fremilo,
Onques per negun' arma *falsatz* no fo.
(ib. p. 31, Girart de Rossilho.)

E lhi vassau s'en so aisi ferit,
Lor escut son traucat, frah e partit
E lhi ausberc *fausat* e descofit.
(ib. p. 32, id.)

Anc no *falsei* mon viatge
Vas leis, cui mos cors s'autreja . . .
(ib. p. 140, Gaucelm Faidit.)

El metge lur mestier *falsan* . . .
(ib. p. 302, Folquet de Lunel.)

L. Falsetat -z, falssetat -z,
fausseté, falschheit.

Sezets, senhors, e ajats pas,
So que direm ben escoutas,
Car la lissos es de vertat;
Non hy a mot de *falsetat*.
(ib. p. 21, Le Martyre de St. Étienne.)
Mas fin' amors me liama,
Qu'en mi non a ponh d'enjan,
Ni *falsetat* non amas.
(ib. p. 147, 148, Raimon de Miraval.)

Quar per *falsetat* proada
Li fo la lenga mermada . . .
(ib. p. 316, Matfre Ermengau.)

Car maldizen ditz *falssetatz*
El savi cobre las vertatz.
(ib. p. 333, Seneca, Ou lo Savi.)

M. Fauta, faut -z,
faute; fehler, mangel.

Ren tant ab meins de *faut*, ans vos dezir[1]) plus que
deus cil d'Edoma.
(ib. p. 133, Arnaut Daniel.)

O per *fauta* de scientia,
Quant auran preza la cura . . .
(ib. p. 314, Matfre Ermengau.)

Voici les formes que nous avons trouvées dans Honnorat:

falha	faille	faussar	fausser.
falher, chalher	falloir.	faussari	faussaire.
falhibilitat	faillibilité.	faussat, ada	faussé, ée.
falhible, ibla	faillible.	faussetat	fausseté.
falhir	faillir.	fauta	faute.
falsifiar	falsifier.	fautar	avoir faute.
falsifiat, ada	falsifié, ée.	fautassa	faute grosse.
falsification	falsification.	fauteta	faute petite.
falsificatour	falsificateur.	fautif, iva	fautif, ve.
faus, ssa	faux, sse.	infalhibilitat	infaillibilité.
faussa clau	fausse clef.	infalhiblament	infailliblement.
faussalerta	fausse alerte.	infalhible, ibla	infaillible.
faussament	faussement.		
defalhent, enta	défaillant, e.	defalhir	défaillir.
defalhiment	défaillance.	défaut	défaut.

Le mot français failli se donnait en provençal par banqueroutier, faillite par ban-
carouta, fausset par espira, tirer le fausset par adousilhar, faux aussi par dalh.

---

[1]) Ici il y a une lacune dans les textes.

www.ingramcontent.com/pod-product-compliance
Ingram Content Group UK Ltd.
Pitfield, Milton Keynes, MK11 3LW, UK
UKHW020923140726
13695UKWH00003B/947